统 计 基 础

刘合香　王　磊　主　编

张兴华　赵楠楠　副主编

何泽水　主　审

科学出版社

北京

内 容 简 介

本书根据"十三五"职业教育国家规划教材建设工作的总体要求，本着理论性与实践性结合、科学性与实用性并重的原则，根据统计学科发展的趋势和社会对统计人才的新要求，基于统计工作过程和应具备的职业能力，注重实践性、应用性和创新性，实现"做中学"。

本书采用模块化编写模式，内容包括认识统计、统计数据的收集、统计数据的整理、统计数据的描述与分析、抽样推断、相关与回归分析、动态分析、统计指数分析、统计分析报告分析与应用、Excel 在统计实务中的应用等，满足中职、高职不同层次的学生选择使用。

本书可作为中职、高职院校财经商贸类专业学生的教学用书，也可作为企业人员继续教育和自学用书。

图书在版编目(CIP)数据

统计基础/刘合香，王磊主编. —北京：科学出版社，2020.9
ISBN 978-7-03-065788-6

Ⅰ.①统… Ⅱ.①刘… ②王… Ⅲ.①统计学-职业教育-教材
Ⅳ.①C8

中国版本图书馆 CIP 数据核字（2020）第 144530 号

责任编辑：王鹤楠 / 责任校对：王万红
责任印制：吕春珉 / 封面设计：东方人华平面设计部

科 学 出 版 社 出版
北京东黄城根北街 16 号
邮政编码：100717
http://www.sciencep.com

三河市骏杰印刷有限公司印刷
科学出版社发行 各地新华书店经销

*

2020 年 9 月第 一 版 开本：787×1092 1/16
2020 年 9 月第一次印刷 印张：13 3/4
字数：340 000
定价：39.00 元
（如有印装质量问题，我社负责调换〈骏杰〉）

销售部电话 010-62136230 编辑部电话 010-62135397-2041

前　言

本书编写坚持正确的历史观、民族观、国家观、文化观，以高素质技能型人才培养为目标，立足统计工作实际，按照统计工作流程和应具备的统计岗位职业能力，精心构建知识体系。通过项目实训创设仿真工作情境，进行岗位职业能力分解和对接，穿插德育教育于课堂教学中，提升学生的职业能力和核心素养。

本书具有以下几个方面的特色。

1. 突出职业教育特色

本书以培养学生形成统计工作的认知能力、调查方案和问卷设计能力、数据收集能力、数据整理与分析能力、报告撰写能力及应用 Excel 处理统计实务等职业能力为目标重构教材体系，按照统计工作流程依次展开，突出职业教育特色，体现职业要求和职业素养。

本书编写人员深入企业调研，立足统计工作实际，紧跟行业、企业人才需求，认真听取行业、企业专家建议，力求将专业精神和职业精神融入教材，将统计工作过程设定十个模块，每个模块下又分解为若干工作任务，通过"学习目标""学习导引""项目实训""综合训练"等板块有效组合。

本书以学生操作为主线，以一个完整的统计工作项目贯穿整个学习过程。本着够用、实用的原则，根据项目进度需要，穿插讲授统计工作原理与分析方法，教师及时对项目进展情况进行监控，指导学生发现和解决问题，确保项目顺利完成。

2. 以行动导向引领教材内容

本书从实战角度出发，通过分析统计工作过程中的典型工作任务所必需的知识、能力和素质要求，基于行动导向教学模式，运用项目教学、案例分析、任务驱动、角色扮演等方法，让学生进入统计工作中体验工作环境和工作流程，实现"做中学"。随着学习的深入，各项目团队根据每个模块"项目实训"中的指导和要求，逐项完成相应的工作任务，最后完成整个统计工作过程，实践性较强。同时，本书注重教学评价的过程性、评价主体的多元性和评价内容的针对性，用真实任务客观地评价学生分析问题和解决问题的能力。

3. 体现"以学生为中心"理念

本书充分体现以学生为中心的教学理念，确保学生在每个环节都作为教学主体参与教学过程。开学第一课，就要根据统计工作流程，按统计岗位分角色组建项目团队，以学生操作为主线，各项任务均以小组合作学习实践的方式展开。小组成员在项目实施的各个环节，既有分工，又有协作，充分调动学生积极参与，激发学生的学习兴趣，提升学生的综合职业素养，使学生的能力形成过程始终融入解决实际问题的过程中。

4. 注重因材施教需要

本书针对职业教育生源多样化特点，结合企业需求和专业教学，根据统计工作需要，综合考虑中职、高职学生不同专业、不同认知能力和不同教学目标的要求，调整了传统统计学教材的顺序,充分体现因材施教的理念,既能满足不同层次学生掌握专业技能的需要,又能为其日后继续学习提供支撑。

　　本书由刘合香和王磊任主编,张兴华和赵楠楠任副主编,何泽水任主审。具体分工如下:模块 1、2、7、9 由河北商贸学校刘合香编写;模块 3 由河北商贸学校贾晓涵编写;模块 4(4.1 和 4.2)由河北商贸学校张兴华编写;模块 4(4.3 和 4.4)、6、10 由河北商贸学校王磊编写;模块 5 由河北商贸学校赵楠楠编写;模块 8 由河北商贸学校张瑶编写。刘合香负责起草大纲、修改、总纂并定稿,河北商贸学校何泽水负责教材审定工作。

　　本书在编写过程中,参考了国内外大量文献和一些专家学者的相关论著以及部分权威网站的资料,在此一并表示诚挚的敬意和感谢!本书针对学习中的重点和难点知识,制作了微课,并配有 PPT、案例分析及习题答案等数字化学习资源(以二维码形式呈现)。读者也可登录 http://www.abook.cn 下载,或者联系科学出版社索取。

　　由于编者水平有限,书中难免有疏漏之处,恳请有关专家和广大读者批评指正,以便我们进一步修改和完善。

编 者

2020 年 4 月

目　　录

模块 1 认 识 统 计

 学习目标

◎知识目标

1. 认识统计及其研究对象。
2. 理解统计学的基本概念。
3. 掌握统计工作过程和研究方法。

◎能力目标

1. 能够对统计学有一个基本的认识。
2. 能够按照统计工作流程创建项目小组，明确统计岗位职责。

◎职业素养目标

1. 保持以客观事实为依据、严谨求实、勇于创新的科学精神。
2. 养成严谨的思维习惯和认真的工作态度。
3. 激发学习的热情，培养自身热爱统计工作的情感，具备统计工作人员的职业素质。

学习导引

中华人民共和国 2019 年国民经济和社会发展统计公报（节选）

　　初步核算，2019 年国内生产总值 990 865 亿元，比 2018 年增长 6.1%。其中，第一产业增加值 70 467 亿元，增长 3.1%；第二产业增加值 386 165 亿元，增长 5.7%；第三产业增加值 534 233 亿元，增长 6.9%。第一产业增加值占国内生产总值比重为 7.1%，第二产业增加值占国内生产总值比重为 39.0%，第三产业增加值占国内生产总值比重为 53.9%（图 1-1）。全年最终消费支出对国内生产总值增长的贡献率为 57.8%，资本形成总额的贡献率为 31.2%，货物和服务净出口的贡献率为 11.0%。人均国内生产总值 70 892 元，比 2018 年增长 5.7%。国民总收入 988 458 亿元，比 2018 年增长 6.2%。全国万元国内生产总值能耗比 2018 年下降 2.6%。全员劳动生产率为 115 009 元/人，比 2018 年提高 6.2%。

图 1-1　2015～2019 年三次产业增加值占国内生产总值比重

2019 年末全国总人口 140 005 万人，比 2018 年末增加 467 万人，其中城镇常住人口 84 843 万人，占总人口比重（常住人口城镇化率）为 60.60%，比 2018 年末提高 1.02 个百分点。户籍人口城镇化率为 44.38%，比 2018 年末提高 1.01 个百分点。2019 年出生人口 1465 万人，出生率为 10.46‰；死亡人口 998 万人，死亡率为 7.13‰；自然增长率为 3.34‰。全国人户分离的人口 2.80 亿人，其中流动人口 2.36 亿人，2019 年末人口数及其构成，见表 1-1。

表 1-1　2019 年末人口数及其构成

指标	年末数/万人	比重/%
全国总人口	140 005	100.0
其中：城镇	84 843	60.60
乡村	55 162	39.40
其中：男性	71 527	51.1
女性	68 478	48.9
其中：0～15 岁（含不满 16 周岁）	24 977	17.8
16～59 岁（含不满 60 周岁）	89 640	64.0
60 周岁及以上	25 388	18.2
其中：65 周岁及以上	17 603	12.6

2019 年末全国就业人员 77 471 万人，其中城镇就业人员 44 247 万人，占全国就业人员比重为 57.1%，比 2018 年末上升 1.1 个百分点。全年城镇新增就业 1352 万人，比 2018 年少增 9 万人。2019 年末全国城镇调查失业率为 5.2%，城镇登记失业率为 3.6%。全国农民工总量 29 077 万人，比 2018 年增长 0.8%。其中，外出农民工 17 425 万人，增长 0.9%；本地农民工 11 652 万人，增长 0.7%。

（资料来源：国家统计局，2020. 中华人民共和国 2019 年国民经济和社会发展统计公报[EB/OL]. (2020-02-28)[2020-06-11]. http://www.stats.gov.cn/tjsj/zxfb/202002/t20200228_1728913.html，有改动。）

思考与讨论：

1. 统计公报运用了大量统计数据（数字、文字、图表），综合分析说明 2019 年我国经济运行情况，请谈谈你对统计的认识。

2. 谈谈统计工作在我国经济社会发展中的作用。

模块 1：案例分析

1.1 了解统计知识

1.1.1 了解统计及其研究对象

1. 统计学理论概述及统计的含义

（1）统计学理论概述

统计作为一种社会实践活动，已有四五千年的历史。早在原始社会，人们打猎、捕鱼后就要统计有多少人、多少食物，以便分配食物；到了封建社会，基于赋税、徭役和兵役的需要，历代都有田亩和户口的记录。而统计学的理论和方法，则是在长期统计实践活动的基础上发展起来的，距今已有 300 多年的历史。

17 世纪中叶至 18 世纪中叶，统计学理论初步形成了"政治算术学派"和"记述学派"。"政治算术学派"的代表人物是英国的威廉·配第，因《政治算术》一书得名。该书运用大量数字资料对英国、法国、荷兰三国的国情国力做了系统的数量对比分析。马克思认为，配第不仅是政治经济学之父，在某种程度上也是统计学的创始人。[①]"记述学派"也称"国势学派"，其创始人是德国的海尔曼·康令，主要继承人是德国的阿亨华尔。康令是第一个在德国黑尔姆斯太特大学以"国势学"为题讲授政治活动家应具备的知识；阿亨华尔在哥廷根大学开设"国势学"课程，主要通过搜集大量的实际资料，分门别类地记述有关国情国力的系统知识，包括土地、人口、政治、军事、财政、货币、科学、艺术和宗教等。因外文中的"国势"与"统计"词义相通，后来正式命名为"统计学"。

18 世纪到 19 世纪末，统计学又出现了许多学派。以比利时阿道夫·凯特勒为代表的"数理统计学派"，倡导统计学与概率论的结合，使统计学开始进入新的阶段。以德国克尼斯首创的"社会统计学派"平息了"政治算术学派"与"记述学派"长达 100 多年的争论，最终将"政治算术"更名为"统计学"。"社会统计学派"主要代表人物还有德国的乔治·冯·梅尔和恩斯特·恩格尔，他们主张统计学是一门社会科学，采用大量观察法研究社会总体，才能揭示现象的内在规律。

20 世纪初至今，数理统计在随机抽样的基础上建立了"推断统计学"。其发展具有三个明显的趋势：一是越来越广泛应用数学方法；二是数理统计学的新分支不断形成；三是借助现代信息技术，其应用日益广泛。

微课：认识统计

（2）统计的含义

统计一词通常有三种含义：统计工作、统计资料和统计学。

统计工作，即统计的实践活动，是对各种统计资料进行收集、整理和分析的活动过程，一般包括统计设计、统计调查、统计整理、统计分析四个阶段。统计资料是指统计实践活动过程中所取得的主要以数据表现的信息资料，包括原始数据资料和经过加工处理后的数据资料。统计学是统计活动经验的总结和理论概括，是指导统计工作、研究、整理和分析统计资料的科学。

---

① 马克思，1975. 资本论：第 1 卷[M]. 北京：人民出版社：302.

统计的三种含义是相辅相成、互相依存的。统计工作是统计的实践活动，统计资料是统计工作的成果，二者是工作过程和成果的关系；统计学是统计工作实践经验的理论概括和深化，二者是理论与实践的关系。统计学形成后，又能指导人们进行统计实践活动。

新中国成立后，由于社会主义公有制的建立，我国的统计工作得到顺利的开展，逐步建立了全国统一的统计机构，制定了一套较为完整的统计制度和方法，培养了大批统计工作干部，给社会主义革命和建设事业提供了大量统计资料，对国民经济的发展起到了巨大作用。实践证明，统计是适应社会政治经济发展和国家管理的需要而建立起来的，其发展与社会生产力的发展是紧密联系在一起的，它是进行国民经济宏观调控的决策依据，必将在国家宏观调控、管理和决策中发挥重要作用。

在现实生活中，统计研究的范围相当广泛，既有社会经济现象，也有自然科学等方面，覆盖了社会生活的一切领域，成为有许多分支学科的科学。

2. 统计的研究对象及其特点

（1）统计的研究对象

统计学是研究客观现象总体数量特征和数量关系的科学。本书侧重于社会经济统计的基本理论与方法。社会经济统计的研究对象是社会经济现象总体的数量方面，即以统计资料为依据，说明社会经济现象总体的数量特征、数量关系和数量界限。

社会经济现象包括除自然现象以外的社会政治、经济、文化、人民生活等领域的各种现象，如生产与消费、财政与金融、人口与劳动力资源等。通过对这些基本的社会经济现象的数量方面的认识，达到对整个社会的基本认识。

（2）社会经济统计的特点

1）数量性。社会经济统计的研究对象是社会经济现象的数量方面，因而，数量性就成为社会经济统计的基本特征。它具体包含三个方面的内容：①数量特征，即社会经济现象的数量多少；②数量关系，即现象之间的各种数量关系；③数量界限，即质量互变的数量界限。统计活动就是通过对事物数量的研究，反映这些数量方面的现状和它们的发展变化过程，揭示其本质和发展变化的规律性。

2）总体性，即对社会经济现象总体的数量方面的认识。统计通过对若干性质相同的个体组成的总体进行大量观察和综合分析，反映现象总体的数量特征，揭示某种社会经济现象的一般情况。统计研究的着眼点是大量社会经济现象总体，而不是少量或个别现象，它是通过对个别事物大量观察，占有丰富材料，加以分析综合，反映社会经济现象总体的数量特征，揭示现象的本质和规律。

3）具体性，即具体事物的数量方面。它不像数学那样研究抽象的数量及其相互关系，而是研究具体事物在一定时间、地点、条件下的数量表现。

4）社会性。社会经济现象是人类社会活动的条件、过程和结果。它们都是人类有意识的社会活动，都和人们的利益有关。社会经济统计通过研究大量社会经济现象总体的数量方面，来认识人类社会活动的条件、过程和结果，反映物质资料的占有关系、分配关系、交换关系及其他社会关系。

1.1.2 掌握统计研究的方法

在长期的统计实践活动中，人们根据统计研究对象的特点和研究目的的需要，总结和创造了一系列统计研究的方法，分为统计研究的一般方法和具体方法。

1. 统计研究的一般方法

统计研究的一般方法包括大量观察法、统计分组法和综合指标法。

（1）大量观察法

大量观察法是指从社会现象的总体出发，对其全部单位或足够多的单位进行数量观察并加以综合分析的统计方法。大量观察法是社会经济统计研究的一种基本方法，通过对大量总体单位的调查，排除个别的、偶然的、非本质的因素影响，显示出现象普遍的、决定性的规律和特征。例如，为了研究城乡人民物质生活的提高程度，就要观察足够多的职工、农民家庭的收支情况，才能得出正确的结论。

（2）统计分组法

统计分组法是指根据统计研究的目的和任务，将所研究的社会经济现象总体按照一定标志划分为若干组成部分的统计方法。通过统计分组，可以将复杂的社会经济现象划分为不同类型，从而运用统计指标揭示现象发展的特征和规律性。利用统计分组，还可以反映总体的内部构成及其变化情况，以及研究各种标志之间的相互依存关系。例如，在研究分析我国国内生产总值增长速度时，可以按产业类型分组，分别分析第一产业、第二产业和第三产业的增加值和增长速度，以决定采取不同政策促进国民经济持续向好发展。

（3）综合指标法

综合指标法是指统计研究中运用总量指标、相对指标、平均指标等各种综合指标反映社会经济现象总体的一般数量特征和数量关系的研究方法。运用综合指标，可以显示出现象在具体时间、地点、条件下的总量规模、相对水平、平均水平和变异程度等，概括地描述总体各单位在数量方面的综合特征和变动趋势。例如，我国 2019 年国内生产总值是 990 865 亿元，世界排名第 2 位，而同年我国人均国内生产总值是 70 892 元，世界排名第 72 位，仍属于发展中国家。运用综合指标法可以从质与量两个方面，多角度、全方位、科学客观地反映现象总体的特征。

2. 统计研究的具体方法

统计研究的具体方法包括统计模型法和统计推断法。

（1）统计模型法

统计模型法是指对客观现象总体及其运动过程，利用仿真或模拟形式作出较为完整、近似的反映或描述的方法。一般有两种表达方式：一是利用现象间的数量关系，建立数学方程式或方程组，称为统计数学模型。例如，相关回归分析，如果现象间的相关关系非常密切，可以根据它们之间的变化规律，拟合一条直线或曲线，近似地反映相关现象间的变化规律。二是依据统计指标间的逻辑关系，构筑框架式的统计逻辑模型，如期初库存+本期购进-本期销售=期末库存。

（2）统计推断法

根据社会经济现象的关联性和近似性，一些社会经济现象没必要或不可能对全部总体单位进行调查，而更多是运用统计推断法进行分析。统计推断法是根据样本资料来推断总体数量特征的统计分析方法，广泛应用于对总体数量特征的估计和对总体某些假设的检验。例如，我国的人口普查每 10 年进行一次，尾数逢 0 的年份为普查年度，在两次人口普查之间开展 1% 人口抽样调查,即采用抽样推断法。2015 年进行的 1% 人口抽样调查,目的是查清 2010 年以来我国人口在数量、素质、结构、分布及居住等方面的变化情况,为科学制定国民经济和社会发展规划,提供科学准确的统计信息支持。

1.1.3 熟悉统计的工作过程

1. 统计的工作过程

统计的工作过程是指统计工作的步骤。一般而言,一个完整的统计工作过程分为统计设计、统计调查、统计整理和统计分析四个阶段。

（1）统计设计

微课:统计的工作过程

统计设计是根据统计研究的目的及研究对象的特点,对统计工作的各个方面和各个环节进行通盘考虑和安排,是统计工作过程中的定性认识阶段。统计设计的基本任务是制订各种统计工作方案,作为指导统计工作的依据,如统计指标和指标体系的设计,统计分组和分类的设计,统计调查方案、统计整理和分析方案的设计,统计工作各部门和各阶段之间相互协调与联系的设计,统计力量的组织与安排设计等。统计设计是统计工作的首要阶段,是整个统计工作协调有序、顺利开展的必要条件,是保证统计工作质量的重要前提。

（2）统计调查

统计调查是根据调查的目的与要求,运用科学的调查方法,有计划、有组织地搜集数据信息资料的工作过程。统计调查是统计工作的基础阶段,担负着提供基础资料的任务,是一切统计资料的来源。统计调查工作的质量如何,搜集到的数据信息资料正确与否,关系到统计工作成果的质量好坏。

（3）统计整理

统计整理是根据统计研究的目的,采用科学的方法对统计调查阶段搜集到的数据信息资料进行分组、汇总,使之条理化、系统化,以说明现象总体数量特征的工作过程。统计整理是统计工作的中间环节,具有承前启后的作用。它是统计调查工作的继续,也是统计分析工作的前提。统计调查和统计整理都是一种定量认识。

（4）统计分析

统计分析是指根据统计研究的目的和任务,运用科学的统计分析方法,对加工整理好的统计资料加以分析,以揭示社会经济现象的本质及其规律性的工作过程。它是继统计设计、统计调查、统计整理之后的一项十分重要的工作,是在前几个阶段工作的基础上通过分析而达到对研究对象更为深刻的认识,即从感性认识上升到理性认识的过程,是更高层次的定性认识。

从认识的顺序来看,统计设计、统计调查、统计整理和统计分析四个阶段,是从定性认识开始,经过定量认识,再到更高的定性认识的过程。每个阶段各自独立,又相互连接,缺少哪个环节都会出现偏差。

2. 统计的职能

统计的职能主要表现为信息、咨询、监督三大职能。

（1）信息职能

统计的信息职能是指根据科学的统计指标体系和统计调查方法，灵活、系统地采集、处理、传递、存储和提供大量的以数据为基本特征的社会经济信息的职能。统计的信息职能表现为它能全面正确地反映国民经济和社会发展的水平、规模、结构、布局、速度、比例和效益，预测其发展趋势，阐明经济和社会发展的规律，为社会各界提供信息服务。

（2）咨询职能

统计的咨询职能是利用已掌握的统计信息资源，运用科学的分析方法和先进的技术手段，深入开展综合分析和专题研究，为科学决策和管理提供各种可供选择的建议和对策方案。

（3）监督职能

统计的监督职能是根据统计调查结果，系统地检查国家政策的实施和计划完成进度，分析政策和计划执行情况，阐明国民经济与社会发展的平衡情况，评价经济效益、社会效益和工作实绩，揭示国民经济和社会发展中出现的问题，并对其实行全面、系统的检查、监督和预警。

统计的三大职能是一个相互促进、相互制约、紧密联系的有机整体。信息职能是基本职能，是保证咨询职能和监督职能有效发挥作用的基础和前提。它使采集的信息得以在科学决策、经营管理及社会实践中发挥作用；监督职能则是对信息职能和咨询职能的进一步拓展，监督职能的强化又必然对信息职能与咨询职能提出更高的要求，从而促进信息职能与咨询职能的优化。总之，统计的信息职能、咨询职能和监督职能彼此依存、相互联系，共同构成了一个有机整体。

小案例：2020 年一季度全国累计实现减税降费 7428 亿元

1.2 掌握统计学的基本概念

1.2.1 总体与总体单位

1. 总体与总体单位的概念

总体是由客观存在的、具有某种共同性质的多个事物组成的整体，构成总体的个别事物就是总体单位。例如，要了解某班学生的基本情况，总体是该班的所有学生，总体单位是该班的每一个学生。又如，研究某省工业企业生产情况，总体是该省所有的工业企业，总体单位是该省的每一家工业企业。由此可见，总体具有同质性、大量性和变异性三个特征。

1）同质性是指组成总体的个别事物至少在某一方面具有相同的性质。例如，要研究我国国有企业的生产情况，总体是全国所有的国有企业，其同质性表现为每家企业属性都是国家所有，同质性是构成总体的基础。只有同质性的总体，才能说明总体的综合数量特征。

2）大量性是指总体应包含足够多的总体单位，其数目应足以反映总体的数量特征，而不能只是个别或少数单位。这是因为统计研究的目的是要揭示现象的规律性，而社会现象的规律只有在大量现象的综合汇总中才能显示出来。总体的大量性，可使个别单位某些偶然因素的影响相互抵消，以排除个别单位现象带来的偶发性，从而显示出总体的本质和规律性。

3）变异性是指构成总体的个别事物除至少在某一方面具有共同的性质，在其他方面还应存在差异，这些差异是统计研究的主要内容。例如，国有工业企业总体中，企业名称、职业人数、固定资产数额等都存在差异，正是存在着差异，才需要我们去统计。因此，变异性是进行统计的前提条件。

2. 总体的种类

总体按总体单位是否可数，分为有限总体和无限总体。有限总体是指总体所包含的总体单位是有限的，是可以计数的。例如，全国工业企业、全国人口等，社会经济现象总体大多是有限总体。无限总体是指总体所包含的总体单位是无限的，是不可以计数的。例如，宇宙中的星球、海水养殖的鱼苗等。

3. 总体与总体单位的关系

总体与总体单位是密切相关的。一方面，总体是由总体单位构成的，没有总体单位就没有总体；另一方面，总体和总体单位是相对而言的，随着统计研究目的及范围的变化，总体和总体单位可以相互转化。例如，研究某省工业企业的生产情况，可以把该省所有工业企业作为一个总体，每家工业企业则是总体单位，将每家工业企业的某些数量特征加以登记汇总，就取得该省工业企业的统计资料。但为了研究典型工业企业的内部问题，则被选作典型的这一工业企业又可作为一个总体。

1.2.2 标志与指标

1. 标志和标志表现

（1）标志的概念

每个总体单位都具有许多属性和特征，标志就是说明总体单位属性和特征的名称。例如，某班全体学生构成一个统计总体，每一位学生是一个总体单位，反映每个学生特征的名称，如姓名、性别、年龄、学习成绩、民族等都称为总体单位的标志。

（2）标志的种类

标志按性质不同可分为品质标志和数量标志。品质标志表明总体单位质的特征，只能用文字表示，不能用数值表示。上例中，学生的姓名、性别、民族都属于品质标志。数量标志表明总体单位量的特征，一般用数值表示。上例中，学生的年龄、学习成绩都属于数量标志。

标志按变异情况不同可分为不变标志和可变标志。不变标志是指一个总体中所有的单位共同具有的特征。例如，我国第六次人口普查规定："人口普查的对象是具有中华人民共和国国籍并在中华人民共和国境内常住的人。"按照这一规定，在作为调查对象的人口总体中，国籍和在国境内居住是不变标志。可变标志是指在总体各单位之间存在差异的标志。在我国人口普查中，性别、年龄、民族、职业等都是可变标志。不变标志是构成统计总体的基础，因为必须至少有一个不变标志将各总体单位结合在一起，使它具有同质性。而构成一个总体的可变标志是统计研究的主要内容，因为如果标志在各总体单位之间的表现都相同，那就没有进行统计研究的必要了。

（3）标志表现

标志表现是指在标志名称之后所列示的属性或数值，分为品质标志表现和数量标志表现。例如，品质标志"性别：女"，"性别"是品质标志的名称；"女"是品质标志表现。又如，数量标志"年龄：18 岁"，"年龄"是数量标志的名称；"18 岁"是数量标志表现，因其是数值，又称标志值。

2. 指标和指标体系

（1）指标的概念和特点

指标是说明总体数量特征的概念和具体数值。例如，全国人口总数、全国国民生产总值、居民人均可支配收入等都是指标。一个完整的指标应该由指标名称、具体数值、计量单位、时间限制、空间范围等构成。例如，2019 年我国国内生产总值是 990 865 亿元，这个指标反映了我国在一定时间、地点、条件下的经济总量，能够对 2019 年我国国民经济发展情况有个确切的认识。

指标具有以下特点。

1）数量性。数量性是统计指标最基本的特点，所有的指标都是用数值来表现的，没有数量特征的指标是不存在的。

2）综合性。指标是总体单位同质数量综合的结果。例如，在同一总体内部，一个职工的工资额不能成为指标，只有所有职工的工资总额或平均工资才能成为指标。

3）具体性。指标是现象在不同时间、地点和条件下的具体反映。

（2）指标的种类

指标按其所反映总体现象的内容和特点不同，可分为数量指标和质量指标。数量指标是反映总体的总规模、总水平或工作总量的指标，又称总量指标，用绝对数表示。例如，人口总数、国民生产总值、粮食总产量等均是数量指标。质量指标是说明总体内部或总体之间数量关系的指标，通常是由两个有联系的指标对比计算出来的。例如，劳动生产率、单位产品成本、产品合格率等均是质量指标，用相对数或平均数来表示。

指标按其数值的表现形式不同，可分为总量指标、相对指标和平均指标。这部分内容将在模块 4 专门讲解，此处从略。

（3）指标体系

社会经济现象间存在着相互联系、相互制约的关系。一个指标只能反映客观事物的一个方面的特征，要全面反映客观经济现象整体，描述事物发展的全过程，只用一个指标是不够的，需要采用指标体系。

指标体系是指由若干个相互联系、相互补充的指标所组成的整体，用以说明社会经济现象总体各方面相互联系和相互制约的关系。例如，要反映某企业的生产经营状况，只设立利润这一指标是不够的，还需要构建职工人数、人均工资、劳动生产率、原材料消耗量、固定资产投资额、财务成本等指标组成一个指标体系。随着人们对客观现象认识的不断深化，指标体系也在不断完善，这样就更有利于人们全面地认识客观现象。

3. 标志与指标的关系

（1）标志与指标的区别

标志和指标既有区别又有联系，它们的区别如下。

1）标志说明总体单位的特征，而指标说明总体的特征。

2）标志有用数值来表示的数量标志和不能用数值表示的品质标志两种，而所有的指标都可用数值表示其特征。

（2）标志与指标的联系

标志和指标的联系如下。

1）数量指标的数值是根据数量标志的标志值汇总而来的。例如，某班全体学生这一总体，每位学生是总体单位，每位学生的数学成绩是数量标志，将该班每一位学生的数学成绩相加得到的总成绩是数量指标。

2）标志和指标存在变换关系。随着研究目的的不同，当总体转化为总体单位时，相应的指标就转化为数量标志了；反之，当总体单位转化为总体时，相应的数量标志就转化为指标了。例如，在研究某工业企业职工的收入情况时，该企业全部职工构成总体，每位职工是一个总体单位，经过汇总得到的该企业全体职工的工资总额为指标。而当研究该市所有工业企业职工的基本情况时，该企业是一个总体单位，该企业职工的工资总额随之变成数量标志，具体的工资总额数值则成为总体单位标志值。

1.2.3　变异与变量

1. 变异

变异是指标志的具体表现在总体各单位间的差异，包括品质变异和数量变异。品质变异通常用文字表述，如性别的不同表现为男、女，民族的不同表现为汉族、满族等。数量变异可用数值表示，如年龄表现为 20 岁、21 岁、22 岁等。变异是在总体内部客观存在的，没有变异就没有统计研究的必要，人们正是通过认识总体的变异实现对总体数量特征的认识。

2. 变量

（1）变量的概念

变量是指可变的数量标志。例如，以某班全体学生为总体，该班每一位学生的年龄各不相同，那么，年龄这一数量标志就是一个变量。变量的具体数值称为变量值，又称标志值。

（2）变量的种类

变量按其取值的连续性分为离散型变量和连续型变量两种。离散型变量是指变量值通常是整数，而不会出现小数，即当取小数时，变量就失去了经济意义。例如，企业的职工人数、设备台数，其取值是不会有小数的，这类变量就属于离散型变量，它可以用计数的方法取得变量值。连续型变量是指变量在两个相邻的整数之间可以取小数，且有经济意义。例如，职工的工资额，人的身高、体重等，这类变量都属于连续型变量。连续型变量的取值要利用计量工具，通过测量或度量的方法取得。

知识拓展：统计设计

项目实训：统计工作入门训练

调查项目实施前的准备工作

1. 组建统计工作团队

本实训基于统计工作流程，以培养学生形成统计调查方案和问卷设计能力、统计数据信息收集能力、数据整理分析能力、报告撰写能力及应用 Excel 处理统计实务等职业能力重构教材体系。学期内按工作流程设计统计工作岗位，明确各岗位职责，以学生操作为主线，从实战角度出发，围绕贯穿于始末的一个完整项目展开，通过行动导向、项目教学、案例分析、任务驱动、角色扮演等方法，学生进入统计工作中体验工作环境和工作流程。

学生对市场调查有了初步认知后，要根据班级规模和学生个人特点，按统计工作过程分角色创建项目小组，每个小组包括设计、调查、整理、分析、预测、报告等部门，各部门均指定一名负责人，根据每个模块"项目实训"中的指导和要求，牵头完成不同阶段的实践任务，直至掌握整个统计工作流程。

各项任务均以小组合作学习实践的方式展开。小组成员在项目实施的各个环节，既有分工又有协作，教师及时监督和评价各小组的项目进展情况，做到过程性评价和终结性评价相结合，师生评价和生生评价相补充，客观地评价各小组分析问题和解决问题的能力。

学生分组情况直接关系到教学任务的完成和统计工作质量的高低。因此，在分组时应考虑以下几个方面的问题。

1）学生的兴趣、特长及个体差异。构建学习小组是为了高效完成统计工作任务，分组时既要依据学生的兴趣、特长等个性倾向，也要考虑学生的个体差异。例如，组长（项目长）要选择有团队意识和奉献精神及有一定领导能力的学生担任；各职能部门负责人要根据岗位工作性质并结合个人的特长选择合适人选，目的是让每位学生在小组中都能发挥独特的作用，做到结构合理，人尽其才。

2）小组人数要合理，一般以 6～8 人为宜。人数太多不利于学生之间的交流和个人才能的充分展示；人数太少也不利于学生之间的交流和互助，因此，教师要对组内成员进行适度调整，以达到最佳效果。

3）组内负责人是动态的。组长作为总负责人，指挥带领各职能部门负责人共同学习研究，协调组内成员的关系，具有解决问题的能力。根据统计工作流程，各个阶段的统计工作任务是不同的，组内各职能部门负责人轮流主持工作，这不仅使学生有新鲜感，而且可以提高合作学习的兴趣。在统计设计阶段，设计部门负责人牵头，带领和指挥大家根据统计研究的目的，完成统计调查方案和统计调查问卷的设计工作；设计方案完成后进入统计数据收集阶段，由调查部门负责人牵头，带领大家按照设计方案的要求收集统计数据资料；之后进行整理阶段、分析阶段……直至完成整个统计工作任务。

4）分组遵循组内异质、优势互补的原则。按照学生的知识基础、学习能力、性格特点等差异进行分组，让不同特质、不同层次的学生进行优化组合，使每个小组都有高、中、低三个层次的学生。这样分组不但有利于学生之间的优势互补，相互促进，而且为全班各小组之间的公平竞争打下了基础。

5）学生小组活动评价要科学、公平。评价、比赛、竞争可以在组内也可以在组间进行，这样既可以增加组员之间的了解，增强凝聚力，也能保障教学实践活动的顺利进行。

合理分组为小组学习和项目实施提供了良好的开端。在小组学习的过程中，学生是活动的参与主体，教师为主导。教师应时刻关注学生的情感喜好，了解他们的收获和困难，为学生量身定做一套充满兴趣、激励和支持的学习任务，才能最大限度地提高学生参与的积极性，使学生真正体会到小组学习的乐趣。

2. 确定统计调查项目

为了便于学生学习和掌握统计工作流程，本实训设定了部分调查项目供各学习小组选择，各小组可以通过集体讨论，从中选定一个调查项目作为本学期的实践项目，也可以由小组成员自行拟定调查项目，学期内按工作流程完成各项工作任务。

1）××学校在校生月消费支出及结构调查。

2）××学校在校生月手机话费调查。

3）××学校在校生课外阅读情况调查。

4）××学校在校生月饮食支出调查。

5）××学校毕业生求职成本调查。

6）××学校校园手机市场调查。

7）××学校校园化妆品市场调查。

8）××学校校园饮品市场调查。

3. 统计工作各阶段成果要求

根据统计工作流程，在每个工作阶段完成后，要以学习小组为单位提交阶段性成果。一般包括以下材料。

1）统计设计：统计调查方案、整理方案、分析方案、统计调查问卷、访谈提纲等。

2）统计数据的收集：调查方式、方法的确定，收回的调查问卷、访问材料等。

3）统计数据的整理：统计分组、分配数列、统计表、统计图等过程性材料。

4）统计数据的描述与分析：总量指标、相对指标、平均指标、标志变异指标等计算过程和结果。

5）抽样推断：全及总体、样本总体、抽样框、抽样方法、概率保证程度的设定，抽样误差、区间估计的计算，抽样推断的过程和结果。

6）相关与回归分析：分析自变量和因变量，测定相关关系，进行回归预测，提交预测过程性材料。

7）动态分析：水平指标和速度指标的计算和分析结果。

8）统计指数分析：确定影响因素，建立指数体系，进行因素分析的过程性材料。

9）撰写统计分析报告：提交一份高质量的统计分析报告。

10）Excel 在统计实务中的应用：搜集数据、整理数据、制作统计图、函数计算描述统计量、进行指数分析、动态数列分析、回归分析的过程性材料。

说明：中职学生可以提交 1）、2）、3）、4）、5）、6）、9）的结果；高职学生可以按照本要求提交全部结果。各小组可以提交手工调查、整理、分析的结果，也可以提交利用计算机完成的统计工作结果。

综合训练 1

一、单项选择题

1. 研究某市工业企业生产设备使用情况，则统计总体是（　　）。
   A. 该市全部工业企业
   B. 该市每一个工业企业
   C. 该市工业企业的每一台生产设备
   D. 该市工业企业的全部生产设备

2. 要了解 100 名学生的学习成绩，则总体单位是（　　）。
   A. 100 名学生
   B. 每一名学生
   C. 100 名学生的学习成绩
   D. 每一名学生的学习成绩

3. 一个统计总体（　　）。
   A. 只能有一个指标
   B. 只能有一个标志
   C. 可以有多个指标
   D. 可以有多个标志

4. 总体具有变异性的特征，变异性是指（　　）。
   A. 标志的具体表现不同
   B. 指标和标志的名称不同
   C. 总体单位之间的性质不同
   D. 总体和总体单位的性质不同

5. 统计总体的特点是（　　）。
   A. 同质性、广泛性、社会性
   B. 同质性、综合性、大量性
   C. 同质性、大量性、变异性
   D. 同质性、社会性、大量性

6. 某工人月工资 3900 元，则"3900 元"是（　　）。
   A. 质量指标
   B. 数量指标
   C. 品质标志
   D. 变量值

7. 下列标志属于品质标志的是（　　）。
   A. 教师的教龄
   B. 学生的成绩
   C. 商品的价格
   D. 民族

8. 在人口普查中，以下调查项目属于数量标志的是（　　）。
   A. 姓名
   B. 年龄
   C. 文化程度
   D. 性别

9. 下列指标中属于数量指标的是（　　）。
   A. 某地区国民生产总值
   B. 某市工业企业职工平均工资
   C. 某企业工人的劳动生产率
   D. 某企业产品合格率

10. 某班要统计学生的年龄和体重，正确的一项是（　　）。
    A. 二者均为离散型变量
    B. 前者为连续型变量，后者为离散型变量
    C. 二者均为连续型变量
    D. 前者为离散型变量，后者为连续型变量

二、多项选择题

1. 统计的含义有（　　）。
   A. 统计研究
   B. 统计工作
   C. 统计资料
   D. 统计学

2. 一个完整的统计工作过程包括（　　）。
   A. 统计设计
   B. 统计调查
   C. 统计整理
   D. 统计分析

3. 统计的研究对象具有的特点有（　　　）。

    A. 社会性　　　　B. 总体性　　　　C. 数量性　　　　D. 具体性

4. 统计的职能有（　　　）。

    A. 信息职能　　　B. 咨询职能　　　C. 监督职能　　　D. 决策职能

5. 总体和总体单位之间的关系有（　　　）。

    A. 总体和总体单位是可以变换的

    B. 总体和总体单位是固定不变的

    C. 总体可能转化为总体单位，总体单位也可以转化为总体

    D. 只能是总体转化为总体单位

6. 指标按其所反映总体现象的内容和特点不同，可分为（　　　）。

    A. 总量指标　　　B. 相对指标　　　C. 数量指标　　　D. 质量指标

7. 下面属于质量指标的是（　　　）。

    A. 工资总额　　　B. 产品合格率　　C. 平均产量　　　D. 工人劳动生产率

8. 某班三名学生的数学成绩分别是 80 分、85 分、89 分，则"数学成绩"是（　　　）。

    A. 变量值　　　　B. 数量标志　　　C. 变量　　　　　D. 连续型变量

9. 下列变量中，属于离散型变量的有（　　　）。

    A. 机器台数　　　B. 录取人数　　　C. 汽车产量　　　D. 粮食产量

10. 统计研究的一般方法包括（　　　）。

    A. 大量观察法　　B. 回归分析法　　C. 综合指标法　　D. 统计分组法

三、判断题

1. 统计学是先于统计工作发展起来的。　　　　　　　　　　　　　　　（　　）

2. 人口的平均寿命是数量标志。　　　　　　　　　　　　　　　　　（　　）

3. 统计工作与统计学是理论与实践的关系。　　　　　　　　　　　　（　　）

4. 全国人口数量是统计总体。　　　　　　　　　　　　　　　　　　（　　）

5. 标志不能用数值表示，而指标都可以用数值表示。　　　　　　　　（　　）

6. 总体的同质性是指总体中的各个单位在所有标志上的表现都相同。（　　）

7. 人的年龄是离散型变量。　　　　　　　　　　　　　　　　　　　（　　）

8. 构成总体的总体单位只能有一个标志。　　　　　　　　　　　　　（　　）

9. 随着统计研究任务、目的及范围的变化，总体和总体单位是可以变换的。（　　）

10. 统计学的研究对象是社会经济现象总体的质量方面。　　　　　　（　　）

综合训练 1：参考答案

模块 2 　统计数据的收集

 学习目标

◎知识目标

1. 了解统计调查的意义和种类。
2. 掌握统计调查方案的设计、评价标准和修改完善的方法。
3. 掌握统计调查问卷的基本结构和设计原则。
4. 理解普查、重点调查、典型调查和抽样调查的含义、特点及应用范围。
5. 掌握文案调查法、实地调查法、网络调查法的含义、特点、功能及应用条件。
6. 学会组建数据收集队伍，掌握对调查员培训的项目、内容和方法。

◎能力目标

1. 能够根据数据收集的目的和要求设计统计调查方案并进行可行性分析。
2. 能够结合具体的调查问题进行调查问卷和访谈提纲设计。
3. 能够根据不同的统计调查目的及调查对象的特点，恰当地选择调查方式和调查方法。
4. 能够组织和实施好统计调查，运用恰当的调查方法进行统计数据的收集。

◎职业素养目标

1. 学生在做中学，通过调查方案和调查问卷的设计，提高发现问题、分析问题和解决问题的能力。
2. 培养团队合作意识和责任意识，提升沟通和交流能力，锻炼抗挫折能力和随机应变的能力。

学习导引

某男式休闲服装统计调查方案

一、前言

广州某服饰公司计划开发一款新的休闲服装，决策层决定委托市场调查机构开展市场调查分析，通过对市场进行深入的了解，确定如何进行产品定位，如何制定价格策略、渠道策略、促销策略及将各类因素进行有机整合，发挥其资源的最优化配置，从而使新开发的服饰成功进入市场。

二、调查目的和任务

本次调查的目的是通过市场调查，从发展环境、销售渠道和消费者认知等方面了解男式休闲服装市场的竞争状况，寻找××品牌新的市场空间和出路，为××品牌的定位及决策提供科学的依据。

三、调查对象

调查的主要对象：广东省的广州与深圳；海口、福州、上海、杭州、成都5座城市。调查区域点的分布原则上以当地的商业中心为焦点，同时考虑一些中高档生活小区；各个区域要求覆盖商业中心区域、代理商经销点、大型商场休闲柜组、休闲服装专卖店等调查点，以保证样本分布的均匀性和代表性。

四、调查项目

宏观市场调查：从市场的动态、格局、竞争、发展空间及流行趋势等方面进行调查研究；代理商调查：主要调查代理商的看法、定位、运作手段、建议和要求、潜在需求等内容；零售商调查：调查零售商对产品、价格、款式、种类的需求，竞争手段、价格组合方式等；消费者研究：主要就产品需求、购买行为、影响因素、品牌认知、广告信息、竞争对手等内容进行调查。

五、调查方式与方法

根据本调查的特点，本次调查方式设计为抽样调查；调查方法采用访问法和观察法与问卷法。

1. 调查方式

消费者抽样方式采用偶遇抽样和配额抽样的方式。本次调查在各个城市中采取在街头或商业场所向往来或停留的消费者做男式休闲装市场的产品测试；从总体样本中以年龄层作为标志把总体样本分为若干类组，实施配额抽样。每个区域的样本量为300～500例。

2. 调查方法

（1）访问法和观察法

经销商、零售商的相关信息由调查公司有经验的调查人员，按照调查提纲实施深度访谈，通过在商业场所观察不同品牌的销售情况和消费者的购买情况，获得市场信息。

（2）问卷法

问卷结构：主要分为说明部分、甄别部分、主体部分、个人资料部分，以及访问员记录、被访者记录等；问卷形式：采取开放性和封闭性相结合的方式；问卷逻辑：采取思路连续法，即按照被调查者思考问题和对产品了解的程度来设计，在一些问题上采取跳问等方式来进行；主要问题的构想：消费者单位与职业、过去购买的男式休闲装风格、最近购买的男式休闲装品牌等。

六、资料整理分析方案

对问卷进行统一的编码、数据录入工作；将数据录入电子表格，并对数据进行计算机逻辑查错、数据核对等检查；用 SPSS 或 Excel 软件对问卷进行数据分析。用相关分析法分析影响消费者消费、评价品牌、产品与品牌、产品特性之间的内在关系；用 SWOT[①]分析法分析品牌的内在环境和外在环境，明确优势和劣势，认清市场机会和威胁。

七、组织与实施计划

1. 机构安排及职责

设置项目负责人一名，负责项目的规划、实施全过程，并对决策者负责；项目实施

---

① S（strength），优势；W（weakness），劣势；O（opportunity），机会；T（threat），威胁。

督导人员七名,在负责人的领导下组织开展调查工作,负责对调查员培训、督导问卷访谈、进行数据资料的整理分析、承担调查报告的撰写任务等;聘用调查人员 70 名,接受培训后,按要求完成问卷访谈工作。

2. 调查员的选拔与培训安排

从某高校三年级选择 70 名经管类专业学生,要求仪表端正,举止得体,懂得一定的市场调查知识,具有较好的调查能力,具有认真负责的工作精神及职业热情,具有把握谈话气氛的能力。培训内容主要是男式休闲装个体调查问卷访谈要求及技术。

3. 实施的进度安排

调查分准备、实施和结果处理三个阶段。准备阶段完成界定调查问题、设计调查方案、设计调查问卷三项工作;实施阶段完成资料的收集工作;结果处理阶段完成汇总、归纳、整理和分析,并将调查结果以书面的形式即调查报告表述出来。

时间分配

调查方案规划设计、问卷的设计	7 个工作日
调查方案、问卷的修改、确认	3 个工作日
人员培训、安排	3 个工作日
实地访问阶段	7 个工作日
资料的审核	5 个工作日
数据预处理阶段	5 个工作日
数据统计分析阶段	5 个工作日
调查报告撰写阶段	20 个工作日
论证阶段	10 个工作日

4. 经费预算

经费预算包括策划费、交通费、调查人员培训费、公关费、访谈费、统计费、报告费等。

八、附件

1)聘用调查员承诺书。

2)调查问卷。

3)调查问卷复核表。

4)访谈提纲。

5)质量控制办法。

(资料来源:http://www.doc88.com/p-9912677573135.html,有改动。)

思考与讨论:

1. 结合本案例,归纳统计调查方案包括哪些内容。

2. 该调查方案存在哪些问题?如何进行修改和完善?

模块 2:案例分析

2.1 认识统计数据

2.1.1 了解统计数据的类型

统计数据是反映国民经济和社会现象的数字资料及与之相联系的其他资料的总称,是用某种计量尺度对事物进行计量的结果。这里的"计量尺度"由低级到高级、由粗略到精确分为四个层次，即定类尺度、定序尺度、定距尺度和定比尺度，采用不同的计量尺度会得到以下四种不同类型的统计数据。

1）定类数据：表现为类别，但不区分顺序，是由定类尺度计量形成的。定类尺度又称类别尺度，是按照某一品质标志将总体划分为若干部分或组，对属性相同的总体单位进行计量的方法，是对事物最基本的测度。例如，人口按照性别分为男、女两类；企业按照所有制性质分为国有企业、集体企业、有限责任公司、股份有限公司、私营企业、中外合资企业等。

2）定序数据：表现为类别，但有顺序，是由定序尺度计量形成的。定序尺度又称顺序尺度，是按照某一品质标志将总体划分为若干个等级有序的部分或组，对相同等级的总体单位进行计量的方法，是对事物之间等级差别或顺序差别的一种测度。它既可以将事物分成不同的类别，又可以确定这些类别的优劣或顺序。例如，产品按照等级分为一等品、二等品、三等品和次品等；考试成绩分为优、良、中、及格和不及格等。很明显，定序尺度的计量精度要优于定类尺度。

3）定距数据：表现为数值，可进行加减运算，是由定距尺度（间隔尺度）计量形成的，常用自然单位或度量衡单位或次序之间的间距进行测度。定距尺度又称等距尺度，是按照某一数量标志将总体划分为若干顺序排列的部分或组，对相同数量范围的总体单位或其标志值进行计量的方法。它不仅能将事物分为不同类型并进行排序，而且可以准确地指出类别之间的差距是多少，如考试成绩百分制、温度等。

4）定比数据：表现为数值，可进行加减乘除运算，是由定比尺度计量形成的，可用于参数、非参数的统计推断。定比尺度又称比率尺度，是类似于定距尺度但又高于定距尺度的一种计量方法。两者的主要区别：在定距尺度中，"0"表示一个有特定内涵的数值，不表示"没有"或者"不存在"，如0度表示一种温度水平，并不是没有温度；在定比尺度中，"0"表示"没有"或者"不存在"。定距尺度只能进行加、减运算；定比尺度可以进行加、减、乘、除运算。

定类数据和定序数据说明的是事物的品质特征，不能用数值表示，其结果均表现为类别，也称为定性数据或品质数据；定距数据和定比数据说明的是现象的数量特征，能够用数值来表现，因此也称为定量数据或数值型数据。对不同类型的数据应采用不同的统计方法来处理和分析。

2.1.2 明确统计数据的来源

统计数据主要来源于两种渠道：一是直接的统计调查和科学的试验，这是统计数据的直接来源，称为原始数据，又称原始资料或初级资料；二是别人调查或试验的数据，这是统计数据的间接来源，称为第二手数据，又称次级资料。

1. 统计数据的直接来源

统计调查阶段是具体搜集原始数据的阶段，是整个统计工作的基础，也是认识事物的起点。只有做好统计调查，打下良好的基础，才能对统计整理和统计分析产生积极的影响。

（1）统计调查的意义和要求

统计调查，即统计数据收集，是根据统计研究的目的、要求和任务，运用科学的调查方法，有计划、有组织地搜集数据资料的过程。

统计调查是统计工作的第二阶段，统计数据的整理、计算汇总与分析研究都必须在统计数据收集的基础上进行。因此，调查工作的好坏，取得的数据资料是否完整与正确，将直接影响以后各个阶段工作的好坏，影响整个统计工作任务的完成。

为了更好地完成统计工作任务，发挥统计调查的作用，在统计调查过程中必须达到如下基本要求。

1）准确性。准确性是指搜集的统计数据必须能如实反映客观实际，做到真实可靠，这是保证统计数据质量的首要环节，是统计工作的生命。统计调查只有做到了准确性，才能为正确的统计分析和管理决策提供客观的依据。

2）及时性。及时性是指及时上报各种统计调查资料，以满足各方面的需要。它关系到统计工作的全局，影响整个统计工作的进程。如果统计数据提供不及时，即使准确可靠，也会失去应有的作用。因此，只有做到了及时性，才能保证统计资料的时效性，提高统计资料的使用价值。

3）完整性。完整性是指调查单位不重复、不遗漏，搜集齐全所列调查项目的数据。只有做到了完整性，才能很好地满足决策部门的需要。

准确性、及时性和完整性是对统计工作的基本要求，是衡量统计工作质量的重要标志，它们之间存在着有机联系，准确性是数据搜集工作的基础，要在准中求快、求全。

（2）统计调查的种类

社会经济现象错综复杂，调查对象千差万别，统计研究的任务多种多样，因此在组织统计调查时，应根据不同的调查对象和调查目的，灵活采用不同的调查方式。统计调查方式可以按不同的标志划分为若干类型。

1）全面调查和非全面调查。统计调查按调查对象所包括的范围不同，分为全面调查和非全面调查。全面调查是对构成调查对象的所有总体单位全部进行调查登记的一种调查方式。全面统计报表和普查都是全面调查。例如，要了解全国原油产量，就要对全国所有油田的原油产量进行调查登记。这种调查方式能掌握所有调查单位的全面情况，但它需要耗费大量的人力、物力、财力和时间。一般说来，全面调查只适用于有限总体，调查内容应限于国情国力的重要统计指标。

非全面调查是指对构成调查对象的一部分总体单位进行调查登记的一种调查方式。非全面统计报表、重点调查、典型调查和抽样调查都属于非全面调查。例如，为了了解乡镇企业经济效益，随机抽取一部分乡镇企业，对其经济效益进行调查。这种调查方式所涉及的调查单位少，可以用较少的人力、物力、财力和时间调查较多的内容，搜集到较深入细致的统计数据。

2）经常性调查和一次性调查。统计调查按调查登记时间是否连续，可分为经常性调查和一次性调查。

经常性调查是指在一定时期内对客观事物的发展变化情况连续不断地进行登记的调查方式。其主要目的是获得事物全部发展过程及其结果的统计资料，如工业产品产量、商品销售量等。

一次性调查是指间隔一定时期，对事物在某一时点上的状态进行登记的调查方式。其主要目的是获得事物在某一时点上的水平、状况的资料，如人口数、固定资产总值等。这些指标在一定时间内变化不大，可采用一次性调查。一次性调查可以定期进行，也可以不定期进行，其间隔应根据事物的发展变化的特点、工作需要与工作条件而定。例如，我国的人口普查是一次性调查，间隔 10 年调查一次；而经济普查也是一次性调查，间隔 5 年调查一次。

3）统计报表和专门调查。统计调查按调查的组织方式不同，可分为统计报表和专门调查。

所谓组织方式，是指统计调查如何处理被调查的总体，而不是指具体的搜集统计数据资料的方法。这部分内容在模块 2"2.3　确定数据收集的方式方法"专门讲述，此处从略。

2. 统计数据的间接来源

统计数据的间接来源可以从以下渠道加以收集。

1）统计部门及各级、各类政府主管部门公布的有关资料。例如，国家统计局和地方统计局定期发布统计公报等信息；计委、财政、工商、税务等各主管部门和职能部门定期或不定期地公布有关政策、法规、价格和市场供求等信息。这些信息都具有综合性强、辐射面广的特点。

2）各种经济信息中心、专业信息咨询机构、各行业协会和联合会提供的信息及有关行业情报。这些机构的信息系统资料齐全，信息灵敏度高，是获取资料的重要来源。

3）国内外有关的书籍、报纸、杂志所提供的各种统计资料；各种博览会、展销会、交易会、订货会，以及专业性、学术性经验交流会议上所发放的文件和材料等。

4）国内外各种媒体提供的有关信息等。

间接资料常通过文案调查法取得，这部分内容将在"2.3　确定数据收集的方式方法"专门讲解，此处从略。

2.2　设计统计调查方案和调查问卷

统计数据收集是一项十分复杂且技术性较强的调查研究活动。为了保证圆满完成统计调查任务，达到预期目的，在进行实际调查之前，必须对整个数据收集工作的各个方面和各个阶段进行通盘考虑和安排，对调查工作的内容、对象、时间、方法和组织等作出统一的规定和部署，使整个调查工作有计划、有组织按统一协调的部署进行。

2.2.1　设计统计调查方案

1. 统计调查方案的含义和特点

（1）统计调查方案的含义

微课：统计调查方案的设计

统计调查方案，就是根据调查研究的目的和调查对象的性质，在进行实际调查之前，对整个调查工作的各个方面和全部过程所做的通盘考虑和总体安排。

统计调查方案所指的全部过程，是指调查工作所需要经历的各个阶段和环节，即调查资料的搜集、整理和分析等。只有对此统筹考虑、合理安排，才能保证调查工作有秩序、有步骤地顺利进行，才能减少调查误差，提高统计调查工作质量。这是顺利、高效完成统计调查的前提和保证。

（2）统计调查方案的特点

统计调查方案具有以下特点。

1）可操作性。这是决定统计调查方案实践价值的关键，也是任何一个实用性方案的基本要求。

2）全面性。统计调查方案本身具有全局性与规划性的特点，它像指挥棒一样统领全局，保证调查目的的实现。

3）规划性。统计调查方案是针对整个调查统筹规划而出台的，是对整个调查工作各个环节的统一考虑和安排。

4）最优性。统计调查方案是多方反复协调磋商、修改和完善的结果，保证了调查方案的最好效果且费用较少。

2. 统计调查方案的内容

统计调查方案的格式大同小异，主要根据调查性质和目标任务的不同有所差异。一般包括以下几个方面。

（1）明确统计调查目的和任务

统计调查是具有很强目的性的科学调查活动，明确统计调查目的和任务就是要明确在统计调查中解决什么问题、取得哪些资料，这是设计统计调查方案的首要问题。统计调查的目的和任务决定着调查对象和单位、调查内容和方法。衡量统计调查方案是否科学，主要是看统计调查方案是否能够体现统计调查目的和要求。因为只有统计调查目的和任务明确，才能保证统计调查具有针对性。

统计调查目的明确体现如下：为什么要进行这次统计调查？通过统计调查能解决什么问题？收集哪些资料？有什么用途？例如，统计调查目的是要调查本单位的基本情况，就需要了解本单位在机构设置、人员结构及基本业务方面的数量特征，以研究本单位在这些方面的数量关系、特征及本质，为单位经营管理提供可靠资料。

又如，2010 年我国进行的第六次人口普查的目的是"查清十年来我国人口在数量、结构、分布和居住环境等方面的变化情况，为实施可持续发展战略，构建社会主义和谐社会，提供科学准确的统计信息支持"。

（2）确定统计调查对象与调查单位

确定统计调查对象和调查单位，主要是为了解决向谁调查和由谁具体提供资料的问题。统计调查对象是指依据调查的目的和任务所确定的需要研究的社会现象的全体，它是由性质相同的多个单位所组成的整体。构成现象总体中的个体称为调查单位，它是各个调查项目的具体承担者。例如，要了解某市各商业银行的经营状况，则该市所有的商业银行都是调查对象，每一家商业银行是调查单位，同时每一家商业银行也是报告单位。

调查单位和报告单位二者的概念不能混淆。报告单位也称填报单位，它是负责向上级报告和提交统计资料的单位。报告单位一般在行政上、经济上具有一定独立性，而调查单位可以是人、企事业单位，也可以是物。根据调查目的，调查单位与报告单位有时一致，有时不一致。例如，工业企业普查，工业企业既是调查单位又是报告单位；工业企业生产设备状况的普查，调查单位是工业企业的每台生产设备，而报告单位则是每家工业企业。

一般来说，在统计调查中，要明确规定调查单位和报告单位，这是为了说明向谁调查登记资料，由谁提交统计资料，以避免在调查单位和报告单位不一致时产生矛盾。

（3）确定调查项目与调查表（问卷）

统计调查中所要调查的具体内容又称调查项目，它是根据调查目的设计的调查问题，是调查目的的具体体现。按照一定的顺序将调查项目排列在表格中，就形成了调查表。

调查表分为单一表和一览表。

1）单一表是将一个调查单位的若干项目登记在一份表或一种卡片上的表格。单一表便于容纳较多的项目，且便于整理、分类，适用于调查单位较少而项目较多时。单一表见表2-1。

表2-1 ××年末职工家庭就业人口调查表

家庭人口_____人　　就业人口_____人

姓名	与户主关系	性别	年龄	工作单位	职业	职务职称	备注

2）一览表是把许多调查单位和相应的项目按次序登记在一张表格里。它便于汇总但不便于设计较多的项目，故调查深度不够，适用于调查项目不多但调查单位较多时，见表2-2。

表2-2 ××学校学生基本情况调查表

班级_____

学号	姓名	性别	民族	出生年月	政治面貌	籍贯	备注

（4）确定调查方式与方法

统计调查方式是指调查的组织形式，通常有普查、重点调查、典型调查、抽样调查等。统计调查方式的选择应根据统计调查的目的和任务、调查对象的特点、调查费用的多少、调查的精度要求等作出选择。

统计调查方法是指搜集统计数据资料采取的方法，通常有文案调查法、实地调查法、网络调查法等，选择调查方法时应考虑调查资料搜集的难易程度、调查对象的特点、数据取得的源头、数据的质量要求等因素。

实际工作中采用何种调查方式与调查方法，调查员要根据其调查目的和要求来确定，应注意多种调查方式、方法的综合运用。

（5）确定统计调查时间

统计调查时间包括两种含义，即调查时间和调查期限。调查时间是指调查资料所属的时间。如果所调查的资料属于时期现象，就要明确规定调查资料所反映的起止日期。例如，调查2019年第二季度的商品销售额，则调查时间为2019年4月1日至2019年6月30日。如果调查的资料属于时点现象，调查时间就是规定的统一标准时点。例如，我国第六次人口普查的调查时点是2010年11月1日零时。

调查期限是进行调查工作的起止时限，一般是指进行调查登记工作的时间，包括搜集资料和报送资料的所需时间。例如，第六次人口普查规定2010年11月1日至11月10日登记完毕，则调查期限为 11 月 1 日至 10 日，共 10 天。

在某些专项调查中，调查期限包括从调查方案设计到提交调查报告的整个工作时间。为保证调查工作能及时开展、按时完成，在拟定调查期限时，应考虑信息的时效性、客户的时间要求及调查的难易程度等因素。

（6）确定数据整理方案

统计数据的整理是对搜集到的数据资料进行加工整理的过程，目的是为统计分析研究提供系统化、条理化的综合资料。确定数据整理方案，即对数据的审核、分组、汇总、图表列示及汇总软件等作出具体的安排，以提高分析研究的质量和效果。

（7）确定分析研究方案

统计数据的分析研究是对调查数据进行深度加工的过程，目的在于从数据导向结论，从结论导向对策研究。确定分析研究方案，即对分析的原则、内容、方法、要求、报告的编写及成果的发布等作出安排。

（8）确定调查组织与实施计划

统计调查是一项有计划、有组织的调查活动，为保证统计调查有秩序进行，必须有一定的组织保障。调查组织与实施计划，即为确保顺利实施统计调查的具体工作计划。

根据统计调查目的和任务要求，建立专门的调查组织领导机构，配置相应的工作人员，选择和培训调查人员，检查和控制调查的质量等，确保完成调查工作。同时，还要根据统计调查目的，对调查经费开支做出预算。

3. 统计调查方案的评价标准

统计调查方案的设计，往往不是一次完成的，而要经过必要的修改。设计统计调查方案，需要综合考虑各种影响因素，先设计多种有价值的调查方案，再通过分析比较，从中选优。

调查方案的总体评价可以从不同角度来衡量。

1）方案设计是否准确体现了调查目的和要求，调查结果能否对解决问题提供有益的帮助。

2）方案设计是否科学、完整和适用，是否具有可操作性。

3）调查方案是否具有调查质量高、效果好的优点。例如，抽样是否合理，分析方法是否科学，能否降低各种误差等。

评价一项统计调查方案设计的好坏，最终还要通过调查实施来检验。

4. 统计调查方案的修改和完善

对统计调查方案进行修改和完善的方法主要有逻辑分析法、经验判断法和试点调查法三种。

（1）逻辑分析法

逻辑分析的作用是检查所设计的调查方案的各部分内容是否符合逻辑和情理，逻辑分析法主要用于对调查方案中设计的调查项目进行修改完善。

例如，要调查某化妆品的消费者结构，而设计的调查对象却以学生群体或男性居多，则按此设计所得到的结果就无法满足调查的要求。因为一般情况下，化妆品的主要消费群体是成年女性。

（2）经验判断法

经验判断法是组织一些具有丰富调查经验的人士，或结合以往成功的调查案例，对设计出的调查方案加以初步研究和判断，以达到方案完善的目的。采用经验判断法对调查方案进行修改的优点是省时省力，但也有缺点，即由于人们认识的局限性，都会对人们判断的准确性产生影响。例如，把一个调查方案移植到另一个调查任务中来通常是可行的，但是如果不考虑实际区别就会出差错。

（3）试点调查法

采用试点调查法的主要目的是使调查方案更加科学。对于大规模的调查而言，在展开调查之前进行小范围测试是整个调查方案修改和完善的重要环节。试点调查法具有两个明显的特点：一是实战性，二是创新性。通过试点调查把调查效果反馈回来，从而起到修改、补充、丰富、完善调查方案的作用。

2.2.2 设计统计调查问卷

1. 明确问卷的基本结构

（1）调查问卷的含义和特点

问卷，是以书面形式系统地记载调查内容，了解调查对象的反应和看法，以此获得资

料和信息的一种载体。它主要由一系列问句组成，提供的是一种标准化和统一化的信息收集程序。调查员能够通过问卷收集到被调查者对调查主题有关的意见、态度、信仰及过去与现在的行为及理由。

微课：制定统计调查问卷

调查问卷的特点主要表现在以下几个方面。

1）调查工具的标准化程度高。调查员对所有的被调查者提供形式和内容完全一致的问卷，便于进行数量化的统计和分析。

2）匿名性强。问卷调查法一般不要求被调查者署名，在回答涉及被调查者利益或敏感性的问题时，更能消除被调查者的疑虑，从而客观真实地回答问题。

3）效率高。在问卷调查的实施过程中，能够同时对多人进行调查，从而在短时间内搜集到大量的信息和资料，省时、省力，所需经费较少。因而，问卷调查法是一种效率较高的调查方法。

（2）调查问卷的结构

一份完整的问卷一般包括标题、前言和指导语、问题和答案、结束语等。

1）标题。标题具有表明调查内容和调查目的的作用，它能使被调查者扼要地把握调查的主要内容和目的。

2）前言和指导语。前言和指导语是置于问卷前面对问卷进行说明的部分。前言一般对问卷调查的目的、意义、内容作扼要的说明，以激发被调查者对调查课题的兴趣，较客观地回答问题。指导语一般是关于作答的基本方法、要求和相关的注意事项的说明性文字。为了能引起被调查者的重视、合作和支持，前言和指导语的语气要谦虚、诚恳、平易近人；文字要简明、通俗、有可读性，切忌生硬、呆板。

3）问题和答案。问题和答案是问卷的主体，是问卷最核心的组成部分。问题和答案的设计是否科学，决定着一份问卷质量的高低。

①　问卷调查中的问题按其形式不同，可分为封闭式、开放式和混合式三大类。

封闭式问题是指已事先设计了各种可能的答案，被调查者只能从中选定一个或几个现成答案的提问方式。开放式问题是指对所提出的问题并不列出所有可能的答案，而是由被调查者自由作答的问题。混合式问题又称半封闭式问题，是在采用封闭式问题的同时，再附上一项开放式问题。

②　问卷调查中的问题按内容不同，可以分为被调查者行为方面的问题、被调查者态度方面的问题和被调查者基本分类资料方面的问题。

被调查者行为方面的问题是研究者可以从被调查者过去及现在的行为状况来预测其未来行为的可能性。被调查者的态度方面的问题是了解被调查者对特定问题的感受、认识和观点。被调查者基本分类资料方面的问题是指被调查者的一些背景资料，如性别、年龄、教育程度、职业、婚姻状况、收入、住所、宗教信仰等。

在实际调查中，需要列入哪些具体项目、列入多少项目，应根据调查目的和调查要求而定。

4）结束语。结束语也称致谢语，一般放在调查问卷的最后，用来简短地对被调查者的合作表示感谢，也可以征询一下被调查者对问卷设计和问卷调查本身的看法和感受。

2.　熟悉问卷设计的程序

问卷的设计可以分为以下步骤。

1）根据调查目的，确定所需要的信息资料。确定所需信息是问卷设计的前提工作。调查员必须在问卷设计之前把握所有达到研究目的和验证研究假设所需要的信息，明确这些信息中的哪些部分是必须通过问卷调查才能得到的，这样才能较好地说明所需要调查的问题，实现调查目标。应注意正确把握调查主题，确保问卷内容与调查员的需求相一致，调查信息力求完整，便于进行可行性分析。

2）确定问题的内容。问题的内容，即问题的设计和选择。设计人员应根据信息资料的性质，确定提问方式、问题类型和答案选项如何分类等。要准确反映所要表达的含义，设计问题的数量要适当，要考虑被调查者回答问题的能力和意愿。

3）确定问题的措辞。措辞的好坏，将直接或间接影响调查结果的好坏。因此，对问题的措辞必须十分审慎，要力求通俗、准确、客观。避免使用含糊不清的词语和专业术语，问题本身不要隐含假设，避免出现诱导性的用语。

4）确定问题的顺序。一份好的问卷应对问题的排列作出精心的设计。一般而言，应按照问题的类型、难易程度安排询问的顺序。问卷的开头部分应安排比较容易的问题，中间部分应安排一些核心问题，结尾部分可以安排一些背景资料，如职业、年龄、收入等，有逻辑顺序的问题一定要按逻辑顺序排列。

5）问卷的测试与检查。在问卷用于实施调查之前，应先选择一些符合抽样标准的被访者进行试调查，以求发现设计上的缺失。测试通常选择 20～100 人，样本数不宜太多，也不要太少。如果第一次测试后有很大的改动，可以考虑是否有必要组织第二次测试。

6）问卷的审批、定稿。当问卷的测试工作完成，且确定没有必要进一步修改后，问卷还要呈交调查部的主管或委托调查的企业审批、认可，审批通过后才可以定稿并交付打印，正式实施调查。

小案例：××市青年消费者住房情况调查问卷

2.3 确定数据收集的方式方法

2.3.1 确定数据收集方式

数据收集方式主要分为两类：一是统计报表；二是专门调查。

1. 统计报表

（1）统计报表的含义和特点

统计报表是按统一规定的表式、统一的指标体系、统一的报送程序和报送时间，自上而下统一布置，自下而上逐级定期提供基本统计资料的调查方式。统计报表曾是我国搜集统计信息最主要的组织方式之一。

（2）统计报表的种类

1）按调查范围不同，统计报表可分为全面统计报表和非全面统计报表。全面统计报表要求调查对象中的每一个单位都要填报。非全面统计报表只要求调查对象的一部分单位填报。

2）按报送周期长短不同，分为日报、周报、旬报、月报、季报、半年报和年报，其中以月报和年报为主。日报和旬报称为进度报表，主要用来反映生产、工作的进展情况。月报、季报和半年报主要用来掌握国民经济发展的基本情况，检查各月、季、年的生产工作情况。年报是每年上报一次，主要用来全面总结全年经济活动的成果，检查年度国民经济计划的执行情况等。

3）按报表内容和实施范围不同，分为国家统计报表、部门统计报表和地方统计报表。国家统计报表是由国家统计部门统一制发，用以搜集全国性的经济和社会基本情况，包括农业、工业等方面最基本的统计资料。部门统计报表是为了适应各部门业务管理需要而制定的专业技术报表。地方统计报表是针对地区特点而补充制定的地区性统计报表，是为本地区的计划和管理服务的。

4）按填报单位不同，分为基层统计报表和综合统计报表。基层统计报表是由基层企事业单位填报的报表。综合统计报表是由主管部门或统计部门根据基层报表逐级汇总填报的报表，主要用于搜集全面的基本情况。

随着统计信息技术现代化体系的建立，统计报表在报送程序和报送手段上已发生了深刻的变化，网络远程传输方式正在替代传统自下而上的邮寄电信报送方式。

2. 专门调查

专门调查是为了某一特定目的而专门组织的统计调查。这种调查灵活多样，适应性强，包括普查、典型调查、重点调查、抽样调查等。

（1）普查

1）普查的含义。

普查是根据统计的特定目的而专门组织的一次性的全面调查。也就是说，对调查对象总体的全部单位一一进行调查，目的是了解总体的一些至

微课：认知普查

关重要的基本情况，从而为制定有关政策、计划提供可靠的依据，如全国人口普查、经济普查等。

普查是专门组织的调查活动，可以在国家、地区或部门、行业的范围内进行，通过普查可以取得被调查总体全面、详尽、系统的统计资料。它有两种方式：一种方式是组织专门的普查机构，派出专门的调查人员，对调查对象进行直接登记，如人口普查等；另一种方式是由上级制定普查表，由下级根据具体情况填报，如物资库存普查等。第二种方式比第一种简便，适用于内容比较单一、涉及范围较小的情况，特别是为了满足某种紧迫需要而进行的"快速普查"，就可以采用这种方式，它由登记单位将填报的表格越过中间一些环节直接报送到最高一级机构集中汇总。

2）普查主要有以下几个方面的特点。

① 普查比任何其他调查方式所取得的资料更全面、更系统。由于普查规定统一的项目和指标、统一的标准时点和普查期限，避免了调查时因情况变动而产生的重复登记或遗漏现象，因而可以作为制定政策和编制计划的依据，其可靠程度较高。

② 普查主要调查在特定时点上的现象总体的数量。例如，人口普查就是对全国人口一一进行调查登记，规定某个特定时点作为全国统一的统计时点，以反映有关人口的自然和社会的各类特征，但普查有时也会涉及时期现象。

③ 普查的费用比较高。由于普查是一种全面调查，其涉及面广，调查单位多，工作量大，需要耗费大量人力、物力和财力。普查费用比较高的特点决定了其只对总体的基本特征进行研究，对组成总体的每个单位不做更多的具体分析。

3）普查应遵循的原则。

① 必须统一规定调查资料所属的标准时点，避免因为自然变动或机械变动而产生数据搜集的重复或遗漏。

② 正确确定调查期限，选择登记时间。为了提高资料的准确性，一般应选择在调查对象变动较小和登记、填报较为方便的时间，并尽可能在各普查地区同时进行，力求在最短时间内完成。

③ 规定统一的调查项目和计量单位。同种普查，与历次普查的基本项目力求一致，以便对普查资料进行汇总和纵向对比分析。

④ 普查尽可能按一定周期进行，以便研究现象的发展趋势及其规律性。

有些社会经济现象，如人口构成变化、耕地面积、物资库存等情况不可能也不需要组织经常性的全面调查，而在我国经济建设中，又必须掌握这些比较全面详细的资料，这就需要通过普查来解决。为了摸清有关国情、国力的重要数据资料，需要分期进行专项普查。

根据《中华人民共和国统计法》（以下简称《统计法》）的规定和国务院关于建立国家普查制度、改革统计调查体系的要求，国家统计局于 1994 年正式建立了周期性的普查制度。普查项目包括人口、农业、工业、第三产业和基本单位等。人口普查、第三产业普查、工业普查、农业普查每 10 年进行一次，分别在逢 0、3、5、7 的年份实施；基本单位普查每 5 年进行一次，在逢 1、6 的年份实施。从 2000 年开始的周期性普查包括三项普查，即人口普查、经济普查、农业普查。人口普查和农业普查每 10 年一次，分别在逢 0、6 的年份进行；将工业普查、第三产业普查和基本单位普查合并为经济普查，每 10 年进行两次，安排在逢 3、8 的年份进行。

（2）典型调查

1）典型调查的含义。

典型调查是根据统计调查研究的目的，在对总体进行分析的基础上，有意识地选择若干有代表性的单位进行深入细致的调查研究，从而达到认识总体特征、揭示同类事物发展变化规律的非全面调查。

典型单位是具有代表性的个别事物，即对总体有代表性的单位。典型调查比较灵活，能够补充全面调查资料的不足，验证全面调查数据的真实性。典型调查一般用于调查样本较大而调查员又对总体情况比较了解，同时又能比较准确地选择有代表性的典型单位的情况。

选择典型单位是做好典型调查的基础，典型不是人们随心所欲地选择出来的个别事物，而应具有充分的代表性。

这里所讲的代表性，应根据研究目的的不同来确定。如果是想了解总体的一般表现，可选择中等水平的单位作为典型调查的单位；如果是为了推广成功经验或总结失败教训，可以选择先进典型或落后典型，也可以选择上、中、下各类典型进行比较。典型单位可以是单个的，也可以是整群的。在一段时期内，典型单位可以是临时选定的，也可以是固定的，固定的典型有利于观察其动态发展趋势及规律性。但随着时间的推移，有些单位可能会失去代表性，这时应及时选出新的有代表性的单位。

2）典型调查具有的特点。

① 典型调查主要是定性调查。它主要依靠调查员深入基层进行调查，对典型单位直接剖析，取得第一手资料，能够透过事物的现象发现事物的本质和发展规律。

② 典型调查是根据调查员的主观判断，选择少数具有代表性的单位进行调查。调查员对调查单位的了解程度、思想水平和判断能力等对选择典型的代表性起着决定作用。

③ 典型调查的方式是面对面的直接调查。它主要依靠调查员深入基层与典型单位直接接触与剖析，因此对现象的内部机制和变化过程往往了解得比较清楚，资料比较全面、系统。

④ 典型调查方便、灵活，可以节省时间、人力和经费。典型调查的单位少，调查时间短，反映情况快，调查内容系统周密，了解问题深，使用调查工具不多，运用起来灵活方便，可以节省很大的人力、物力和财力，可以深入、细致地研究现象的本质和规律，时效性强。但是它在选择典型单位时难免完全避免主观随意性，所以对于调查结论的适用范围，只能根据调查员的经验判断，无法用科学的手段进行准确测定，也难以对现象总体进行定量研究。

3）典型调查应注意的问题。

① 正确地选择典型单位。要做到正确选择典型单位，不能凭调查员的主观意志，必须根据统计调查的目的和客观实际情况，采取实事求是的态度，保证典型单位的客观性。一般来说，当现象的发展比较平衡，总体各单位之间无明显差异时，从总体中直接选择的典型单位即可保证对总体的代表性；当现象总体不平衡，总体各单位之间具有明显的差异时，应先对总体进行分类，在各类中选择典型单位才能保证其客观性。

② 注意点与面的结合。典型单位虽然是同类事物中具有代表性的部分或单位，但毕竟是普遍中的特殊，一般中的个别。因此，要慎重对待调查结论，对于其适用范围要作出说明，特别是对于要推广的典型经验，必须考察、分析是否具备条件，条件是否成熟，切忌"一刀切"。

③ 要把调查与研究结合起来。只有在调查过程中认真研究经济现象，才能得到对现象

本质和规律性的认识。

（3）重点调查

1）重点调查的含义。

重点调查是从调查对象总体中选择少数重点单位进行的非全面调查，目的是用重点单位的调查结果来反映总体的基本情况。

重点单位是指在总体中具有举足轻重地位的单位，这些单位虽然数目不多，但就调查的标志值来说，它们在总体中占了绝大部分比重。例如，要了解我国钢铁企业的基本情况，只要对鞍山钢铁集团、宝武钢铁集团、包头钢铁集团和首钢集团等几家大型钢铁企业的产销情况进行调查即可。当统计调查的任务不要求掌握全面的准确资料，而且在总体中确实存在重点单位时，进行重点调查能以较少的人力和费用，较快地掌握调查对象的基本情况。

典型调查与重点调查的区别：典型调查必须选择对总体具有代表性的典型单位进行调查，如何选择取决于调查员的主观判断，调查的目的是借以认识同类现象的本质和规律性，典型调查可以在一定条件下用典型单位的量推断总体总量；而重点调查选择的是总体中的重点单位进行调查，重点单位的选择具有客观性，目的是通过对重点单位的调查认识总体的基本情况，重点调查不具备用重点单位的量推断总体总量的条件。

2）重点调查具有的特点。

① 重点调查涉及的单位较少，调查速度快，可以节省人力、物力及财力。

② 重点调查适用的对象是调查总体中确有重点单位存在的社会经济现象。

③ 重点调查所获的资料是少数重点单位的情况，其精确度难免受影响，对总体的推断不可能十分准确，所以调查的目的只是掌握和了解总体的基本数量状况。

3）重点调查应注意的问题。

调查实践中，能否采用重点调查的方式，是由调查任务和研究对象的特点决定的。一般来讲，当调查任务只要求掌握基本情况，而部分单位又能比较集中地反映所研究项目的情况时，就可采用重点调查。

（4）抽样调查

随着经济的迅猛发展，快速、高效地取得准确的市场信息资料已成为企业在激烈竞争中生存的重要手段，抽样调查能够节省调查费用，并能保证抽样调查结果的精确度，在社会经济各个领域得到了广泛的运用。

抽样调查是指调查人员从总体中按照随机原则抽取一部分单位作为样本进行调查，并根据样本资料来推断总体数量特征的一种调查方式。这部分内容将在"模块 5 抽样推断"专门讲解，此处从略。

2.3.2　选择数据收集方法

1. 文案调查法

（1）文案调查法的含义和特点

文案调查法又称间接调查法，它是利用企业内部和外部现有的各种信息、情报资料，对调查内容进行分析研究的一种调查方法。

文案调查的对象是各种历史和现实的统计资料，即经过他人搜集、记录、整理所积累的各种二手数据（次级资料），文案调查往往是实地调查的基础和前提。

文案调查法的特点表现在以下几个方面。

1）文案调查是搜集已经加工过的二手数据，而不是对原始数据的搜集。

2）文案调查以搜集文献性信息为主，它具体表现为搜集各种文献资料，目前仍主要以搜集印刷型文献资料为主。

3）文案调查所搜集的资料包括动态和静态两个角度，尤其偏重从动态角度搜集各种反映调查对象变化的历史与现实资料。

（2）文案调查法的渠道

文案调查应围绕调查目的，搜集一切可以利用的现有资料。按照资料的来源不同，一般分为内部资料和外部资料。

1）内部资料的收集。内部资料的收集主要是收集调查对象活动的各种记录，主要包括以下四种。

① 业务资料，包括与调查对象活动有关的各种资料，如订货单、进货单、发货单等。通过对这些资料的了解和分析，可以掌握企业生产和经营商品的供求变化等情况。

② 统计资料，主要包括各类统计报表，如企业生产、销售、库存等各种数据资料及各类统计分析资料。这是研究企业经营活动数量特征及规律的重要定量依据。

③ 财务资料，是企业财务部门提供的各种财务、会计核算和分析资料，包括生产成本、销售成本等，可以确定企业的发展背景，考核企业经济效益。

④ 企业积累的其他资料，如平时剪报、各种调研报告及有关图片和视频影像资料等。这些资料都对市场研究有一定参考作用。

小案例：日本人对国际市场信息的分析和利用

2）外部资料的收集。对于外部资料，可以从统计部门、各类政府部门、信息中心、咨询机构、行业协会、新闻媒体、报刊书籍等渠道加以收集。

2. 实地调查法

实地调查法是指调查人员直接深入被调查单位所在地对其进行调查研究，并对调查获取的原始数据进行分析得出结论的一种方法。常用的实地调查法有访问法、观察法和实验调查法等。

（1）访问法

1）访问法的含义和特点。

访问法是由调查员向被调查者提出问题，通过被调查者的口头回答或填写调查表等形式来收集统计信息资料的一种方法，它是统计调查中最常用、最基本的直接调查的方法。访问法既可以独立使用，也可以与观察法结合应用。

2）访问法的种类。

在实际运用中，按询问的方法不同，可分为面谈访问法、电话访问法、邮寄调查法等。

① 面谈访问法。面谈访问法是由调查员通过面对面的询问和观察被调查者而获得信息的方法。访问中可以事先设计好调查提纲，调查员可以依次提问，也可以围绕调查问题自由交谈，采取个人面谈、小组面谈等多种形式。

面谈访问法的优点：一是可直接了解被调查者的态度，真实性较高；二是调查时可对调查提纲进行及时修改和补充，具有较大的灵活性；三是访问中可以互相启发并向被调查者解释某些问题。面谈访问法的不足：被调查者的主观偏见常常影响资料的准确性；如果调查的范围较广，成本费用较高，信息反馈也会不及时。

面谈访问法一般适用于调查范围较小而调查项目比较复杂的情况。

② 电话访问法。电话访问法是由调查员通过电话与被调查者交谈获取信息的一种方法。这种调查方法速度快、成本低、覆盖面广，交谈比较自由，能迅速获得资料，且不受地区大小的限制。

电话访问受通信条件的限制，被调查者的选择有局限性，交谈的时间也不宜太长，因此，调查的问题不够深入，只能得到简单的资料；由于调查员不能看到对方的表情、姿态等形体语言，辨别真实性及记录准确性较差，拒访情况较多；如果电话询问的被调查者较少，所调查的资料也无法代表全部总体。因此，这种方法一般只适用于对热点、突发性问题、特定问题和特殊群体的调查。

③ 邮寄调查法。邮寄调查法是将设计好的调查问卷以信函形式邮寄给被调查者，由被调查者填写意见后寄回的一种访问方法。

邮寄访问的工作程序：设计问卷—确定样本量—选定邮访对象—联系邮访对象—再次电话联系—收回问卷—数据处理等。

这种调查方法成本低，调查范围广，被调查者可以自由、充分地回答问题，使答复较为真实可靠。但这种方式也有缺点：回收率一般较低，影响调查效果；由于调查员不在场，如果被调查者不能正确理解问卷内容，会出现答非所问的现象；有些问卷被延迟寄回，时效性差；等等。为了提高回收率和准确性，要注意调查问卷设计的科学性，并在寄出的邮件里附上回信的邮资，并承诺寄回者有参加抽奖的机会，以提高被调查者参与调查的积极性。

邮寄调查一般用于对时效性要求不高，受访者名单、地址、邮编都比较清楚，调查费用比较紧张的调查项目。如果企业有多次邮寄访问调查的先例，积累了邮访对象的样本群体，并建立了良好的合作关系，邮寄访问能够取得满意的效果。

（2）观察法

1）观察法的含义和特点。

观察法是调查员根据研究目的，有组织、有计划地运用自身的感觉器官或借助科学的观察工具，直接搜集当时正在发生的、处于自然状态下的社会经济现象有关资料的方法。

与面谈访问法不同，观察法是调查员主要观察被调查者的行为、态度和情感。它是调查员到现场运用观察技巧见证并系统地记录信息，而不通过提问或交流形式完成。观察法既包括观察人、物体，也包括观察事件，可以由人员观察，也可以由机器观察。

观察法具有如下特点。

① 客观性。调查员所观察的是当时正在发生的、处于自然状态下的社会经济现象，其结果必然是客观的。

② 能动性。调查员根据研究问题的某种需要，有目的、有计划地搜集统计数据资料，所观察的内容都是经过周密设计的，是为科学研究服务的。

③ 全面性。在实地观察之前，调查员要根据统计调查目的对观察对象、观察项目和观察的具体方法等制订详细计划，设计出系统的观察方案，进行科学、系统、全面的观察。

2）观察法评价。

观察法观察的是处于自然状态下的社会经济现象，较好地保证了观察结果的客观性；调查员可以身临其境地了解现象实际发生的全部过程，获得更深入的资料，从而不受历史的或将来的意愿影响；有时对于特定问题，观察法是唯一可用的调研方法。但是，观察法只能观察表面现象而观察不到被调查者内在的因素，如行为背后的动机、态度等；有些行为记录在调查时会受到限制或拒绝，如果被观察的行为不是经常发生的，那么花费时间较长，且成本很高。

观察法主要用于外形观察、店铺观察、流量观察（如测定交通路口或车站码头客流量或车流量，观察商场购物环境、商品陈列、服务态度等对消费者购买行为、购买动机的影响，对生产经营者现场考察与评估等），适宜进行小范围的探索或辅助调查，有时也用于对竞争对手进行跟踪或暗访观察或对新产品跟踪测试等情况。

（3）实验调查法

1）实验调查法的含义。

实验调查法是指调查员有目的、有意识地改变一个或几个影响因素，来观察社会经济现象在这些因素影响下的变动情况，以认识社会经济现象的本质特征和发展规律的调查方法。实验法的最大特点是把调查对象置于非自然状态下开展统计调查，可提高调查的精确度。

2）实验调查法的构成要素。

① 实验者：实验调查的有目的、有意识的活动主体。

② 实验对象：实验调查所要认识的客体。

③ 实验环境：实验调查对象所处的各种社会条件的总和。

④ 实验活动：改变实验调查对象所处社会条件的各种实验活动。

⑤ 实验检测：在实验调查过程中对实验所做的检查或测定。

小案例：日清——智取美国快餐市场

3）实验调查法的步骤。①根据调查项目和课题要求，提出研究假设；②进行实验方案设计，确定实验方法；③选择实验调查对象，要选择在同类事物中具有较高代表性的实验调查对象；④进行正式实验，严格按照实验设计规定的进程进行实验，对实验调查结果进行认真的观测和记录；⑤整理、分析实验资料并作实验检测，得出实验结论，写出调查报告。

实验调查法常用于对产品、包装、价格、广告、销售等方面的测试。

3. 网络调查法

（1）网络调查法的含义和特点

网络调查法是指在互联网上针对特定的问题进行调查设计、搜集和掌握统计信息的一种调查方法。与传统调查方法类似，网络调查也有对原始数据的调查和对二手数据的调查两种方式。

网络调查法具有以下特点。

1）网络调查成本低。传统调查，如面谈访问、电话访问、邮寄调查等往往要耗费大量的人力、物力，而网络调查只需有一台联网的计算机，通过站点发布电子问卷或组织网上座谈，利用计算机及统计分析软件进行整理分析，省略了传统调查中的印刷问卷、派遣人员、邮寄、打电话、收集信息与录入等工作，既方便又便宜。

2）网络调查速度快。网上信息传播速度非常快，如使用 E-mail，几分钟就可把问卷发送到各地，问卷的回收速度也相当快。利用统计分析软件，可对调查的结果进行即时统计，整个过程非常迅速，而传统的调查要经过很长一段时间才能得出结论。

3）网络调查隐匿性好。网民是在完全自愿的情况下参与调查，对调查的内容往往有一定的兴趣。因此，回答问题时要更加大胆、坦诚，调查结果可能比传统调查更为客观和真实。

4）网络调查具有互动性。网络自身的技术特性赋予了网络调查互动性的优势，网络调查不受时空的限制，可以 24 小时向世界各地进行调查，抽样框相当大，调查范围也相当广泛。

（2）网络调查的评价

网络调查对于新闻媒体来说可能是一把双刃剑。一方面，网络调查的优势在于它可以在更广的范围内，对更多受众进行信息收集的工作；另一方面，日益增多的网络调查良莠不齐，致使人们难以区分它的好坏。

网络调查适用于产品消费调研、广告效果测试、生活形态研究、社情民意调研、企业生产经营调研、市场供求调研等市场情况的调研。

2.4　收集统计数据

2.4.1　组建数据收集团队

在收集统计调查数据时，调查人员要与被调查者接触，填写问卷或观察表格，记录并提交数据。调查人员的工作质量好坏直接影响数据收集质量的高低，合格的统计调查人员需要进行选拔和培训来提高其素质。

1. 调查人员的配置

调查人员一般可以分为调查管理人员、调查实施主管、调查督导员与一般调查员等。调查人员的具体职责可以概括如下。

（1）调查管理人员

调查管理人员的职责是组织、协调各部门的关系，制定管理规则和调查人员的职责，确保项目目标、预算及计划顺利执行。调查管理人员一般熟悉调查工作流程，具有较强的组织管理能力，职位一般是公司的总经理、副总经理及各部门的经理。

（2）调查实施主管

调查实施主管的工作职责主要包括：了解调查项目的目的和具体的实施要求；根据调查设计的有关内容和要求挑选调查员；负责督导团队的管理和培训；负责调查实施中的质量控制。

调查实施主管是调查管理人员和调查督导员的中间桥梁，要求既要掌握统计调查的基本理论和方法，又要有比较强的组织和运作能力，还要有丰富的现场操作经验。实施主管水平的高低，决定一个统计调查机构水平的高低。

（3）调查督导员

调查督导员是调查项目运作的监督人员，负责对调查实施过程进行检查监督和对调查结果的审核，可分为现场督导和技术督导。现场督导，主要负责日常工作的管理；技术督导，主要负责调查人员访问技巧的指导，二者可以合二为一。

（4）一般调查员

一般调查员（即调查员），是实施调查过程和执行调查任务的一般人员，其主要职责为执行调查任务，开展实际调查工作。

2. 选择并培训调查员

统计调查中最重要的因素就是实施调查的人，即调查员。调查员是调查的直接执行者，对调查问卷的回收率、调查的完成度、问卷的真实度、调查的质量等起着至关重要的作用。因此，调查员的选择、培训与管理也要纳入整个调查工作之中。

（1）选择调查员

数据收集是一项综合性很强的复杂的工作，需要调查员具备以下基本素质。

1）思想品德素质。调查员应该具有强烈的事业心、社会责任感和法制观念；具有良好的职业道德和谦虚和善的态度。做到实事求是，不弄虚作假，严谨细致，务实创新，这是对调查员职业道德的基本要求。

2）心理素质。调查员要具备良好的心理素质，做好自我定位；要有足够的细心和耐心，保持开朗的性格、乐观积极的心态；善于倾听和思考，有一定的人际交往能力。

3）业务能力素质。调查员要有较广博的理论知识；具有较强的语言、文字理解能力和交流沟通能力；要有良好的表达能力，阅读、书写和记忆能力；还要有良好的注意力分配能力、独立外出能力和自我约束能力等。

4）身体素质。调查员要拥有健康的体魄。

5）形象素质。调查员要仪表端正、大方；举止谈吐得体，态度亲切、热情；具有把握谈话气氛的亲和力等。

（2）培训调查员

1）培训的分类。

调查员常常要通过培训提升素质，分为普通性培训和专业性培训两种类型。

① 普通性培训，是针对新聘用的或者第一次从事调查工作的调查员进行的培训，主要包括自我介绍、职业道德要求、心理素质要求、形象素质要求、保密性要求及应变能力等内容。

② 专业性培训，是针对多次参与过调查任务的调查员进行的培训，主要是按调查项目的要求规范其行为。

2）培训的方式。

① 集中讲授。将接受培训的调查员集中起来，采用讲课的方式进行培训和训练。讲授的内容包括调查项目的背景资料、讲解问卷及实施要求、介绍调查技巧等。

② 模拟训练。对调查员进行模拟训练，更强调操作中的实际运用，侧重于对应变方法的培训。在模拟训练中，培训者会模拟多种状况给调查员训练与演练。

③ 以会代训。以会议的形式代替训练，即通过开会交代布置调查任务，培训调查员。

④ 以老带新。由了解调查项目或有经验的调查员来带领新调查员开展调查工作。

⑤ 实习锻炼。督导员陪同调查员一起进行调查，在调查工作的开展过程中训练调查员。

2.4.2 监控数据收集质量

在数据收集过程中，要做好现场调查的组织和数据的质量控制，尽量避免与减少误差，使调查结果能反映所调查事物的真实情况。

1. 时间管理

一是确保项目按照时间计划进行；二是判断是否可以加快项目进程，是否需要额外增加调查员来加速；三是如果项目要延期，必须与客户沟通，通知客户。

2. 进度安排

一个调查项目的实施要做到有计划、按步骤、平稳地进行，需要合理安排实施进度。如果调查员每天的工作量过大，质量就难以保证。对于具体的调查项目，调查员也需要一个不断熟悉的渐进过程，进度安排应考虑这一点。

调查进度的安排还要根据调查员的实际能力、被调查者所在地点的远近及其他相关因素综合考虑，还要考虑督导人员的检查督导工作能否同步进行。

3. 成本控制

调查实施过程中的成本控制在于人、财、物的成本控制。人是指人的用工成本，从这个角度讲需要在保证质量的前提下提高调查员的效率；财是费用支出的成本，包括与调查范围和调查难易程度相关的交通费、补贴、奖金等；物是指调查用材料等物品的购置或印刷费用，尤其是问卷的印制费用，如果无效问卷过多就会增加成本。

因此，调查实施中的成本控制，要根据调查项目的性质来制定一套具体的、有针对性的控制方案，以达到有效控制成本的目的。

知识拓展：初识
大数据

项目实训：统计数据收集技能训练

一、设计统计调查方案

实训任务：各小组在模块 1 中选定了本学期内要完成的调查项目，本模块中要对选定的调查项目设计一份统计调查方案，并进行可行性分析。

实训目标：

1）通过实训，学生能够充分认识到统计调查方案在统计调查中的重要作用。

2）通过本次操作训练，学生能够根据调查的目的和要求，掌握统计调查方案设计的基本技能。

实训内容：

1）对于选定的调查项目，设计一份完整的统计调查方案。

2）评价和修改统计调查方案。

实训要求：

1）按照统计调查方案的内容和步骤进行设计。

2）各小组提交统计调查方案的电子稿和一份纸质打印稿。

实训组织：以小组为单位，由设计部门负责人牵头，组织本项目团队成员集体讨论，合理分工，共同拟订统计调查方案，并作出可行性分析，按时间要求和质量要求，完成该阶段的方案设计工作。

实训考核：评定每个小组的成绩，教师进行点评总结，考核要点及评分标准见表2-3。总成绩=自评（20分）+互评（30分）+教师评（50分）。

表2-3　活动效果评价表

（　　年　月　日—　　年　月　日）

测评内容	测评依据	优 （9~10分）	良 （8~9分）	中 （6~8分）	不及格 （6分以下）
学习态度	①学习态度端正，积极思考 ②配合教师教学				
团队合作	①在本任务实施过程中出全勤 ②具有较强的团队精神与合作意识 ③积极参与小组讨论，组织协调能力强 ④能客观、有效地评价同伴的学习				
学习效果	①能运用所学的理论知识设计调查方案，有一定的分析问题和解决问题的能力 ②所设计的调查方案实用性、可操作性强 ③主动思考、发言，对团队贡献大				
综合评价					

二、设计统计调查问卷

实训任务：各小组完成统计调查方案设计后，根据调查方案要求，设计一份完整的统计调查问卷。

实训目标：策划一份完整的调查问卷，掌握统计调查问卷设计的方法，提高设计统计调查问卷的能力。

实训内容：

1）根据调查目的和调查内容设计问题和答案。

2）做小范围的试调查，确定问卷中询问的问题。

3）对问卷进行问题的排序、修改和审核。

实训要求：

1）问卷的结构要完整、内容要科学。

2）问卷的提问紧扣调查主题。

3）问卷的答案设置科学，用词准确。

4）具有可操作性，能够指导调查工作的顺利实施。

实训组织：以小组为单位，由设计部门负责人牵头，集体讨论设计调查问卷内容，分工完成问卷的发放、收回、试调查。

实训考核：在班级分别进行小组展示，对各小组展示过程、问卷的质量进行评价，自评、互评和教师评价相结合，评价标准如下。

1）问卷的结构是否完整、内容是否科学（30分）。

2）问卷的提问是否紧扣调查主题来进行（20分）。

3）问题的答案设置是否科学，用词是否准确（20 分）。

4）发言代表口头表达是否顺畅，仪态是否大方得体（10 分或 20 分）。

5）PPT 制作水平（10 分或 0 分）。

6）回答问题的水平（10 分）。

三、收集调查数据

实训任务：各小组按照调查方案中制定的统计调查方式和方法，与调查问卷结合起来收集调查数据。

实训目标：通过实训，掌握组织和实施统计调查的步骤、方法和内容，将理论与实践相结合，并将所学知识运用到实际的调查实施工作中。

实训内容：

1）选择和培训调查员，组成调查团队。

2）制订培训计划，进行调查员培训。

3）实施调查并在调查过程中控制调查质量、进度和成本。

4）总结调查得失，评选调查实施任务完成效率高、误差小、成本低的团队。

实训要求：

1）分小组进行，组长担任培训调查员的培训师，制订培训方案并模拟培训过程，培训内容应符合调查需要。

2）实施调查应做好相应计划与安排，保证调查过程的真实性。

3）实施调查后，各小组应及时分析调查过程与效果。

实训组织：各小组由调查部门负责人牵头，按照以下步骤组织和实施统计调查，具体的项目按照之前的设定进行，可采取前面任务中已经设计好的问卷。

1）选择和培训调查员。①选择调查员，成立调查机构。（调查团队的组建在模块 1 中已经完成）列出选择调查员的条件和应具备的素质，选出适当数量的调查员。②确定培训内容。培训内容包括基本内容、项目内容和人员心理适应训练等。培训方法要适应培训内容，培训时间不少于 2 课时。③实施培训。理论与实践结合，实施模拟调查。

2）实施调查并控制过程。按照事先制订的调查方案和计划实施调查。调查过程中有针对性地控制误差，并进行质量控制、进度控制和成本控制，及时总结调查中采取的控制措施和控制效果。

3）总结与分析。结合调查过程总结实施情况和调查任务的完成情况，各小组分析出现的问题，总结解决问题的方案，并用文字、数字、图片进行记录。

实训考核：考核要点及评分标准见表 2-4。

表 2-4 考核要点及评分标准

考核项目	分数	自评得分	互评得分	教师评分记录
选择和培训调查员	40			
其中：选择调查员，成立调查机构	10			
确定培训内容	10			
实施培训	20			
实施调查并控制过程	40			

续表

考核项目	分数	自评得分	互评得分	教师评分记录
其中：按照计划实施调查	20			
控制过程	20			
总结、分析	20			
合计	100			

展示交流：

1）以小组为单位，小组选出一名代表将制订的统计调查方案、实施调查方案的过程和效果用课件或实物展台进行展示。内容包括调查团队分工、活动计划、人员安排、调查时间、地点、主要调查技巧与方法、调查开展情况、调查任务完成情况等。展示人与展示方式不限，每组 10 分钟。

2）本组或其他组成员可以提问、补充和点评，教师对各组的方案进行点评，并提出相应的修改意见。

3）各组根据教师和同学所提意见进行修改、完善。

4）对典型统计调查方案全班进行讨论、交流。

综合训练 2

一、单项选择题

1．设计调查方案首先要解决的问题是（　　）。

    A．确定调查方法　　　　　　　　B．选定调查对象

    C．明确调查目的和任务　　　　　D．解决调查费用

2．乡镇企业为了总结先进生产管理经验，选择几个先进乡镇企业进行调查，这种调查属于（　　）。

    A．抽样调查　　　　B．典型调查　　　　C．普查　　　　D．重点调查

3．调查问卷的主体主要包括（　　）。

    A．问题和答案　　　B．标题　　　　C．前言和指导语　　D．结束语

4．观察法最突出的优点是（　　）。

    A．适用性强　　　　　　　　　　B．灵活性大

    C．简便易行　　　　　　　　　　D．直接性和可靠性明显

5．以文字、图像、符号、音频、视频等形式所负载的各种信息，称为（　　）。

    A．加工信息　　　B．物质性信息　　　C．历史信息　　　D．文献性信息

6．下面不属于统计调查经费开支的项目是（　　）。

    A．调查资料印刷费用　　　　　　B．调查实施费用

    C．调查人员医药费　　　　　　　D．数据处理费用

7．在国有工业企业生产设备普查中，每一个国有工业企业是（　　）。

    A．调查对象　　　B．调查单位　　　C．填报单位　　　D．调查项目

8. 不属于修改和完善统计调查方案的方法是（　　）。

    A. 逻辑分析法　　B. 经验判断法　　C. 试点调查法　　D. 头脑风暴法

9. 在统计数据收集中，调查标志的承担者是（　　）。

    A. 调查单位　　　B. 调查对象　　　C. 填报单位　　　D. 调查表

10. 为了某种特定目的，由调查人员通过现场实地调查，直接从有关调查对象处收集的数据资料为（　　）。

    A. 原始资料　　　B. 二手资料　　　C. 现成资料　　　D. 次级信息

二、多项选择题

1. 普查属于（　　）。

    A. 专门调查　　　B. 一次性调查　　C. 全面调查　　　D. 经常性调查

2. 统计调查方案的特点有（　　）。

    A. 可操作性　　　B. 全面性　　　　C. 规划性　　　　D. 最优性

3. 一份完整的问卷一般包括（　　）。

    A. 标题　　　　　B. 前言和指导语　C. 问题和答案　　D. 结束语

4. 属于非全面调查方式的有（　　）。

    A. 普查　　　　　B. 典型调查　　　C. 重点调查　　　D. 抽样调查

5. 统计数据按采用不同的计量尺度可分为（　　）。

    A. 定类数据　　　B. 定序数据　　　C. 定距数据　　　D. 定比数据

6. 邮寄调查法与面谈调查法相比较，优点表现为（　　）。

    A. 调查对象广泛　B. 费用低　　　　C. 结果较为客观　D. 回收率高

7. 调查员专项训练的方式可以是（　　）。

    A. 集中讲授　　　B. 以老带新　　　C. 以会代训　　　D. 实习锻炼

8. 统计调查的基本要求是（　　）。

    A. 准确性　　　　B. 及时性　　　　C. 完整性　　　　D. 具体性

9. 统计调查按调查的组织方式不同，可分为（　　）。

    A. 经常性调查　　B. 专门调查　　　C. 一次性调查　　D. 统计报表

10. 常用的实地调查法有（　　）。

    A. 访问法　　　　B. 观察法　　　　C. 文案调查法　　D. 实验调查法

三、判断题

1. 统计调查方案是规范统计调查整个活动过程的指导书，是统计调查的纲领性文件。（　　）

2. 确定调查对象是设计统计调查方案的首要问题。（　　）

3. 为了实现调查目标，搜集到完整的信息，统计调查应该确定尽可能多的调查项目。（　　）

4. 实施调查的成本控制是财务部门的事情，调查一旦开始无法控制。（　　）

5. 在编制调查预算时，企业应尽量地压低费用，越低越好。（　　）

6. 调查问卷具有调查工具的标准化高、匿名性强、效率高等特点。（　　）

7. 调查问卷就是由调查人员在调查过程中随机的进行调查。　　　　　　（　　）

8. 普查由于取得的调查资料较全面，所以可以经常搞。　　　　　　　（　　）

9. 网络调查的优势在于它可以在更广的范围内，对更多受众进行信息收集的工作。

　　　　　　　　　　　　　　　　　　　　　　　　　　　　　　（　　）

10. 统计调查实施对调查人员的要求没有那么高，在选人方面可以不用那么严格。

　　　　　　　　　　　　　　　　　　　　　　　　　　　　　　（　　）

综合训练 2：参考答案

模块 3　统计数据的整理

 学习目标

◎知识目标

1. 了解统计数据整理的意义和步骤。
2. 掌握统计分组标志的选择和分组的方法。
3. 学会编制分配数列、绘制统计图。

◎能力目标

1. 能够掌握统计数据整理的基本方法。
2. 能够对不同类型数据进行审核和整理，并用适当的形式来反映数据处理的结果。

◎职业素养目标

1. 养成严谨的思维习惯和认真的工作态度。
2. 提高自己使用统计语言分析社会经济现象的意识。

学习导引

2019 年第四次全国经济普查主要数据公报

根据《全国经济普查条例》，国务院决定于 2018 年开展第四次全国经济普查。

2019 年 1 月 1 日零时，第四次全国经济普查现场登记工作正式启动。在党中央、国务院的领导下，按照国务院第四次全国经济普查领导小组统一部署，各地区、各部门密切协作配合，160 多万普查人员艰辛努力，第四次全国经济普查工作已完成数据采集和主要数据汇总工作。2019 年 11 月 27 日，国家统计局发布了第四次全国经济普查报告。主要数据公布如下。

1. 单位情况

2018 年末，全国共有从事第二产业和第三产业活动的法人单位 2178.9 万个，比 2013 年末（2013 年是第三次全国经济普查年份）增加 1093.2 万个，增长 100.7%；产业活动单位 2455.0 万个，增加 1151.5 万个，增长 88.3%；个体经营户 6295.9 万个。

按行业分，法人单位数量居前三位的行业是：批发和零售业 649.9 万个，占 29.8%；制造业 327.0 万个，占 15.0%；租赁和商务服务业 255.1 万个，占 11.7%。

按区域分，东部地区拥有法人单位 1280.2 万个，占 58.8%；中部地区 492.9 万个，占 22.6%；西部地区 405.8 万个，占 18.6%。

按机构类型分，企业法人单位 1857.0 万个，占 85.2%，比 2013 年末增加 1036.2 万个，增长 126.2%；机关、事业法人单位 107.5 万个，占 4.9%；社会团体 30.5 万个，占 1.4%；其他法人 183.9 万个，占 8.4%。企业法人单位中，内资企业 1834.8 万个，占 98.8%；港、澳、台商投资企业 11.9 万个，占 0.6%；外商投资企业 10.3 万个，占 0.6%。内资企业中，国有企业 7.2 万个，占全部企业法人单位的 0.4%，私营企业 1561.4 万个，占 84.1%。

2. 从业人员情况

2018 年末，全国第二产业和第三产业法人单位从业人员 38 323.6 万人，比 2013 年末增加 2721.3 万人，增长 7.6%，其中女性从业人员 14 446.7 万人，占 37.7%。第二产业的从业人员为 17 255.8 万人，减少 2005.0 万人，下降 10.4%；第三产业的从业人员为 21 067.7 万人，增加 4726.2 万人，增长 28.9%。个体经营户从业人员 14 931.2 万人。

按行业分，法人单位从业人员数量位居前三位的行业是：制造业 10 471.3 万人，占 27.3%；建筑业 5809.1 万人，占 15.2%；批发和零售业 4008.5 万人，占 10.5%。

按区域分，东部地区法人单位从业人员 21 621.0 万人，占 56.4%；中部地区 9309.2 万人，占 24.3%；西部地区 7393.4 万人，占 19.3%。

3. 资产负债和营业收入情况

从资产看，2018 年末，全国第二产业和第三产业法人单位资产 914.2 万亿元。其中，第二产业法人单位资产占 19.0%，第三产业法人单位资产占 81.0%。从负债看，全国第二产业和第三产业法人单位负债 624.0 万亿元。其中，第二产业法人单位负债占 16.1%，第三产业法人单位负债占 83.9%。从营业收入看，2018 年，全国第二产业和第三产业企业法人单位营业收入 294.6 万亿元。其中，第二产业营业收入占 48.8%，第三产业营业收入占 51.2%。

4. 新兴产业发展情况

战略性新兴产业方面，2018 年末，全国从事战略性新兴产业生产的规模以上工业企业法人单位 66 214 个，占规模以上工业企业法人单位的 17.7%。高技术制造业方面，2018 年末，全国共有规模以上高技术制造业企业法人单位 33 573 个，比 2013 年末增长 24.8%。研发投入方面，2018 年，规模以上高技术制造业企业法人单位科学研究与试验发展（research and development，R&D）经费支出 3559.1 亿元，比 2013 年增长 75.0%，R&D 经费与营业收入之比为 2.27%。文化产业方面，2018 年末，全国有文化及相关产业法人单位 210.3 万个，比 2013 年末增长 129.0%；从业人员 2055.8 万人，比 2013 年末增长 16.8%；资产总计 22.6 万亿元，比 2013 年末增长 118.3%。

第四次全国经济普查全面摸清了我国第二产业和第三产业家底，系统反映了我国经济社会发展状况，获得了极其宝贵的海量数据，是对国民经济一次高质量的"体检"。我们将会同各有关方面用好普查数据，推进数据开放共享，确保普查成果取之于民，用之于民，实现效用最大化，为推动高质量发展提供坚实统计保障。

（资料来源：国家统计局，2019. 第四次全国经济普查公报（第二号）[EB/OL].（2019-11-20）[2020-06-16]. http://www.stats.gov.cn/tjsj/zxfb/201911/t20191119_1710335.html.）

思考与讨论：

1. 结合本案例，思考经济普查的意义。

2. 案例中运用了大量统计数据来介绍我国的经济发展情况，请据此谈谈统计数据整理的作用。

模块3：案例分析

3.1　认识统计数据整理

3.1.1　了解统计数据整理的意义

统计数据整理就是根据统计研究目的和任务的要求，对搜集得到的初始数据（原始资料）进行科学的审核、分组、汇总，使之条理化、系统化，变成能够反映现象总体特征的综合数据的工作过程。包括：①对统计调查所搜集到的各种数据进行分类和汇总；②对已整理加工的次级资料进行再整理。本节主要介绍第一种整理。

微课：认识统计数据整理

统计调查所取得的统计数据是反映总体单位的资料，这些仅能说明各个被调查单位的具体情况，是不系统、分散的，还可能带有一定的片面性，不能说明事物的总体情况。因此，只有对这些统计数据进行加工、整理，才能认识事物的总体特征及其内部联系。例如，我国第四次经济普查中，所调查的第二产业、第三产业每个单位的数据，只能说明本单位的经济类型、从业人员、资产负债和营业收入等情况，必须通过对所有数据资料进行分组、汇总等加工处理后，才能摸清全国第二产业和第三产业情况，从而对我国经济社会发展状况有一个全面、系统的认识。

统计整理，是统计调查的继续，也是统计分析的基础和前提，它在统计工作中起着承前启后的作用。因此，统计数据的整理工作必须得到重视，只有选择恰当的统计整理方法，才能使调查得来的资料发挥其应有的价值，反映调查的结果。

3.1.2　掌握统计数据整理的步骤

统计数据整理既有理论性的问题，又有综合性的技术问题，是一项细致的工作。为保证统计整理有计划、有组织地进行，统计整理一般按以下步骤进行。

1．设计统计数据整理方案

统计数据整理方案通常在统计设计环节完成，它是对统计数据整理工作的各个方面和各个步骤作出的具体安排和规定。整理方案与调查方案应紧密衔接，其指标体系与调查项目要一致，或者是其中的一部分，绝不能矛盾、脱节或超越调查项目的范围。统计数据整理方案的设计是否科学，对于统计整理乃至统计分析的质量都是至关重要的。

2．对统计数据进行预处理

对搜集到的原始数据进行全面审核和订正，以确保统计资料准确无误。这是统计数据整理中一个十分重要的环节，必须认真对待。

3．统计数据分组

根据统计研究目的和统计分析的需要，对原始数据进行划类分组。统计分组是统计整理的基础，也是统计整理的关键环节。通过统计分组和相关统计指标对统计资料进行加工整理，可以对被研究的社会经济现象进行准确的数量描述和数量分析。

4. 统计汇总

统计汇总是统计整理的中心内容。在统计分组的基础上，通过适当的汇总组织形式和技术方法，按分组要求对原始数据进行汇总，计算各组及总体的单位数和标志总量。

5. 统计表、图列示

统计表与统计图是统计整理的成果。编制统计表与绘制统计图能够以简洁的图表形式列示统计汇总的结果，反映社会经济现象的数量关系。

3.1.3　熟悉统计数据预处理方法

数据的预处理是数据整理的先行步骤，它是进行数据分类或分组之前对原始数据和第二手数据所做的处理，包括对数据的审核和订正等工作。

1. 数据的审核

为了保证统计数据整理的质量，在对统计数据进行整理前，应该对统计数据的准确性、及时性、完整性进行严格的审核，以保证数据的质量，为进一步的整理与分析打下基础。具体审核内容如下。

1）完整性审核。主要检查被调查单位是否有遗漏或重复，调查内容是否齐全，调查表中应填的项目是否完整等。如果调查单位不全、调查项目缺报，据此整理出的资料就会不正确。

2）准确性审核。主要审核数据是否真实反映客观情况，有无错误；内容是否符合实际，计算是否正确等，这是审核的重点。对数据准确性的审核，通常有两种检查方法，即逻辑检查和计算检查。逻辑检查是从理论上或常识上检查数据和内容是否有悖常理，有无不切实际或不符合逻辑的地方，主要用于对定类数据和定序数据的审核；计算检查是检查调查表中的各项数据在计算结果和计算方法上有无错误，主要用于对定距数据和定比数据的审核。

3）及时性审核。主要是审核填报单位是否按时上报了有关资料，对不报、漏报或迟报的现象都要及时清查。

4）汇总后的审核。主要是检查汇总工作的质量，常用方法有复计审核、表表审核、表实审核、对照审核等。

2. 数据的订正

在审核中发现错误时，无论是汇总前还是汇总后，都应查明原因，及时针对不同的错误作出不同的处理和订正。

1）对于可以肯定的一般错误，即代为更正，并向有关单位核对。

2）对于可疑之处或无法代为更正的错误，应通知原报单位复查更正。

3）对于在一个单位发现的有代表性的重大差错，除通知原报单位更正，还要将差错情况通报给尚未报送资料的单位，以防止类似错误的发生。

4）对于违反统计法规的，应查明责任，予以适当处理。

3.2　进行统计数据分组

3.2.1　了解统计数据分组的作用

1. 统计数据分组的概念

统计数据分组是根据统计研究任务的要求和现象总体的内在特点，按照一定标志将总体划分为若干个性质不同而又有联系的组成部分的统计方法。总体的这些组成部分，称为"组"。

微课：统计数据分组的作用

理解统计数据分组应从两个方面进行：一是对总体而言是"分"；二是对总体单位而言是"合"。通过统计数据分组，将分组标志性质相同的各个总体单位归纳在同一组中，将性质相异的各个总体单位归纳在不同组内，体现"组内同质与组间差异"的特征。

科学的统计数据分组应遵循两个原则：穷尽原则和互斥原则。穷尽原则就是使总体中的每一个单位都有组可归，或者说各分组的空间足以容纳总体的所有单位。互斥原则，即总体任一单位都只能归属于一组，而不能同时或可能归属于几个组。例如，将某班学生按照性别分组，可分为男生和女生两个组，每个组内学生的性别是相同的，组与组之间性别是不同的。

2. 统计数据分组的作用

统计数据分组在统计数据整理中具有重要的作用，主要表现在以下几个方面。

（1）划分社会经济现象的类型

统计数据分组的根本作用在于区分现象的质。经济现象千差万别、性质各异，任何一批数据都存在差异。在进行统计分组之前，这种差异处于无序状态，显现不出来，通过统计分组，能够反映出统计总体的基本性质和特征。分组实际上就是按差异的大小将各总体单位进行分类，差异小的归入一组，差异大的归入不同的组。因此，统计分组的结果使组内的差异缩小，而组与组之间的差异扩大。所以说统计分组的过程就是区别事物性质的过程。要了解各种社会经济现象的性质、特点及其相互关系，必须按某种标志把它们划分为性质不同的部分。例如，国民经济按行业分组，可以划分为以下 20 个行业门类：农、林、牧、渔业；采矿业；制造业；电力、热力、燃气及水生产和供应业；建筑业；批发和零售业；交通运输、仓储及邮政业；住宿和餐饮业；信息传输、软件和信息技术服务业；金融业；房地产业；租赁和商务服务业；科学研究和技术服务业；水利、环境和公共设施管理业；居民服务、修理和其他服务业；教育；卫生和社会工作；文化、体育和娱乐业；公共管理、社会保障和社会组织；国际组织。通过分类，可以反映我国行业的组织结构体系，为进一步研究其水平与发展趋势提供了便利条件。

（2）反映现象的内部结构

统计往往对总体按某一标志进行分组，并计算总体内各组成部分占全体的比重，以说明各个组成部分在总体中的分布状况，反映现象的内部结构和结构变化，从而揭示现象的性质和发展变化的规律。例如，2018 年末我国第二产业和第三产业法人单位构成情况见

表 3-1。通过分组，可以反映我国第二产业和第三产业机构类型构成情况。

表 3-1　2018 年末我国第二产业和第三产业法人单位构成情况

按机构类型分组	个数/万个	比重/%
企业法人单位	1857.0	85.2
机关、事业法人单位	107.5	4.9
社会团体	30.5	1.4
其他法人	183.9	8.5
合计	2178.9	100.0

（3）分析现象之间的依存关系

社会经济现象不是孤立存在的，各现象之间存在广泛的联系和制约关系，一种现象的变化常是另一种现象变化的原因或结果。通过统计数据分组，可以揭示现象之间的依存关系。例如，施肥量与农作物产量之间、工人劳动生产率和产品成本之间、商品销售额与流通费用率之间，这些方面的依存关系，都可以利用统计分组说明影响因素对结果因素的作用程度。

统计数据分组是一切统计研究的基础，应用于统计工作的全过程，是统计研究的基本方法之一。划分社会经济现象类型，揭示现象内部结构，分析现象之间的依存关系是统计分组的主要作用，便于后续进行统计分析。

3.2.2　掌握统计数据的分组方法

1. 分组标志的选择

统计数据整理的关键在于统计数据分组，而统计数据分组的关键又在于正确选择分组标志。所谓分组标志，就是将同一总体区分为不同组的标准或依据。分组标志一旦选定，就必然突出了总体在该标志下的性质差别，而掩盖了总体在其他标志下的特征表现。因此，同一总体按不同标志分组会得到不同的分组结果甚至相反的结论。分组标志选择不当，不但无法反映现象的根本特征，甚至会混淆事物的性质，歪曲社会经济的真实情况。所以，分组标志的选择是统计分组的核心问题。为了达到统计研究的目的，在进行统计分组时要遵循以下原则。

（1）根据统计研究的目的和任务选择分组标志

统计数据分组是为统计研究服务的，统计研究的目的不同，对分组的要求也就不同，从而选择的分组标志也有所区别。分组标志选择得恰当与否，直接影响分组的科学性。例如，要了解某单位职工的学历状况，就应以"文化程度"为分组标志；要了解学生的学习情况，应以"成绩"为分组标志，而不能以"性别""年龄""收入"为分组标志，因为这些内容与要了解的内容无关。因此，根据研究目的正确选择分组标志是保证统计分组具有科学性的关键，也是保证统计研究获得正确结论的前提。

（2）选择最能够反映现象本质的标志作为分组标志

明确了统计研究的目的，并不等于能够选择好分组标志。研究某一问题可能有若干个相关标志，有些标志是主要的，有些标志是次要的，主要标志更能反映现象的本质。因此，在进行分组时，应选择最能反映事物本质特征的标志作为分组标志。例如，以研究城镇居民家庭生活水平状况为目的，反映居民家庭生活水平的标志有家庭人口数、就业人口数、每一就业者负担人数（含本人）、家庭年收入、平均每人年收入等。但其中最能反映居民家庭生活水平状况的标志是"平均每人年收入"，所以应选择这一标志作为分组标志。

（3）考虑现象所处的历史条件、经济状况及标志内涵的变化选择分组标志

社会经济现象随着时间、地点、条件的变化而发生变化，其标志的内涵也会发生变化。同一分组在过去适用，而在当下就不一定适用；在这一场合适用，在另一场合就不一定适用。例如，在计划经济时期，企业按所有制形式分为四组：全民所有制企业、集体所有制企业、私营企业和其他企业。随着我国经济体制改革的不断深入，现在按企业登记注册类型分组可分为国有企业、集体企业、股份合作制企业、联营企业、有限责任公司、股份有限公司、私营企业、港澳台商投资企业、外商投资企业、个体企业等类型。又如，对最低生活水平的确定，就不能沿用 20 世纪五六十年代的标准，而应根据目前的生活水平状况制定标准，再进行分组。此外，行业的划分在近些年也发生了很大变化，涉及相关分组时都应加以考虑。

结合研究对象所处的历史条件、经济条件选择分组标志，可以保证分组标志在不同时间、不同场合的适用性。此外，在将调查资料与历史资料对比时，应注意可比性的问题。

2. 统计数据分组的种类

（1）根据分组标志的性质不同分组

1）品质标志分组。品质标志分组是根据统计研究的目的，选择能够说明事物的性质或属性特征的品质标志作为分组标志，将总体划分为若干性质不同的部分或组。例如，人口总体可按"民族"分组，分为汉族和少数民族，也可按"性别"分组，分为男性和女性。有些品质标志分组较为复杂，其相邻组之间的界限不容易划清。有些在理论上容易区分，但在实际社会经济生活中难以辨别。例如，人口按城乡分组，居民一般分为城镇和农村两组，但目前还存在有些既具备城镇形态又具备农村形态的地区，分组时就需慎重考虑。其他如部门分类、职业分类也都存在同样的问题。因此，在实际工作中，为了便利和统一，联合国及各个国家都制定了适合一般情况的标准分类目录，如我国有《国民经济行业分类》《工业部门分类目录》等。

2）数量标志分组。数量标志分组就是根据统计研究的目的，选择反映事物数量差异的数量标志作为分组标志，将总体划分为数量界限不同的若干部分或组。例如，企业职工可选择将工龄作为数量标志分组。按数量标志分组的目的并不是单纯确定各组在数量上的差别，而是要通过数量上的变化来区分各组的不同类型和性质。

（2）根据分组标志的个数及分组之间的关系不同

1）简单分组。简单分组是对被研究现象总体只按照一个标志进行分组，只反映总体某一方面的数量状态和结构特征，如人口性别分组、企业按所有制分组等。简单分组的划分比较简单、方便，但只能反映现象在某一标志特征方面的差异，而不能反映现象在其他标志特征方面的差异。图 3-1 是人口按民族分组形成的简单分组。

民族 { 汉族 少数民族

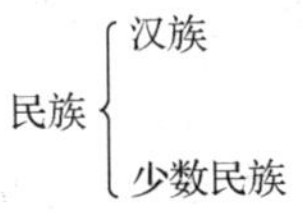

图 3-1 人口按民族分组形成的简单分组

2）平行分组。平行分组是对被研究现象总体选择两个或两个以上的标志分别进行简单分组形成的分组体系。在平行分组中，每个分组只能反映各总体单位在一个标志上的差异，

所有分组都是独立进行的，各分组之间是平行并列的关系。图 3-2 就是学生按班级和性别分组形成的平行分组体系。

学生按班级分组 { 1班　2班　3班 }　　学生按性别分组 { 男生　女生 }

图 3-2　学生按班级和性别分组的平行分组体系

3）复合分组。复合分组是指按两个或两个以上的标志层叠起来进行分组形成的分组体系，即先按一个主要标志分组，然后按另一个从属标志将已分好的各组再分组。复合分组通过多次分组能对总体作出更全面和深入的分析，反映其内部类型和结构。但其组数会随着分组标志的增加而成倍地增加，使各组的单位数减少，次数分布不集中，不易揭示总体的本质特征。因此，在进行复合分组时，不宜采用过多的分组标志，也不宜对较小总体进行复合分组。图 3-3 是高等学校在校学生按学科和学历分组形成的复合分组体系。

小案例："网上下单，送药上门"疫情防控促进互联网经济加速发展

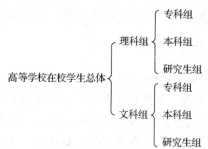

高等学校在校学生总体 { 理科组 { 专科组　本科组　研究生组 }　文科组 { 专科组　本科组　研究生组 } }

图 3-3　高等学校在校学生的复合分组体系

3.3　编制分配数列

3.3.1　了解分配数列的概念和种类

1. 分配数列的概念

分配数列是将总体按某一标志进行分组，并按一定顺序排列出每组的总体单位数，用来反映总体单位在各组中分布状况的数列，又称分布数列或次数分布。在分配数列中，分布在各组的总体单位数称为次数，又称频数；各组单位数与总体单位数之比称为比重，又称频率。一个完整的分配数列由两个要素构成：一是总体中按某标志进行的分组；二是各组相应的分配次数或频率。分配数列是统计数据整理的结果，是进行统计数据描述和统计分析的基础，它可以表明总体分布特征及内部结构情况，并可以据此研究总体单位某一标志的平均水平及其变动的规律性。

2. 分配数列的种类

分配数列根据分组标志的性质不同，分为品质数列和变量数列。分配数列的种类如图 3-4 所示。

分配数列 { 品质数列；变量数列 { 单项式数列；组距式数列

图 3-4　分配数列的种类

（1）品质数列

品质数列是按品质标志分组形成的分配数列，用以观察总体单位中不同属性的单位的分布情况。例如，我国 2019 年末人口按性别分组形成的数列就属于品质数列，见表 3-2。

表 3-2　2019 年末我国人口性别构成情况

性别	人口数/万人	比重/%
男	71 527	51.09
女	68 478	48.91
合计	140 005	100.00

品质数列的编制较为简单。需要注意的是分组标志的表现内容要全面，不能有遗漏，各种表现要相互独立，遵循互斥原则。

（2）变量数列

变量数列是统计总体单位按一定的数量标志分组所形成的分配数列，用来观察总体中不同变量值在各组的分布情况。由于变量分为离散型变量和连续型变量，在编制变量数列时，不同类型的变量其编制方法是不同的。而变量数列按各组表现形式不同，又可分为单项式数列和组距式数列。前者按变量值大小顺序直接排列；后者把变量值按大小顺序先划分为若干组再进行排列。

1）单项式数列。单项式数列是按每个变量值各自成组而形成的数列，即一个变量值代表一组。单项式数列一般适用于离散型变量且变量值变动幅度小、个数不多的情况。表 3-3 是按家庭人口数分组的单项式数列。

表 3-3　2018 年抽样家庭按家庭人口数分组情况

人口数/人	家庭数/户	比重/%
1	61 961	16.69
2	105 040	28.30
3	86 851	23.40
4	61 107	16.46
5	31 873	8.59
6 及以上	24 393	6.56
合计	371 225	100.00

2）组距式数列。组距式数列是指每个组的变量值用一个数值区间来表现的变量数列。其主要应用于连续型变量分组或变动幅度较大、不重复值较多的离散型变量分组的情况。表 3-4 是某企业职工按月工资分组的组距式数列。

表 3-4　某企业职工按月工资分组情况

月工资/元	职工人数/人	比重/%
1500 以下	60	10
1500～3500	150	25
3500～5500	282	47
5500～7500	54	9
7500 以上	54	9
合计	600	100

另外，在组距式变量数列中，需要明确以下要素。

① 组限。组距式变量数列中，各组的界限为组限。组限分为上限和下限。下限是每组最小的标志值，上限是每组最大的标志值。表 3-4 中第二组（1500～3500）中的上限为 3500，下限为 1500。如果一个组的组限齐全，称为闭口组；组限不齐全，是指首组缺下限或末组缺上限的组，称为开口组。当变量出现极大值或极小值时，可采用开口组，即用××以下或××以上表示，见表 3-4 中"1500 以下"和"7500 以上"这两组。

划分组限需考虑变量类型。为了统计过程中不漏掉任何一个变量值，在划分连续型变量的组限时，依照互斥原则和穷尽原则应采用"重叠分组"和"上限不在内"原则，即相邻两组中，前一组的上限和后一组的下限采用同一数字，而且将该数字归到其作为下限的组中。表 3-4 中，月工资 5500 元属于"5500～7500"这一组的变量值。另外，划分离散型变量的组限时，相邻两组的上下限应当间断，但在实际中为求简便也可采用重叠分组。

② 组距。组距是每组上下限之间的距离。组距的计算公式为

$$组距 = 上限 - 下限$$

按照每组组距是否相等，组距式变量数列可分为等距数列和异距数列两种。等距数列是指各组的组距都相等，适用于现象的变动比较均匀的情况，表 3-4 是某企业职工按月工资分组的等距数列。异距数列则通常用于现象的变动不均匀或为了特定的研究目的时，如人口的年龄分组常采用异距数列。

③ 组中值。上限与下限之间的中点数值称为组中值。组中值的计算公式为

$$组中值 = \frac{上限 + 下限}{2}$$

在开口组中，计算组中值的公式为

$$缺下限组的组中值 = 该组上限 - \frac{相邻组组距}{2}$$

$$缺上限组的组中值 = 该组下限 + \frac{相邻组组距}{2}$$

组距式分组掩盖了各组标志值的分布情况，为了反映各组标志值的一般水平，通常用组中值作为各组的代表值。利用组中值的前提是假定各组变量值的分布是均匀的或对称的。但在实际工作中大多数资料并非如此，因此，组中值作为各组的代表值只是一个近似值。

3.3.2　掌握分配数列的编制方法

1. 变量数列的编制

变量数列的编制按一定的步骤和方法进行，较为复杂。为便于理解，本书将结合实例具体说明变量数列的编制过程。

【例 3-1】某商场 4 月电视机的日销售量依次如下，要求编制变量数列（单位：台）。

8	15	20	8	15	21	14	19	20	9
16	22	9	17	23	9	17	24	10	18
25	11	19	27	12	13	19	13	19	32

（1）将原始资料按其数值的大小进行重新排列，再计算全距

按照一定顺序（升序或降序）将数据逐一排列有助于对调查得来的数据进行二次检查与纠错，并从中发现一些明显的特征或规律，为重新归类或分组等提供依据。全距是指最大变量值与最小变量值之间的差值。对上述资料按升序进行排列，可得到如下阵列：

8	8	9	9	9	10	11	12	13	13
14	15	15	16	17	17	18	19	19	19
19	20	20	21	22	23	24	25	27	32

该阵列能够直观地反映调查资料的一些特征：该商场 4 月的电视机销售量分布在 8～32 台，计算全距为 32-8=24 台，波动幅度较大，考虑到月末为迎接"五一黄金周"而进行的促销活动，波动在合理范围内。多数日销售量集中在 15～20 台。

（2）确定所编制的变量数列的类型

要确定编制单项式数列还是组距式数列，主要取决于变量的类型和变动幅度。如前所述，对于连续型变量，适宜编制组距式数列；对于离散型变量，当变量值较多或变动幅度较大时，也适宜编制组距式数列，除此之外，可选择编制单项式数列。在组距式数列中，有等距数列和异距数列两种。采用等距数列还是异距数列，主要取决于现象的特点和研究目的。从现象特点来看，一般在变量值分布较为均匀的情况下，应采用等距数列；从研究目的来看，如果是为了便于分组比较、计算总体平均数或绘制统计图，一般也采用等距数列；若变量值分布不均匀或者为了特定目的，常常采用异距数列。所以，本例中采用等距数列。

（3）确定组距和组数

在等距分组中，组数=全距/组距，即在全距一定时，组距与组数成反比关系。组距越大，组数就越少；组距越小，组数就越多。一般来说，组距应取 5 或 10 的倍数，组数必须是整数，能够客观反映总体分布的特点即可。本例中，全距为 24 台，若组距确定为 5，组数=24/5=4.8 组，为计算方便，将组数取成整数 5。

（4）确定组限

当组距和组数确定之后，需进一步确定组限。组限的确定一般考虑以下几个方面：第一，组限最好以整数表示，下限最好是组距的倍数；第二，应使首组下限略小于资料中的最小变量值，末组上限略大于数据资料中的最大变量值，这样才能将变量值都涵盖进组内进行统计；第三，对于连续型变量，应采用重叠组限，而对于离散型变量，两种方法均可采用。

例 3-1 中所调查的电视机销售量为离散型变量,组限重叠与不重叠均可;设定组距为 5,则每组下限采用组距倍数，可为 10,15,20···。

（5）汇总各组内单位的个数，编制变量数列

将数据资料的各变量值按组归类得出各组单位个数，并填入相应的各组次数栏中，计算比重（或频率），编制出完整的变量数列。例 3-1 可编制出如表 3-5 所示的变量数列。

表 3-5　某商场 4 月电视机销量情况分布

日销售量/台	天数/天	比重/%
10 以下	5	16.7
10～15	6	20.0
15～20	10	33.3
20～25	6	20.0
25 以上	3	10.0
合计	30	100.0

从表 3-5 中可以看出，该商场 4 月电视机日销量分布主要集中在 15～20 台，占 33.3%；其次是日销量为 10～15 台和 20～25 台各占 20%。

2. 次数分布

次数分布是在统计分组的基础上，将总体的所有单位按某个标志分组归类，将各组的总体单位数汇总，并按一定的顺序排列，形成总体单位在各组的分布。次数分布可以表明总体中所有单位在各组的分布特征，并据以研究总体某一标志的平均水平及其变动规律。例如，人口按性别分组后形成的人口数在各组分布情况的数列；学生按年龄分组后形成的学生人数在各组分布情况的数列等，都是次数分布数列。次数分布数列主要由各组名称（或各组变量值）与各组单位数（次数）两部分构成，有时也可以把比重列入分布数列中。次数分布数列的形式很简单，但它是统计整理的重要表现形式，在统计研究中具有十分重要的意义。次数分布数列直观地表明了总体单位的分布特征和结构状况，在此基础上还可以进一步研究其构成、平均水平及其变动规律，它是进行统计分析的一种重要手段。

（1）频数和频率

频数，又称次数，是指变量值中代表某种特征的数（标志值）出现的次数。按分组依次排列的频数构成频数数列（又称次数数列），用来说明各组标志值对全体标志值所起作用的强度。各组频数的总和等于总体的全部单位数。频数的表示方法，既可以用表的形式，也可以用图形的形式。

频率是指各组的频数占总次数的比重，以相对数形式表现。有了频率就可以知道现象的分布情况，频率越大则相应组的标志值对总体标志水平所起的作用越大。

（2）累计频数和累计频率

在研究次数分布的时候，常常需要计算累计频数和累计频率。计算累计频数（累计频率）的方法有两种：一种是向上累计，另一种是向下累计。所谓的上或下是以变量值小的组为下，变量值大的组为上。向上累计是从变量值最小一组的频数或频率向变量值大的组依次累计频数和频率。当我们重点关注的是变量值比较低的现象的次数分布情况时，通常采用向上累计，表明在此数值以下的单位数所占的比重。表 3-6 中，可以清楚地看到月收

入为 5000 元以下的人数为 140 人，占总人数的 28%。向下累计是从变量值最大一组的频数或频率向变量值小的组依次累计频数和频率。当我们重点关注的是变量值比较高的现象的次数分布情况时，通常采用向下累计，表明在此数值以上的单位数所占的比重。表 3-6 中，可以清楚地看到月收入为 3000 元以上的人数为 450 人，占总人数的 90%。

表 3-6　被调查者月收入情况分布

月收入/元	人数/人	比重/%	向上累计		向下累计	
			频数/人	频率/%	频数/人	频率/%
3 000 以下	50	10	50	10	500	100
3 000~5 000	90	18	140	28	450	90
5 000~8 000	120	24	260	52	360	72
8 000~10 000	160	32	420	84	240	48
10 000 以上	80	16	500	100	80	16
合计	500	100	—	—	—	—

（3）次数分布的主要类型

社会经济现象性质不同，其次数分布的呈现也不尽相同，主要有以下三种类型。

1）钟形分布。其特征是"两头小，中间大"，即靠近中间的变量值分布的次数多，靠近两端的变量值分布的次数少，绘制成的曲线宛若一口古钟，因此被称为钟形分布，如图 3-5 所示。钟形分布在日常生活中较为常见，也最符合人们认识问题的习惯。例如，一个班或者一个年级的学生，考试成绩有高有低，但大部分学生考试成绩居于中游。又如，人的身高、体重、收入等，这些也都表现为钟形分布。

2）U 形分布。其特征是"两头大，中间小"，即靠近中间的变量值分布的次数少，靠近两端的变量值分布的次数多，绘制成的曲线类似英文字母"U"，因此被称为 U 形分布，如图 3-6 所示。例如，人口在不同年龄上的死亡率一般近似地表现为 U 形分布。因为正常情况下，人类在幼年和老年时期死亡率较高，中青年时死亡率较低。

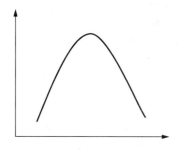
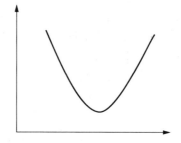

图 3-5　钟形分布　　　　　　　　图 3-6　U 形分布

3）J 形分布。J 形分布有正 J 形和反 J 形两种情况。其次数随着变量值的增大而增多（或减少），绘成曲线图，像英文字母"J"（或反写的"J"），如图 3-7 和图 3-8 所示。在正 J 形分布中，次数随变量值增大而增多，如商场的销售额会随着销售数量的增加而增长；反 J 形分布中，次数随变量值增大而减少，如企业利润会随着成本的逐渐增加而减少。

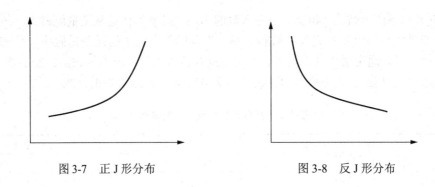

图 3-7　正 J 形分布　　　　　　图 3-8　反 J 形分布

3.4　统计数据的列示

3.4.1　以表格方式列示

统计调查得来的大量原始数据，经过汇总整理后，还需要运用一定的表格或图形将数据列示出来。统计表是以纵横交错的线条绘制的表格来列示数据的一种形式，它对表现统计资料具有重要的作用。第一，它能够把说明总体单位特征的原始资料转化为综合反映总体数量特征的表格资料，使统计资料的表现条理化、系统化和标准化；第二，它能够科学合理地组织统计资料，便于比较对照、分析研究对象的规模、速度和比例关系。

1. 统计表的结构

（1）从统计表的形式看

从统计表的形式看，统计表由四部分构成，如表 3-7 所示。

1）总标题：统计表的名称，用以概括表中统计资料的主要内容。

2）横行标题：各组的名称，反映总体单位的分组情况。

3）纵栏标题：统计指标的名称，说明纵栏所列各项资料的内容。

4）数据资料：也称指标数值，它是统计表的具体内容，每一项指标数值都由相应的横行标题和纵栏标题加以限定。

表3-7　2019年全国居民收入情况

年份	GDP 水平/亿元	比上年增长/%
2015	686 255.7	7.0
2016	743 408.3	6.8
2017	831 381.2	6.9
2018	915 887.3	6.7
2019	988 458.0	6.1

（2）从统计表的内容看

从统计表的内容看，统计表包括主词和宾词两个部分。

1）主词：统计表所要说明的总体以及总体各单位、各组的名称或者各个时期。

2）宾词：统计表用来说明总体的各个指标，包括指标名称、指标数值等。

2. 统计表的种类

统计表的种类可根据主词的结构来决定，按照主词是否分组和分组的程度不同，分为简单表、分组表和复合表。

1）简单表。简单表是主词未经任何分组的统计表。例如，主词是由总体单位名称组成的一览表；主词是由国家、地区、城市等目录组成的区域表；主词是按时间顺序组成的编年表等。

2）分组表。分组表是主词按一个标志进行分组的统计表，利用分组来揭示现象的不同特征，研究总体的内部构成，分析现象之间的依存关系。

3）复合表。复合表是主词按两个或两个以上标志进行复合分组的统计表。表 3-8 是一个对某文科类高校先按学历分组，再按性别分组的复合分组。

表 3-8　某文科类高校在校学生情况表

学历	性别	人数/人
专科	男生	421
专科	女生	956
本科	男生	1312
本科	女生	1688
研究生	男生	128
研究生	女生	672
合计	—	5177

3. 统计表的编制规则

为了使统计表的设计合理、实用、科学、美观、简明，在编制统计表时，必须遵守以下原则。

1）统计表的各种标题，特别是总标题的表达，应简明扼要，符合统计表的内容。总标题还应该标明资料所属的时间和空间范围。

2）统计表一般为横长方形，上下两端封闭且为粗线，纵栏之间用细线分开，横行之间可以不加线。左右两端习惯上均不画线，采用开口式。

3）如果统计表栏目过多应当加以编号，一般主词部分按甲、乙、丙等文字标明；宾词部分按（1）、（2）、（3）等次序编号。若各栏之间有数量关系，可用数字运算符号和数学公式加以表明。例如，（3）＝（1）＋（2），表示第（3）栏等于第（1）栏加上第（2）栏。

4）主词与宾词位置可互换。各栏排列次序应以时间先后、数量大小、空间位置等自然顺序编排。

5）统计表内必须标明数据资料的计量单位。当只有一个计量单位时，一般写在统计表的右上方。如果统计表中有多个不同单位需要分别标明，则横行标题的计量单位可以专设一栏；纵栏标题的计量单位要和纵栏标题写在一起，用小字加括号标写。

6）资料需要说明解释部分，如注解、资料来源、计算口径等，写在统计表的下方。

7）填写数字资料时应填写整齐，对准位数，不留空格。当数字为零或因数小而忽略不计时，要写上0；当缺乏某项资料时，用符号"…"表示；不应有数字时用符号"–"表示。

8）统计表经审核后，制表人和填报单位应签名并盖章，以示负责。

3.4.2 以图形方式列示

1. 统计图的概念

统计图是利用几何图形或具体事物的形象表现统计数据资料的一种形式。统计图可以表明被调查社会经济现象的规模、水平、结构、对比关系、依存关系、发展趋势和分布状况，有利于进行统计分析和研究。统计图可以使复杂的统计数字简单化、通俗化、形象化，使人一目了然，便于理解和比较。因此，统计图在统计资料整理与分析中占有重要地位，并得到广泛应用，目前主要利用 Excel 绘制统计图。

2. 统计图的种类

生活中常用的统计图主要有条形图、折线图、饼图、柱形图等。

（1）条形图

条形图是用一个单位长度（如1厘米）表示一定的数量，根据数量的多少画成长短相应成比例的直条，并按一定顺序排列起来的统计图，如图3-9所示。条形统计图可以清楚地表明各种数量的多少，是统计图中最常用的图形。

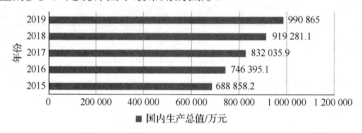

图 3-9 2015～2019 年国内生产总值

条形图按照排列方式的不同，可分为纵式条形图和横式条形图；按照分析作用的不同，可分为条形比较图和条形结构图。其特点是能够清晰列示每组中具体数据，易于比较数据间的差别；不足则是不能列示部分与整体的对比关系。条形图常用于同一指标在不同总体间的比较，也可以反映同类指标数值在不同时间上的发展变化。

（2）折线图

折线图是以折线的上升或下降来表示统计数量增减变化的统计图，如图3-10所示。与条形图相比，折线统计图不仅可以表示数量的多少，而且可以反映同一事物在不同时间的发展变化的情况。折线图在生活中运用非常普遍，虽然它不直接给出精确的数据，但只要掌握一定的技巧，熟练运用"坐标法"也可以很快地确定某个具体的数据。不足则是不能明确列示部分与整体的对比。折线图非常适用于反映在相等时间间隔下数据的趋势。

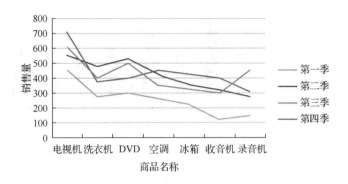

图 3-10 某商场销售情况统计图

（3）饼图

饼图是以一个圆形的面积表示事物的总体，以扇形面积的大小表示指标数值大小的图形，如图 3-11 所示。饼图可以比较清楚地反映出部分与部分、部分与整体之间的数量关系，易于列示每组数据相对于总数据的大小，不足则是不能明确列示出各组中的具体数据，常用于在总体分组的情况下，反映总体的结构、各组所占总体的比重，即百分比的数据资料。

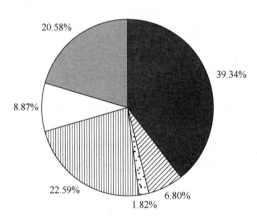

图 3-11 2018 年我国财政税收收入分布图

（4）柱形图

柱形图是一种以长方形长度的差异来显示统计指标数值多少或大小的统计图，如图 3-12 所示。一般用横轴表示数据类型，纵轴表示分布情况。它能够清楚地反映各组频数分布情况，易于比较各组之间频数的差别。

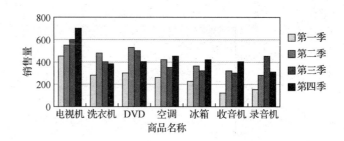

图 3-12　某商场销售统计柱形图

知识拓展：统计数据
汇总技术

项目实训：统计数据整理技能训练

对统计数据进行整理和列示

实训任务：在模块 2 中设计了调查方案和调查问卷，并据此完成了统计数据资料的收集工作，本模块中要对调查得到的原始数据进行加工整理，运用恰当的统计图表进行列示。

实训目标：

1）通过实训，学生能够充分认识到统计数据分组在统计整理中的重要作用。

2）通过本次操作训练，学生能够根据调查的目的和要求，掌握统计整理的基本技能。

实训内容：

1）审核并整理调查得来的统计数据。

2）对问卷资料进行分组并编制统计表。

3）用统计表或统计图列示调查数据，并对资料进行分析。

实训要求：

1）按照统计数据整理方案对调查数据进行整理。

2）各小组要认真细致地整理数据资料，应用统计图表列示整理结果，提交电子稿和一份纸质打印稿。

实训组织：本项目实训以小组为单位完成，由整理部门负责人牵头，组织本项目团队成员集思广益，合理分工，共同完成对统计数据的整理工作。

实训考核：评定每个小组的成绩，教师进行点评总结，评价表见表 3-9。

表 3-9　组织实施统计整理模拟实训评价表

考核项目	分数/分	自评得分	互评得分	教师评分记录
数据整理	40			
其中：选择审核员，审核原始数据	10			
确定分组标志	10			
计算次数分布相关要素	20			
数据列示	40			
其中：编制统计表	20			
绘制统计图	20			
总结、分析	20			
合计	100			

展示交流：

1）以小组为单位，将统计整理的过程和得到的图表用 PPT 进行展示，展示内容包括原始资料、人员安排、分组标志、数列要素、计算与编制过程、统计图表等，展示人与展示方式不限。

2）本组或其他组成员可以提问、补充和点评，教师对各组的结果进行点评，并提出相应的修改意见。

3）各组根据教师和同学所提的意见进行修改、完善。

4）对典型统计图表在全班进行讨论、交流。

综合训练 3

一、单项选择题

1. 统计整理的关键环节是（　　　）。
   A．资料审核　　　B．统计数据分组　C．统计汇总　　　D．编制统计图表

2. 统计分组的关键是正确选择（　　　）。
   A．分组标志　　　B．组限　　　　　C．组数　　　　　D．组距

3. 将某校学生按性别和年龄分组，这两个统计数据分组是（　　　）。
   A．均按数量标志分组
   B．均按品质标志分组
   C．前者按数量标志分组，后者按品质标志分组
   D．前者按品质标志分组，后者按数量标志分组

4. 将某医院护士先按性别进行分组，再按工龄进行层叠分组，这种分组方法是（　　　）。
   A．简单分组　　　B．复合分组　　　C．平行分组　　　D．再分组

5. 在组距数列中，上限就是（　　　）。
   A．每一组的最大值　　　　　　　B．每一组的最小值
   C．最大值　　　　　　　　　　　D．最小值

6. 划分连续型变量的组限时，其相邻两组的组限是（　　　）。
   A．必须重叠　　　　　　　　　　B．既可以间断，也可以重叠
   C．必须间断　　　　　　　　　　D．应当是相近的

7. 按某连续变量分为 5 组：第一组为 40～50，第二组为 50～60，第三组为 60～70，第四组为 70～80，第五组为 80 以上。依据统计原则规定（　　　）。
   A．50 在第一组，70 在第四组　　B．60 在第二组，80 在第五组
   C．70 在第四组，80 在第五组　　D．50 在第二组，80 在第四组

8. 在全距一定的情况下，组距的大小与组数的多少成（　　　）。
   A．正比关系　　　B．反比关系　　　C．无比例关系　　D．不能确定

9. 根据某连续型变量编制等距数列，末组为 500 以上，又知其相邻组的组中值为 480，则末组的组中值是（　　　）。
   A．490　　　　　　B．500　　　　　　C．510　　　　　　D．520

10. 当某数列次数分布特征呈现"中间小，两头大"时，该数列次数分布类型是（　　）。

　　A. 钟形分布　　　　B. U形分布　　　　C. 正 J 形分布　　　D. 反 J 形分布

二、多项选择题

1. 统计数据分组的作用在于（　　）。

　　A. 划分经济现象的类型　　　　　　B. 反映现象总体的内部结构变化

　　C. 比较现象间的一般水平　　　　　D. 揭示现象的依存关系

2. 下列（　　）分组是按品质标志分组。

　　A. 职工按年龄分组　　　　　　　　B. 人口按民族分组

　　C. 人口按地区分组　　　　　　　　D. 科技人员按职称分组

3. 某单位 100 名职工按工资额的多少分为 3000 元以下、3000～4000 元、4000～6000 元、6000～8000 元、8000 元以上等五组。这一分组（　　）。

　　A. 是等距分组　　　　　　　　　　B. 分组标志是连续型变量

　　C. 末组组中值为 10 000 元　　　　　D. 相邻组的组限是重叠的

4. 变量数列中频率应满足的条件是（　　）。

　　A. 各组频率大于 1　　　　　　　　B. 各组频率大于或等于 0

　　C. 各组频率之和等于 1　　　　　　D. 各组频率之和小于 1

5. 某工厂职工生产产品情况见表 3-10，该数列类型属于（　　）。

表 3-10　某工厂职工生产产品情况表

劳动生产率/（件/人）	职工人数/人
120～130	12
130～140	18
140～150	37
150～160	13
合计	80

　　A. 品质数列　　　B. 变量数列　　　C. 组距数列　　　D. 等距数列

6. 下列分组是按数量标志分组的有（　　）。

　　A. 人口按性别分组　　　　　　　　B. 企业按产值多少分组

　　C. 家庭按收入水平分组　　　　　　D. 在业人口按文化程度分组

7. 按主词是否分组和分组的程度不同，统计表可分为（　　）。

　　A. 单一表　　　B. 简单表　　　C. 分组表　　　D. 复合表

8. 统计数据的审核主要是审核数据的（　　）。

　　A. 准确性　　　B. 及时性　　　C. 完整性　　　D. 适用性

9. （　　）适合编制组距式数列。

　　A. 连续型变量分组

　　B. 离散型变量分组

　　C. 离散型变量分组，其变量值个数多或变动幅度大

　　D. 离散型变量分组，其变量值个数少且变动幅度小

10. 统计表从构成形式上看，一般包括（　　）。

　　A. 总标题　　　B. 横行标题　　　C. 纵栏标题　　　D. 数据资料

三、判断题

1．统计整理是统计工作的中间环节，起着承前启后的作用。 （　　）
2．统计数据分组的关键是划分各组组限。 （　　）
3．两个简单分组并列起来就是复合分组。 （　　）
4．在组距式数列中，每组下限与上限的差距称为组限。 （　　）
5．简单分组就是按一个标志进行的分组。 （　　）
6．连续型变量可以编制单项式数列或组距式数列，离散性变量只能编制组距式数列。
（　　）
7．划分重叠组限时，其归类原则是"下限不在内"。 （　　）
8．在组距式数列中，开口组无法确定组中值。 （　　）
9．在确定组限时，最大组的上限应略大于最大变量值。 （　　）
10．统计表的主词栏是用来说明总体的各种统计指标的。 （　　）

四、分析思考题

1．某班有学生 50 名，其身高情况如下：

182	175	165	156	151	166	178	155	163	165
158	178	182	180	175	176	172	170	168	167
159	163	177	176	182	185	175	173	170	166
165	156	153	158	160	172	182	174	170	169
170	168	163	162	160	158	161	159	165	162

要求：对该班学生的身高数据进行整理，编制分配数列。

2．某班有学生 50 名，其本学期统计学考试成绩分别如下：

68	80	65	75	88	83	81	78	77	72
61	70	81	75	82	97	58	81	76	72
76	85	89	92	68	88	84	73	54	76
57	64	88	84	95	97	53	65	70	60
84	89	89	85	87	90	94	93	61	66

学校规定：60 分以下为不及格；60～70 分为及格，70～80 分为中，80～90 分为良，90～100 分为优。

要求：

① 将该班学生分为不及格、及格、中、良、优五组，编制次数分配数列。
② 计算向上累计频数和频率、向下累计频数和频率。
③ 指出该数列统计分组和次数分布的类型，并分析本班学生的考试情况。

综合训练 3：参考答案

模块 4 统计数据的描述与分析

 学习目标

◎知识目标

1. 熟悉总量指标的概念、意义和种类。
2. 理解相对指标的概念、作用、表现形式和计算分析方法。
3. 掌握平均指标的概念、作用及计算分析方法。
4. 掌握标志变异指标的概念、作用和计算方法。

◎能力目标

1. 能够熟练运用综合指标法进行统计分析。
2. 能够运用综合指标进行数据的描述与分析，解决数据分析过程中的实际问题。

◎职业素养目标

1. 练就科学严谨的职业操守。
2. 培养团队合作意识和责任意识，增强分析总结能力。

学习导引

2019 年中国 GDP 增速为 6.1%

国家统计局 2020 年 1 月 17 日发布数据，初步核算，2019 年我国 GDP 为 990 865 亿元，稳居世界第二位；按可比价格计算，比 2018 年增长 6.1%，符合 6%～6.5% 的预期目标。分季度看，一季度同比增长 6.4%，二季度增长 6.2%，三季度增长 6.0%，四季度增长 6.0%，明显高于全球经济增速，在世界主要经济体中名列前茅。

2019 年，我国人均国内生产总值 70 892 元，按年平均汇率折算达到了 10 276 美元，人均 GDP 首次站上 1 万美元的新台阶，实现了新的跨越，在 1 万亿美元以上的经济体中是位居第一的。而 2019 年美国经济增长大约在 2.3%，日本和欧元区的增速略高于 1%，印度增长 5% 多一点，所以中国增长 6.1%，依然是全球经济增长的冠军。

中国经济总量接近 100 万亿元、人均 GDP 突破 1 万美元意味着什么？全世界"万元户"增加了一倍多，世界经济增长引擎动力强劲。

国家统计局数据显示，此前，全球人均 GDP 超过 1 万美元的经济体总人口近 15 亿。中国人均 GDP 突破 1 万美元，相当于人均 GDP 超过 1 万美元的世界人口翻了一番。自 2006 年以来，我国稳居世界经济增长的第一引擎。2018 年，中国对世界经济增长的贡献率为 27.5%，比 1978 年提高 24.4 个百分点。"人均 GDP 突破 1 万美元，意味着我们的经济规模更大，塑造更有利于我国国际发展环境的能力增强，中国作为世界第二大经济体地位更加巩固。约 14 亿人口的巨大国内市场，也为世界各国拓展商机提供了重要机遇。"国务院发展研究中心宏观经济研究部研究员许伟说。

中国中等收入群体规模继续扩大，经济社会发展的韧性十足。国家信息中心经济预测部副主任王远鸿分析，人均 GDP 增加，代表可支配收入也在增加。收入决定消费，这就意味着中国消费规模还将持续整体扩大，消费升级也可以持续推进。2020 年是决胜全面建成小康社会、决战脱贫攻坚之年，也是"十三五"规划收官之年。收入水平持续提升，为决胜全面建成小康社会、决战脱贫攻坚打下坚实基础。从长期看，这也为我们跨越小康，进入中等发达国家提供了有利条件。

不过，按照联合国目前的划分标准，中国仍处于中等偏上收入国家的水平，只是中国人均 GDP 离世界平均水平更近了。1980 年，我国人均 GDP 约 300 美元，相当于世界平均水平的 12.3%；2019 年，按照现价美元估算，我国人均 GDP 大致相当于世界平均水平的 90%。

"用人均水平考察，我国发展中国家特征没有根本改变。"王远鸿介绍，从投资水平看，目前我国基础设施人均资本存量只有发达国家的 20%～30%。西部省份和贫困地区交通、通信、水利等重大基础设施仍很薄弱。从消费水平来看，2016 年我国人均居民消费为 2506 美元，不及世界平均水平的 1/2。从消费结构看，2018 年我国居民消费恩格尔系数为 28.4%，仍远高于发达国家的水平，说明中国百姓还需要用较大比重的支出来满足吃饭穿衣等基本需要。

许伟也表示，按照世界银行标准，中国离高收入门槛还有差距，需要集中精力推动高质量发展，为实现高质量的追赶奠定良好基础。

（资料来源：佚名，2020. 2019 年中国 GDP 增速为 6.1%[EB/OL].(2020-01-17)[2020-06-16].
https://news.qq.com/a/20200117/009605.htm.）

思考与讨论：

阅读资料，找出案例中的综合指标（总量指标、相对指标和平均指标），谈一谈各类综合指标在统计分析中的作用。

模块4：案例分析

4.1　总量指标的计算与分析

4.1.1　认识总量指标

1. 总量指标的概念

总量指标是用来反映社会经济现象在一定时间、地点和条件下的总规模、总水平或工作总量的统计指标。总量指标的表现形式为绝对数，总量指标又叫统计绝对数。

微课：认识总量指标

例如，国家统计局发布 2019 年国民经济和社会发展统计公报显示：2019 年，全年国内生产总值 990 865 亿元，国民总收入 988 458 亿元，年末全国就业人员 77 471 万人，全年粮食产量 66 384 万吨等，这些都是用来说明 2019 年社会经济发展中的总规模或总水平的总量指标。它的大小随着研究范围的大小而增减，研究范围越大，总量指标数值越大；反之，研究范围越小，总量指标数值越小。

2. 总量指标的作用

只有有限总体才能计算总量指标，社会经济统计的调查研究对象主要是有限总体。因此，在社会经济统计中计算总量指标具有重要的意义。

1）总量指标是认识社会经济现象总体的起点。

总量指标是反映国情、国力的基本状况，反映一个国家、一个地区、一个部门或一个单位的人力、物力和财力的基本数据。由于社会基本情况的数量资料首先表现为一定的总量，总量指标是反映国情、国力的重要指标。例如，一个国家或地区的国土面积、人口总数等。国民经济各部门所取得的直接成果也往往用总量指标的形式表现出来，如国民收入、国内生产总值、钢产总量、粮食总产量等。这些基础数据正是全面认识一个国家或地区社会经济现象的起点。

2）总量指标是实行社会经济管理的依据之一，是制定政策、编制计划，检验政策、计划执行情况的依据。

无论是宏观调控还是微观管理，都要以反映客观现象的总量指标作为重要参考依据。大到国家制定的国民经济发展的政策和计划，小到企业编制的企业发展计划，大多是以总量指标的形式来规定的。因此，与计划指标、政策指标相对应的总量指标就成了检查计划完成情况、政策落实情况的重要依据。

3）总量指标是计算相对指标和平均指标的基础。

总量指标是统计整理汇总后得到的能说明具体社会经济总量的综合性数据，是最基本的统计指标。相对指标和平均指标一般是由两个有联系的总量指标相对比计算出来的，它们是总量指标的派生指标。总量指标计算是否科学、合理、准确，将会直接影响相对指标和平均指标的准确性。

4.1.2　总量指标的种类

1. 总体单位总量和总体标志总量

总量指标按其说明的总体内容不同，可分为总体单位总量和总体标志总量。总体单位总量是总体所包含的总体单位的总数，主要用来说明总体本身规模的大小。总体标志总量是反映总体各单位某一标志值的总和，主要用来说明总体各单位某一标志值总量的大小。例如，调查了解全国工业企业的生产经营状况，全国工业企业数就是总体单位总量，全国工业企业的职工总人数、工资总额、工业增加值和利税总额等，都是总体标志总量。

总体单位总量和总体标志总量不是固定不变的，随着研究目的和被研究对象的变化而变化。一个总量指标常常在一种情况下为总体标志总量，在另一种情况下则表现为总体单位总量。如果调查了解全国工业企业职工的工资水平，那么，全国工业企业的职工总人数就成了总体单位总量。明确总体单位总量和总体标志总量之间的差别，对计算和区分相对指标和平均指标具有重要意义。

2. 时期指标和时点指标

总量指标按其反映的时间状况不同，可分为时期指标和时点指标。时期指标是反映现象在一定时期内发展过程的总量指标，如人口出生数、商品销售额、产品产量、产品产值等。时点指标是反映现象在某一时点上所处状况的总量指标，如年末人口数、季末设备台数、月末商品库存数等。

时期指标与时点指标都属于总量指标，但它们存在明显的区别。

1）时期指标各个时期的数值无重复计算，可以累加，说明较长时期内现象发展的总量，如年产值是月产值的累计数，表示年内各月产值的总和；而时点指标各个时点的数值有重复计算，一般相加无实际意义，如月末人口数之和不等于年末人口数。

2）时期指标数值的大小与时期长短有直接关系。在一般情况下，时期越长数值越大，如年产值必定大于年内某月产值；时点指标数值与时点间隔长短没有直接关系，如年末设备台数并不一定比年内某月末设备台数多。

3）时期指标的数值一般通过连续登记取得，而时点指标的数值则通过间断登记取得。例如，一年的总产量是由一年中每天的产量连续登记汇总得到的，而人口数是调查时的某一时点登记的数量。

时期指标与时点指标最根本的区别还在于各自反映的现象在时间规定性上的不同。弄清时期指标与时点指标的区别，对于计算绝对数动态数列的序时平均数是很重要的。

3. 实物指标、价值指标和劳动量指标

总量指标的计量单位一般有实物单位、货币单位和劳动量单位三种。由于采用不同的计量单位，总量指标可划分为实物指标、价值指标和劳动量指标三种。

（1）实物指标

实物指标是采用实物单位计量的总量指标，用于表现经济现象总体的使用价值总量。实物单位是根据事物的自然属性或物理属性而采用的单位，包括自然单位，如人口的计量单位是"人"；度量衡单位，如粮食的计量单位是"吨"或"千克"；复合单位，如货物周转量用"吨公里"计量；双重单位，如起重机的计量单位是"台/吨"；标准实物单位，如把不同发热量的煤折合成热量值为 7000 大卡/千克的标准煤等。

实物指标的优点是能直接反映事物的使用价值和现象的具体内容，因而能直接表明事物的规模水平。缺点是实物指标的综合性较差，性质不同、计量单位不同的实物指标无法进行汇总。

（2）价值指标

价值指标是采用货币单位计量的总量指标，用于表现经济现象总体的价值总量。货币单位又称价值单位，它是以货币作为价值尺度来计量社会财富和劳动成果的一种计量单位，常见的货币单位有元、美元、欧元等。例如，国内生产总值、城乡居民储蓄额等都是用货币单位来计量的。

价值指标的优点是具有广泛的综合性和概括性。它弥补了实物指标不能跨实物形态而综合的缺点，可以综合说明不同使用价值量的总规模或总水平。价值指标广泛应用于统计研究、计划管理和经济核算之中。价值指标也有其局限性，它不能表现事物的使用价值和实物内容，比较抽象。因此，在实际工作中，应注意把价值指标与实物指标结合起来使用，以便全面认识客观事物。

（3）劳动量指标

劳动量指标是采用劳动量单位计量的总量指标，用于反映企业生产各种产品的工作总量。劳动量单位是用劳动时间来表示的计量单位，通常采用工日、工时等来计量工作总量，工作一天（一般 8 小时）为一个工日，工作一小时为一个工时。

劳动量指标把不能直接相加的实物产量变换成可以相加的劳动时间数量，它是评价劳动时间利用程度和计算劳动生产率的依据。由于具体条件不同，不同企业的劳动量指标不具有可比性，劳动量指标多限于企业内部在确定劳动定额、计算劳动生产率、编制和检查生产作业计划时使用。

4.2 相对指标的计算与分析

4.2.1 认识相对指标

1. 相对指标的概念

总量指标虽然能够综合反映社会经济现象的规模、水平和工作总量，但是由于现象总体的复杂性，仅仅利用总量指标是远远不够的。如果要对事物进行深入的了解，就需要对总体的组成和其各部分之间的数量关系进行分析、比较，计算相对指标。

微课：认识相对指标

相对指标又称相对数，是用两个有联系的指标进行对比的比值，来反映现象的发展程度、结构、强度、普遍程度或比例关系的综合指标。相对指标是质量指标的一种表现形式，一般表现为无名数，也有使用有名数表示的。人口的性别比例、资金利用率、人均国内生产总值、人口密度等都是相对指标。相对指标的特点在于指标数值的抽象化，即把两个具体数值加以抽象化，使人们对现象之间所存在的固有联系有较为深刻的认识。相对指标在社会经济领域广泛存在，借助相对指标对现象进行对比分析是统计分析的基本方法。

2. 相对指标的表现形式

相对指标的数值有两种表现形式：无名数和有名数。

相对指标一般表现为无名数，它是一种抽象化的数值，多以系数、倍数、成数、百分数或千分数表示。系数和倍数是将对比基数抽象化为 1 而计算出来的相对数，两个数值对比，分子数值和分母数值相差不大时常用系数；分子数值比分母数值大很多时常用倍数。成数是将对比基数抽象化为 10 而计算出来的相对数，如今年粮食产量比去年增产二成，即增产十分之二。百分数是将对比基数抽象化为 100 而计算出来的相对数，用%表示。百分数是计算相对数时最常用的一种形式，如计划完成程度相对数、结构相对数等，一般以百分数的形式表示。百分点是百分数的另一种表述形式，以 1%为单位，即 1 个百分点等于1%，百分点是被比较的相对指标之间的增减量，而不是它们之间的比值。例如，中国民用航空局 2020 年 1 月公布的数据表明：2019 年，全国航班正常率达到 81.65%，比 2018 年提高了 1.52 个百分点，已连续两年超过 80%。千分数是将对比基数抽象化为 1000 而计算出来的相对数，其符号为‰，当分子数值比分母数值小得多时，宜用千分数，如人口自然增长率、人口出生率等。

有名数主要是用来表示强度相对指标，以表明事物的密度、强度和普遍程度等。有名数由分子、分母的计量单位共同组成，分子单位在前，分母单位在后，双重单位表现形式。例如，人均粮食产量用"千克/人"表示，人口密度用"人/公里^2"表示等。

3. 相对指标的作用

1）相对指标通过数量之间的对比，可以表明事物相对水平、普遍程度、比例关系等，揭示事物的本质。例如，国家统计局 2020 年 1 月 17 日发布数据，2019 年我国国内生产总值 990 865 亿元，按可比价格计算，比 2018 年增长 6.1%。而 2019 年美国经济增长大约在 2.3%，日本和欧元区的增速略高于 1%，印度增长 5% 多一点，中国增长 6.1%，依然是全球经济增长的冠军，这是总量指标所不能说明的。

2）相对指标将现象绝对量的具体差异抽象化，使一些不能直接用总量指标进行对比的现象变得可以进行对比。例如，不同的企业由于生产规模条件不同，直接用总产值、利润比较评价意义不大，但如果采用一些相对指标，如资金产值率、资金利润率等进行比较，便可对企业生产经营成果作出合理评价。

3）相对指标是进行宏观经济管理和评价企业经济活动状态的重要指标。例如，在宏观经济管理中，广泛运用各种相对指标检查、监督和分析国民经济的速度、比例和效益。企业经营活动中作为评价考核企业经营状况的各项技术经济指标也大多是相对指标。

4.2.2　相对指标的种类和计算

根据研究目的和现象不同，相对指标分为结构相对指标、比例相对指标、比较相对指标、强度相对指标、动态相对指标和计划完成程度相对指标六种。

1. 结构相对指标

结构相对指标又称结构相对数。它是在对总体分组的基础上，用总体的某一部分数值与总体全部数值相对比求得的比重或比率来反映总体内部构成情况及分布特征，一般用百分数表示。实际经济工作中常用的恩格尔系数、贡献率、城市化程度、合格率、市场占有率等都是结构相对数。计算公式为

$$结构相对指标（\%）=\frac{总体中的部分数值}{总体全部数值}\times100\%$$

式中的分子、分母数值必须用同一总体的总量指标来计算，可以是总体单位总量，也可以是总体标志总量。其特点如下：一是必须在科学分组的前提下进行；二是结构相对指标通常用百分数表示；三是总体中各组成部分所占比重之和等于 1 或 100%。

【例 4-1】2019 年我国国内生产总值产业构成情况，见表 4-1。

表 4-1　2019 年我国国内生产总值产业构成情况

产业部门	增加值/亿元	比重/%
第一产业	70 467	7.11
第二产业	386 165	38.97
第三产业	534 233	53.92
合计	990 865	100.00

结构相对指标是统计分析中常用的指标，其主要作用表现在三个方面：一是反映现象

总体内部的结构特征；二是通过不同时期结构相对指标的变化情况，表明现象的发展过程和规律性；三是研究现象的内部关系。

2. 比例相对指标

比例相对指标又称比例相对数。它是在对总体分组的基础上，用总体的某一部分数值与总体另一部分数值相对比求得的比值，反映的是各组成部分之间的联系和比例关系，计算结果一般用百分比或几比几表示。计算公式为

$$比例相对指标 = \frac{总体中某一部分数值}{总体中另一部分数值}$$

【例 4-2】我国以 2015 年 11 月 1 日零时为标准时点进行了全国 1% 人口抽样调查，结果表明：我国 31 个省（自治区、直辖市）和现役军人总人口 137 349 万人，其中男性人口为 70 356 万人，女性人口为 66 993 万人，总人口性别比（以女性为 100，男性对女性的比例）105.02∶100 或 51.22%∶48.78%。

比例相对指标对于国民经济宏观调控具有重要意义。例如，国内生产总值中三大产业比例、国民经济中农轻重之间的比例、积累与消费比例等。利用比例相对指标可以分析国民经济中的各种比例关系，促进市场经济又好又快发展。

比例相对指标与结构相对指标既有联系又有区别，都是建立在科学分组的基础上，在同质总体内进行计算；比例相对指标是一种结构性的比例。结构相对指标是用总体中的部分数值与总体的全部数值进行对比，其分子、分母不可以互换；比例相对指标是用总体中某一部分数值与另一部分数值进行对比，分子、分母可以互换。实际工作中，二者往往结合起来使用。

3. 比较相对指标

比较相对指标又称比较相对数，它是同类指标在同一时间不同空间（地区、部门、企业）上的数值之比，可以反映同一时间同类事物在不同空间条件下的差异程度，通常用百分数或倍数表示。计算公式为

$$比较相对指标 = \frac{甲空间某类指标数值}{乙空间同类指标数值}$$

用以比较的分子指标和分母指标既可以是总量指标，也可以是相对指标或平均指标。不论采用哪种指标对比，都必须注意分子指标和分母指标的可比性。

比较相对指标对比的基数不是固定不变的，根据不同的研究目的，对比的分子指标和分母指标可以互换。

【例 4-3】甲企业 2019 年全年产值为 8600 万元，同行业的乙企业 2019 年全年产值为 2200 万元，那么 2019 年甲企业产值是乙企业产值的 3.91 倍，或者乙企业产值相当于甲企业的 25.58%。

在经济管理工作中，比较相对指标主要用于对现象在不同地区、不同部门、不同单位之间的发展情况比较分析，以反映现象之间的差异程度。

4. 强度相对指标

强度相对指标又称强度相对数，是同一时期两个性质不同但有一定联系的总量指标之

间的对比，用以说明某一现象发展的强度、密度和普遍程度。计算公式为

$$强度相对指标 = \frac{某一总量指标数值}{另一有联系但性质不同的总量指标数值}$$

强度相对指标一般有名数，它由分子数值和分母数值的计量单位组成。例如，人口密度用 "人/公里^2" 表示，人均国内生产总值用 "元/人" 表示等。另外，也有一些强度相对指标用千分数或百分数表示，如人口出生率用千分数表示，流通费用率用百分数表示。这实质上仍是以双重计量单位表示，是一种复名数。出生率为每千人中的出生人数，流通费用率为每百元销售额中的费用额。

【例 4-4】某市 2019 年末土地面积为 830 000 平方公里，2019 年末该市人口数为 9 678 521 人，则该市 2019 年末的人口密度为

$$人口密度 = \frac{人口总量指标}{面积总量指标} = \frac{9\,678\,521}{830\,000} = 11.66(人/公里^2)$$

计算强度相对指标，只有从社会经济现象的本质方面把握它们的内在联系，才能使两个指标对比有意义。例如，钢产量与人口数可以对比，却不能与土地面积对比，因为钢产量最终是为人所用，因而有对比的基础。

强度相对指标在计算过程中，根据需要可以将对比的分子、分母进行互换，这就产生了某些强度相对指标的正指标和逆指标两种形式。人口密度的正、逆指标分别为

$$人口密度 = \frac{人口总量指标（人）}{面积总量指标（平方公里）} \qquad （正指标）$$

$$人口密度 = \frac{面积总量指标（平方公里）}{人口总量指标（人）} \qquad （逆指标）$$

正指标是指对比两个指标的比值越大，表示现象的密度越大；逆指标是指对比两个指标的比值越大，表示现象的密度越小。例 4-4 中的强度相对指标为正指标，如果互换其分子、分母后所得的结果为逆指标，计算如下：

$$人口密度 = \frac{面积总量指标}{人口总量指标} = \frac{830\,000}{9678.521} = 85.76(公里^2/千人)$$

强度相对指标可以用来反映事物的密度和普遍程度，反映一个国家或地区的经济实力，还可以用来研究社会经济效益。它带有平均的意义，但不是平均数。

5.　动态相对指标

动态相对指标又称动态相对数，它是将同一现象在不同时期的两个数值进行对比而得出的相对数，借以表明现象在时间上发展变动的程度，通常以百分数或倍数表示，也称为发展速度。计算公式为

$$动态相对指标（\%）= \frac{报告期指标数值}{基期指标数值} \times 100\%$$

式中，基期是指作为对比的基础时期，报告期是统计所主要研究和说明的时期，又称计算期。

因为动态相对指标又称发展速度，所以增长速度（%）=发展速度-1（或 100%）。

【例 4-5】2019 年我国粮食总产量为 66 384 万吨，2018 年为 65 789 万吨，如果把 2018 年选作基期，则 2019 年的粮食总产量与 2018 年的粮食总产量对比，得出动态相对指标为

$$发展速度\,(\%) = \frac{66\,384}{65\,789} \times 100\% = 100.9\%$$

$$增长速度 = 发展速度 - 1 = 100.9\% - 100\% = 0.9\%$$

计算结果表明，我国粮食产量 2019 年与 2018 年相比的发展速度为 100.9%，产量增长了 0.9%。

6. 计划完成程度相对指标

计划完成程度相对指标又称计划完成相对数，是用来检查、监督计划执行情况的相对指标。它以现象在某一段时间内的实际完成数与计划任务数对比，来观察计划完成程度，常用百分数表示。计算公式为

$$计划完成程度相对指标\,(\%) = \frac{实际完成数}{计划任务数} \times 100\%$$

计划完成程度相对指标用于检查计划的完成情况，它必须以计划任务数为标准，用实际完成数与计划任务数对比，从而确定计划的完成程度。因此，分子指标与分母指标不得互换位置。

计划完成程度相对指标的计算，要求分子与分母的指标含义、计算口径、计算方法、计量单位以及时间长度和空间范围应该完全一致。

计划完成程度相对指标在实际工作中应用较为广泛。但是由于制订计划时，其计划任务数的表现形式既可以是总量指标，也可以是相对指标，还可以是平均指标，在具体计算时，分子指标也必须用总量指标或相对指标或平均指标与之对比计算。

1）当计划指标为总量指标时，计算计划完成程度相对指标。这是计算计划完成程度相对指标的基本方法，其计算公式为

$$计划完成程度相对指标\,(\%) = \frac{实际水平}{计划水平} \times 100\%$$

【例 4-6】某企业 2019 年产值计划为 5000 万元，实际执行结果为 5200 万元，则该企业 2019 年产值计划完成程度为

$$产值计划完成程度\,(\%) = \frac{5200}{5000} \times 100\% = 104\%$$

计算结果表明，该企业 2019 年产值计划完成程度为 104%，超额 4% 完成年度产值计划。

由于计划指标的性质不同，对计划完成程度指标的评价也不同。用计划完成程度相对指标检查计划完成或未完成，应视经济指标的性质不同而有不同的评价标准。若计划指标是以最低限额规定的，如产值、产量、销售额、利润、劳动生产率等，一般来说，计划完成程度指标以等于或大于 100% 为好，等于 100% 为刚好完成计划，大于 100% 为超额完成计划，小于 100% 为未完成计划。若计划指标是以最高限额规定的，如原材料消耗量、产品成本、商品流通费等，则计划完成程度以小于或等于 100% 为好，小于 100% 为超额完成计划，大于 100% 为未完成计划。

2）当计划指标为相对指标时，计算计划完成程度相对指标。其计算公式为

$$计划完成程度相对指标\,(\%) = \frac{实际完成\,(\%)}{计划完成\,(\%)} \times 100\%$$

【例4-7】2019年某企业计划规定劳动生产率比上年提高5%，实际提高了8%。则2019年计划完成程度为

$$计划完成程度相对指标（\%）=\frac{1+8\%}{1+5\%}\times100\%=102.86\%$$

计算结果表明，该企业2019年产品成本降低计划完成程度为102.86%，超额2.86%完成劳动生产率提高计划。

类似上述情况，在实际工作中，有时也用相减的方法，即用实际提高率（或降低率）直接减去计划提高率（或降低率），用多提高或多降低几个百分点来表述，含义不同于上述所用方法，二者也不能互相代替。

3）当计划指标为平均指标时，计算计划完成程度相对指标。其计算公式为

$$计划完成程度相对指标（\%）=\frac{实际平均水平}{计划平均水平}\times100\%$$

【例4-8】某企业单位产品成本计划为500元，实际为480元。则计划完成程度为

$$计划完成程度相对指标（\%）=\frac{480}{500}\times100\%=96\%$$

计算结果表明，该企业单位产品成本计划完成程度为96%，超额4%完成计划。

4.2.3　计算和应用相对指标的原则

要使相对指标在统计分析中起到应有的作用，在计算和应用相对指标时应该遵循以下的原则。

1）可比性原则。可比性是指对比的指标在含义、内容、范围、时间、空间和计算方法等口径方面要协调一致，相互适应。这一原则要求在计算和应用相对指标时，首先要选择好对比基数。基数的选择要从统计研究的目的出发，结合被研究对象的特点和性质，以及现象间的相互联系加以确定。同时，还应尽量选择社会与经济发展比较稳定的时期作为对比的基期。例如，计算比较相对指标时，要注意同类指标的计算方法、计算价格是否一致，如国内生产总值是用当年价格还是不变价格计算。

2）定性分析与定量分析相结合原则。要正确计算和运用相对指标，还要注重定性分析与定量分析相结合的原则。要在确定事物性质的基础上，进行数量上的比较或分析，即使是同一种相对指标在不同地区或不同时间进行比较，也必须先对现象的性质进行分析，判断是否具有可比性。同时，通过定性分析，确定两个指标数值的对比是否合理。例如，将不识字人口数与全部人口数对比来计算文盲率，显然是不合理的，因为包括未达学龄的人数和不到接受初中文化教育年龄的人数，这不能如实反映文盲人数在相应的人口数中所占的比重。

3）相对指标和总量指标结合运用原则。这一原则在进行数据的描述与分析时尤为重要。因为总量指标说明现象总体的绝对数量，受总体规模大小的影响，不便于不同总体之间的比较。相对指标将现象的绝对水平抽象化了，又不能说明现象的绝对差异。所以，要把总量指标和相对指标结合运用，既要看到现象的绝对水平，也要分析现象的相对水平，以便更深入地认识现象的实质。例如，我国2019年的国内生产总值为990 865亿元，世界排名第二位；而2019年我国人均国内生产总值70 892元，世界排名第72位，这就要求我们既看到经济发展的成就，也要正视存在的差距，需要集中精力推动高质量发展。

4）各种相对指标综合应用原则。各种相对指标作用不同，每种相对指标只能说明事物的某一方面，社会经济现象各方面的联系错综复杂。因此，为了全面而深入地说明现象及其发展过程的规律性，应该根据统计研究的目的，把多种相对指标结合起来运用。例如，分析企业经营管理状况，可把实际利润与计划利润进行对比，检查利润计划完成情况；把本期实际利润与上期实际利润进行对比，观察利润动态变化情况；把利润与销售额、成本、资金等进行对比，评价企业经济效益的高低等。

4.3 平均指标的计算与分析

4.3.1 认识平均指标

1. 平均指标的概念

平均指标又称平均数，是同类社会经济现象总体内各单位某一数量标志在一定时间、地点条件下所达到的一般水平，是对同质总体各单位某种数量标志值的差异抽象化，从而反映同质总体一般水平的综合指标。它是某一变量数列分布的集中趋势的代表值。

平均指标具有三个显著特点：一是代表性，它是一个代表值，可以代表总体的一般水平；二是抽象性，它将总体单位之间的数量差异抽象化了；三是反映总体分布的集中趋势。

微课：认识平均指标

2. 平均指标的作用

平均指标反映现象在某一空间或时间上的平均数量状况，多用于社会经济统计中，在认识社会经济现象总体数量特征方面有重要作用。

1）利用平均指标可以了解总体的一般水平。例如，评价某班学生学习成绩的优异与否，就是以全体学生的平均成绩为依据的。

2）利用平均指标可以对若干同类现象在不同空间进行比较分析。例如，对于不同国家、不同地区、不同单位的同类现象的水平，由于总体范围的大小不同，通常不能直接进行对比，只有通过计算平均指标才能将不可比的指标变为可比的指标，从而反映现象在空间上的差异。

3）利用平均指标可以研究某一总体数值的平均水平在时间上的变化，说明总体的发展过程和趋势。例如，我国职工的人均收入逐年增长，使人们的生活水平呈现不断提高的趋势。

4）利用平均指标可以分析现象之间的依存关系。例如，将耕地按地形条件或按施肥量等标志进行分组，在此基础上计算各组农作物的收获率，就可以反映出地形好坏或施肥多少与收获率的依存关系。

5）平均指标可作为某些科学预测、决策和某些推算的依据。例如，抽样推断中，样本平均指标可作为推断总体平均指标的依据。

4.3.2　平均指标的种类及计算

1. 平均指标的种类

平均指标按其所属总体的时间范围不同，可以分为静态平均数和动态平均数。静态平均数是将同一范围内总体各单位某一数量标志的数值加以平均所得到的平均数，所以又称一般平均数，如职工平均工资、单位产品成本、平均亩产量等。动态平均数是将某一数量标志在不同时间上的数值加以平均所得到的平均数，又称为序时平均数，如月平均工人数、年平均发展速度等。

根据平均指标计算方法的不同，可以把平均数分为数值平均数和位置平均数。数值平均数是根据总体各单位标志值计算的平均数，主要有算术平均数、调和平均数、几何平均数。位置平均数是根据总体各单位标志值在变量数列中的位置计算的平均数，主要有众数和中位数，它们都属于静态平均数。

2. 平均指标的计算

（1）算术平均数

算术平均数是分析社会经济现象一般水平和典型特征的最基本、最常用的一种平均指标。其基本定义为总体标志总量与总体单位总量之比。计算公式为

$$算术平均数 = \frac{总体标志总量}{总体单位总量}$$

【例 4-9】某企业某月职工工资总额为 180 000 元，职工总人数为 200 人，则该企业该月职工的平均工资为

$$平均工资 = 180\,000 \div 200 = 900（元）$$

算术平均数基本公式中的子项（总体标志总量）与母项（总体单位总量）的口径必须一致，各标志与各单位之间必须具有一一对应的关系，属于同一总体。

1）计算算术平均数的两种形式。

计算算术平均数时，根据所掌握资料的不同，可分为简单算术平均数和加权算术平均数两种形式。

① 简单算术平均数。简单算术平均数就是在所掌握的数据资料未经分组的条件下，直接将总体各单位的标志值相加，除以总体单位数所求得的平均数。其计算公式为

$$\overline{x} = \frac{x_1 + x_2 + x_3 + \cdots + x_n}{n} = \frac{\sum x}{n}$$

式中，$\overline{x}$——简单算术平均数；

x——各单位标志值；

n——总体单位总量；

$\sum$——总和符号。

【例 4-10】某车间 7 名工人，日生产零件分别为 16、14、18、21、23、19、18 件，试问该车间零件日均产量。

$$平均日产量（\overline{x}）= \frac{\sum x}{n} = \frac{16+14+18+21+23+19+18}{7} = 18.4（件）$$

该车间日平均生产零件 18.4 件，它代表这个车间日生产零件的一般水平。

上述计算结果表明，简单算术平均数的大小只受总体各单位标志值大小的影响。简单算术平均数计算方法简便，其应用的前提条件是总体内没有进行分组或分组中各个标志值出现的次数相同。

② 加权算术平均数。当总体已经分组且各个标志值出现的次数不同时，就必须计算加权算术平均数。加权算术平均数是先计算出各组的标志总量，再加总求得总体标志总量，然后除以总体单位数而计算得到的平均数。其计算公式为

$$\bar{x} = \frac{x_1 f_1 + x_2 f_2 + x_3 f_3 + \cdots + x_n f_n}{f_1 + f_2 + f_3 + \cdots + f_n} = \frac{\sum xf}{\sum f}$$

式中，f——各组的次数。

【例 4-11】某商场鞋帽部有 16 名职工，按日销售额分组，得到的变量数列资料见表 4-2，试计算职工平均日销售额。

表 4-2　某商场鞋帽部职工销售额资料

日销售额（x）/元	职工人数（f）/人	日销售额（xf）/元
2 200	2	4 400
2 600	3	7 800
2 800	4	11 200
3 000	5	15 000
3 200	2	6 400
合计	16	44 800

根据表 4-2 的资料，计算平均日销售额为

$$\bar{x} = \frac{\sum xf}{\sum f} = \frac{2200 \times 2 + 2600 \times 3 + 2800 \times 4 + 3000 \times 5 + 3200 \times 2}{2 + 3 + 4 + 5 + 2}$$

$$= \frac{44\,800}{16} = 2800（元）$$

该计算公式表明，平均数的大小，不仅取决于总体各单位标志值的大小，还受到各单位标志值出现次数的影响。式中的 f 起到权衡轻重的作用，故将其称为权数，将以上的计算方法称为加权算术平均法。

2）计算加权算术平均数的注意事项。

① 权数的引入。通过前面的计算不难发现，简单算术平均数的大小，只受一个因素即变量值本身的影响，当变量值的水平较高时，平均数就较大；反之，平均数就较小。加权算术平均数的大小，却要同时受两个因素的影响，一是变量值本身，二是各个变量值出现的次数。

② 权数的性质。平均数往往靠近次数最多的那个变量值。从例 4-11 中可以看出，权数大的变量值对平均数的影响就大，权数小的变量值对平均数的影响就小。

③ 权数的选择。选择权数的原则是务必使各组的标志值与其出现次数的乘积等于各组的标志总量，并具有实际经济意义。一般来说，在变量数列中，标志值出现的次数就是权数，但也有例外，特别是用相对数或平均数计算加权算术平均数时，要特别注意。

④ 权数的实质。权数对算术平均数的影响，不是决定于权数本身数值的大小，而是决定于权数比重的大小。权数比重作为权数的各组单位数占总体单位数的比重，也叫权数系数。单位数所占比重大的组，其变量值对平均数的影响就越大，反之影响就小。

$$\bar{x} = \frac{\sum xf}{\sum f} = \sum x \cdot \frac{f}{\sum f}$$

式中，$\dfrac{f}{\sum f}$——权数比重。

仍用例 4-11 数据，通过权数比重计算平均值，计算结果是一样的。

$$\sum f = 2 + 3 + 4 + 5 + 2 = 16$$

$$\bar{x} = \sum x \cdot \frac{f}{\sum f} = 2200 \times \frac{2}{16} + 2600 \times \frac{3}{16} + 2800 \times \frac{4}{16} + 3000 \times \frac{5}{16} + 3200 \times \frac{2}{16} = 2800(\text{元})$$

简单算术平均数与加权算术平均数具有内在的联系。当各组的单位数都相等时，各组单位数所占比重也相等，权数就失去权衡轻重的作用，加权算术平均数就等于简单算术平均数。简单算术平均数是加权算术平均数的一个特例。

另外，如果掌握了组距式变量数列数据资料，则应先求出各组变量值的组中值，代表各组变量值，然后按单项式变量数列的方法计算算术平均数。

【例 4-12】某地区某种商品的价格和销售量资料，见表 4-3，根据资料计算三种规格商品的平均销售价格。

表 4-3　某地区某种商品的价格和销售量资料

商品规格	销售价格/元	销售量构成$\left(\dfrac{f}{\sum f}\right)$/%	组中值（x）	$x \cdot \dfrac{f}{\sum f}$
甲	20~30	20	25	5.0
乙	30~40	50	35	17.5
丙	40~50	30	45	13.5
合计	—	100	—	36.0

计算平均销售价格如下：

$$\bar{x} = \sum x \cdot \frac{f}{\sum f} = 36(\text{元})$$

（2）调和平均数

在社会经济统计中，往往由于缺少总体单位数资料，不能直接采用算术平均数的方法计算平均数，这时就需要将算术平均数的形式加以改变。调和平均数是各单位标志值倒数的算术平均数的倒数，又称倒数平均数。一般有简单调和平均数和加权调和平均数两种。

1）简单调和平均数。简单调和平均数是各个标志值倒数的简单算术平均数的倒数。在各标志值相应的标志总量均为一个单位的情况下求平均数时，应计算简单调和平均数。其计算公式为

$$H = \frac{n}{\dfrac{1}{x_1} + \dfrac{1}{x_2} + \dfrac{1}{x_3} + \cdots + \dfrac{1}{x_n}} = \frac{n}{\sum \dfrac{1}{x}}$$

式中，H——调和平均数；

　　x——各变量值（即标志值）；

　　n——变量值的个数。

【例 4-13】市场上某种蔬菜价格早市为 0.80 元/千克，中午为 0.75 元/千克，晚市为 0.60 元/千克。某人在早、午、晚各买 1 元的该蔬菜，则平均每千克的价格为

$$H = \frac{n}{\sum \frac{1}{x}} = \frac{3}{\frac{1}{0.80} + \frac{1}{0.75} + \frac{1}{0.60}} = \frac{3}{4.25} = 0.71(元)$$

2）加权调和平均数。加权调和平均数是各个标志值倒数的加权算术平均数的倒数。在实际工作中各标志值相应的标志总量往往是不等的，在这种情况下求平均数时，应计算加权调和平均数。其计算公式为

$$H = \frac{m_1 + m_2 + m_3 + \cdots + m_n}{\frac{m_1}{x_1} + \frac{m_2}{x_2} + \frac{m_3}{x_3} + \cdots + \frac{m_n}{x_n}} = \frac{\sum m}{\sum \frac{m}{x}}$$

式中，m——总体各组标志总量；

　　x——总体各组标志值；

　　$\sum m$——总体标志总量。

【例 4-14】某工厂购进三批材料，每批价格及采购金额见表 4-4 所示，计算这三批材料的平均价格。

表 4-4　某工厂购进材料情况

批次	价格（x）/（元/千克）	采购金额（m）/元	数量（m/x）/千克
第一批	35	10 000	286
第二批	40	20 000	500
第三批	45	15 000	333
合计	—	45 000	1 119

$$H = \frac{\sum m}{\sum \frac{m}{x}} = \frac{10\ 000 + 20\ 000 + 15\ 000}{\frac{10\ 000}{35} + \frac{20\ 000}{40} + \frac{15\ 000}{45}} = 40.21(元)$$

通过计算，可以看出加权调和平均数实质上是加权算术平均数的变形使用，二者只是形式上的不同，其经济内容是一致的，都是反映总体标志总量与总体单位总量的比值。计算时，可根据所掌握资料的不同，选择加权算术平均数或加权调和平均数。如果我们掌握了各个标志值和各组的单位数或比重，则应采用加权算术平均法计算；如果我们掌握了各个标志值和各组标志总量，则应采用加权调和平均法计算。

（3）几何平均数

几何平均数是 n 个变量值连乘积的 n 次方根求得的平均数。当现象存在"总比率等于各个比率的连乘积"这种关系时，就需要采用几何平均数的方法计算平均数。几何平均数作为一种特殊的平均数，主要用于平均比率和平均速度的计算。

设有 n 个变量值，$x_1, x_2, x_3, \cdots, x_n$，由几何平均数定义可得出简单几何平均数的计算公

式为

$$G = \sqrt[n]{x_1 \cdot x_2 \cdots x_n} = \sqrt[n]{\prod x}$$

式中，G——几何平均数；

$\prod$——连乘符号。

【例 4-15】 某机械厂生产机器，设有毛坯、粗加工、精加工、装配四个连续作业的车间，各车间某批产品的合格率分别为 96%、93%、95%、97%。求各车间制品平均合格率。

由于全厂产品的总合格率并不等于各车间制品的合格率总和，后续车间的合格率是在前一车间制品全部合格的基础上计算的。全厂产品的总合格率应等于各车间制品合格率的连乘积，所以不能采用算术平均数和调和平均数公式计算平均合格率，而应用几何平均法来求。

$$G = \sqrt[n]{\prod x} = \sqrt[4]{96\% \times 93\% \times 95\% \times 97\%} = 95.24\%$$

在实际应用中，几何平均数主要用于计算社会经济现象的平均发展速度和平均增长速度，例如，计算"十三五"期间我国国内生产总值平均每年的发展速度和增长速度，就是用几何平均法计算得出。这部分内容将在模块 7 "动态分析"专门讲述，此处从略。

（4）众数

数值平均数易受极大值或极小值的影响，当数据中出现极端值的情况下，其代表性就会减弱，此时，用位置平均数反映社会经济现象的一般水平比数值平均数更具有代表性。

众数是指总体中出现次数最多的标志值，或者说是频率最高的那个数值，一般用 M_0 表示。众数具有以下几个特点。

1）由于众数是根据变量值出现的次数确定的，不需要通过全部变量值来计算，它不受极端值的影响。

2）在组距数列中，各组分布的次数受组距大小的影响，根据组距数列确定众数时，要保证各组组距相等。

3）在一个次数分布中有几个众数，称为多重众数，此时说明总体内存在不同性质的事物。

实际工作中，有时为了方便，常用众数表示社会经济现象的一般水平。例如，为了掌握农贸市场某种农副产品的价格水平，不必全面登记该商品的全部成交量、成交额加以对比计算，只要用该市场当日成交量最多的价格作为代表，这种价格就是众数价格。又如，了解某班某学科的学习成绩，可用该班学生最普遍的成绩代表一般水平。

当变量数列中没有明显的集中趋势或所有变量值出现的次数一样多时，则无众数可言；如果有两个变量值出现的次数一样多时，则属于复众数。

确定众数的方法需要根据所掌握的资料来确定。首先要将数据资料进行分组，编制变量数列，然后根据变量数列的不同种类采用不同的方法。

1）单项式数列确定众数。在单项式数列情况下，确定众数比较简单，只需要观察找出次数出现最多的那个标志值即可。例如，某市 2020 年 1 月 1~10 日的气温值分别是-3、-2、0、-1、-1、-1、1、-1、0、2（单位：摄氏度），其中-1 出现了 4 次，出现次数最多，即该组单项数列的众数为-1。

2）组距式数列确定众数。根据组距式数列确定众数，需采用插补法，先确定众数组，然后计算众数的近似值。

【**例4-16**】2018年某地区职工家庭人均月消费资料，见表4-5。

表4-5　2018年某地职工家庭人均月消费资料

人均月消费/元	家庭户数/户
300 以下	260
300～400	660
400～500	1800
500～600	3200
600～700	2000
700～800	1000
800～900	800
900～1000	600
1000 以上	400
合计	10 720

从表4-5中的家庭户数列可知，家庭户数最多的是3200户，它所对应的人均月消费为500～600元。因此，500～600元这一人均月消费组就是众数组，它反映了人均月消费的一般水平。然后利用下限公式或上限公式计算众数的近似值。

下限公式为

$$M_0 = L + \frac{\Delta_1}{\Delta_1 + \Delta_2} \times i$$

上限公式为

$$M_0 = U - \frac{\Delta_2}{\Delta_1 + \Delta_2} \times i$$

式中，M_0——众数；

U——众数组的上限；

L——众数组的下限；

Δ_1——众数组次数与前一组次数之差；

Δ_2——众数组次数与后一组次数之差；

i——组距。

根据表4-5中的资料，将有关数字代入下限公式，得到众数的近似值为

$$M_0 = 500 + \frac{1400}{1400 + 1200} \times 100 = 553.85 (\text{元})$$

（5）中位数

中位数是指将总体各单位标志值按大小顺序排列后，处于中间位置的那个标志值。由于它的位置居中，其数值不受极端数值的影响，也能表明总体各单位标志值的一般水平。

根据所掌握资料的不同，中位数的确定方法有两种，即根据未分组资料确定中位数和根据分组资料确定中位数。

1）未分组资料确定中位数。首先，将掌握的数据资料按标志值由小到大或由大到小的顺序进行排列，然后确定中位数所在的位置，与中位数所在位置相对应的标志值即为中位数。中位数位置计算公式为

$$中位数位置 = \frac{n+1}{2}$$

如果标志值的项数是奇数，那么处于中间位置的那个标志值就是中位数。

例如，某班组有 7 名工人，日生产零件数分别为 16、17、18、20、21、22、23 件，则中位数所在位置为第 4 位[（7+1）/2]，第 4 位所对应的标志值，即 20 件就是中位数，它代表了这 7 名工人日生产零件数的一般水平。

如果标志值的项数是偶数，那么处于中间位置左右两侧的标志值的算术平均数就是中位数。假如上述班组还有 1 名学徒工人，日生产零件为 14 件，那么他们生产零件数按顺序排列为 14、16、17、18、20、21、22、23 件。此时中位数的位置为第 4.5 位[（8+1）/2]，则中位数为 19 件[（18+20）/2]，即第 4 位和第 5 位所对应的标志值的算术平均数。

2）分组资料确定中位数。

① 根据单项数列确定中位数。根据单项数列确定中位数，要考虑标志值的分布情况，按一定方法计算累计次数（向上累计和向下累计）。

确定中位数的基本步骤：第一步，确定中位数的位置，中位数位置 $= \sum f / 2$；第二步，根据累计次数确定中位数所在的组，即中位数组；第三步，确定中位数的值，中位数组的标志值即为中位数。

【例 4-17】某学院 2018～2019 学年共有 30 名同学获得奖学金，其分布情况见表 4-6。

表 4-6 学生奖学金分布情况计算表

奖学金金额/元	人数（f）/人	累计人数/人	
		向上累计	向下累计
300	3	3	30
500	6	9	27
800	8	17	21
1000	7	24	13
1500	6	30	6
合计	30	—	—

由表 4-6 资料计算得中位数位置为 $\sum f / 2 = 30 / 2 = 15$，根据向上累计或向下累计总人数分析，中位数是在第三组，该组为中位数组，则该组标志值 800 元就是中位数。

② 根据组距式数列确定中位数。确定中位数的基本步骤：第一步，确定中位数的位置，中位数位置 $= \sum f / 2$；第二步，根据累计次数确定中位数所在的组，即中位数组；第三步，采用比例插入法，用下限公式或上限公式求得中位数的近似值。一般用以下两个公式估算中位数值。

下限公式为

$$M_e = L + \frac{\frac{\sum f}{2} - S_{m-1}}{f_m} \times i$$

上限公式为

$$M_e = U - \frac{\frac{\sum f}{2} - S_{m+1}}{f_m} \times i$$

式中，M_e——中位数；

      L——中位数所在组的下限；

      U——中位数所在组的上限；

      S_{m-1}——中位数所在组前一组的向上累计次数；

      S_{m+1}——中位数所在组后一组的向下累计次数；

      f_m——中位数所在组的次数；

      i——中位数所在组的组距；

      $\sum f$——总次数。

【例4-18】某市国有工业企业2019年产值统计数据分布情况见表4-7。

表4-7　某市国有工业企业2019年产值统计数据分布情况

产值/万元	国有工业企业数/家	累计国有工业企业数/个	
		向上累计	向下累计
5 000 以下	4	4	30
5 000～15 000	9	13	26
15 000～25 000	8	21	17
25 000～35 000	5	26	9
35 000 以上	4	30	4
合计	30	—	—

第一步，确定中位数所在的位置。

$$中位数位置 = \frac{\sum f}{2} = \frac{30}{2} = 15$$

第二步，结合向上（向下）累计次数确定中位数所在的组，即中位数在产值为 15 000 万～25 000 万元的这一组。

第三步，运用下限或上限公式进行计算，以求得近似的中位数数值。

按下限公式可得中位数为

$$M_e = 15\,000 + \frac{15 - 13}{8} \times 10\,000 = 17\,500(万元)$$

3. 计算和应用平均指标应注意的问题

（1）平均指标必须应用于同质总体

社会经济现象总体的同质性是计算和应用平均指标的基本要求。要使平均指标真正成为反映现象总体数量特征的代表值，它就不能随便对任何现象总体都进行计算，而只能对同质总体加以计算。例如，在计算职工工资收入变化时，如果把外来务工人员的收入与企业高层管理人员的收入合在一起求平均收入，则平均结果不能反映真实的工资收入变化。只有在同质总体基础上计算和应用平均数，才能具有真实的社会经济意义。

（2）用组平均数补充说明总平均数

总平均数可以反映总体的一般水平，却掩盖了内部各组成部分的数量差异。在分析现象总体的一般水平时，用组平均数补充说明总平均数，才能正确认识事物的实质。

例如，甲、乙两家企业工人月工资收入资料见表4-8，甲企业工人月总平均工资为2240元，乙企业是2140元，甲企业工人月平均工资高于乙企业。但从分组计算平均工资看，乙企业高于甲企业。原因是两家企业技术工人和普通工人比重不同，运用平均指标进行分析，不仅要看到总平均数的差异，还要看到各组水平的差异，注意用组平均数来补充说明总平均数。

表4-8　甲、乙两家企业工人月工资收入资料

组别	甲企业				乙企业			
	工人数/人	比重/%	工资总额/元	平均工资/元	工人数/人	比重/%	工资总额/元	平均工资/元
技术工人	200	80	500 000	2 500	120	60	324 000	2 700
普通工人	50	20	60 000	1 200	80	40	104 000	1 300
合计	250	100	560 000	2 240	200	100	428 000	2 140

（3）用分配数列补充说明总平均数

平均数代表现象总体的一般水平，是总体单位标志值的抽象化，但它掩盖了总体各单位标志值间的差异，也掩盖了总体内部各单位的分布情况。为了深入对现象的研究，还要结合原来的分配数列具体分析总体内部结构变化，补充说明总平均数。例如，某集团公司某年利润总平均计划完成程度为108%，下属企业利润计划完成程度见表4-9。

表4-9　某集团下属企业利润完成程度

利润计划完成程度/%	企业数/家
80 以下	1
80～90	2
90～100	3
100～110	9
110 以上	5
合计	20

从表4-9可以看出，20家企业利润平均计划完成程度为108%，说明该集团超额完成了计划。但是从分配数列资料看，该集团有30%（6家企业）的企业未完成计划，其中有1家企业利润计划完成程度没有达到80%。

小案例：2020 年春季青岛平均招聘薪酬出炉

4.4　标志变异指标的计算与分析

4.4.1　认识标志变异指标

1. 标志变异指标的概念

标志变异指标是指反映总体中各单位标志值差异程度的综合指标，又称标志变动度。平均指标表现为总体各单位标志值的一般水平，反映各单位标志值的集中趋势。标志变异

指标表现为总体各单位标志值的变异程度，反映各单位标志值的离中趋势。只有将两者结合起来，才能更加全面、深入地认识所研究现象的总体。

2. 标志变异指标的作用

1）标志变异指标能够反映平均数代表性的大小。

一般地说，标志变异指标越大，说明标志值之间的差异大，平均数的代表性越小；标志变异指标越小，说明标志值之间的差异小，平均数的代表性越大。

【例4-19】有三组工人的年龄（单位：岁）如下：

$$甲组：20，20，20，20，20 \qquad \bar{x}=20$$
$$乙组：19，19，20，20，22 \qquad \bar{x}=20$$
$$丙组：17，18，19，21，25 \qquad \bar{x}=20$$

三组工人的平均年龄都是20岁，但各组年龄差异程度不一样，甲组年龄无差异，即变动度为0岁。乙组的变动度为3岁（22-19）。丙组的变动度最大为8岁（25-17）。因此，用平均年龄20岁去代表各组工人的年龄，其代表性是不一样的。

2）标志变异指标可以反映社会经济活动过程的均衡性、节奏性和稳定性。

标志变异指标值越小，现象变动越均匀，越协调、稳定；标志变异指标值越大，现象变动越不均匀，越不协调、不稳定。

例如，有两个乡的水稻平均单产都是400千克，甲乡的水稻单产在350～450千克的地块，占播种面积的60%，而乙乡在350～450千克的地块，只占播种面积的30%，显然，在这种情况下，甲乡的收获量是比较稳定可靠的。所以，在计算平均数之后，还应该测定标志的变动度。

3）标志变异指标可以用来确定统计推断的准确程度。

标志变异指标大，要抽较多的单位，用来保证样本指标的代表性好；标志变异指标越小，则可只抽取必要单位，以减少调查费用。

4.4.2 标志变异指标的种类及计算

标志变异指标一般有全距、平均差、标准差、变异系数等。

1. 全距

全距是指总体各单位标志值中两个极端数值即最大值与最小值之差，用 R 来表示。

未分组资料或单项式数列中全距的计算公式为

$$R=最大标志值-最小标志值$$

分组资料中全距的计算公式为

$$R=最高组的上限-最低组的下限$$

以例4-19的资料为例，计算全距如下：

$$甲组：R=20-20=0（岁）$$
$$乙组：R=22-19=3（岁）$$
$$丙组：R=25-17=8（岁）$$

三组平均年龄均为20岁，但从全距来看，丙组的变异程度最大，甲组的变异程度最小。全距反映了总体各单位标志值的变动范围。它的优点是计算简便，意义明确，能准确地反映总体中两极的差距。在工业企业的产品质量管理、证券市场的行情分析等方面有着广泛的应用。但由于全距仅表示总体各单位标志值的变动范围，只考虑两个极端值，没有包括中间各标志值的变异情况，也无法反映变量数列的次数分布情况，是对变异程度较为粗略的反映。因此，它不能很好地反映平均指标的代表性，其应用有较大的局限性。

2. 平均差

平均差是总体各单位标志值与其算术平均数离差的绝对值的算术平均数，用符号 AD来表示。计算平均差的目的是测算各单位标志值与其算术平均数离差的一般水平。因为离差有正有负，还可能是零，所以为了避免离差加总过程中的正负抵消，计算平均差时要取离差的绝对值。

根据所掌握资料的不同，平均差可分为简单平均差和加权平均差。

（1）简单平均差

如果掌握的资料是未分组资料，可计算简单平均差。一般分为两个步骤：第一步，求各单位标志值与其算术平均数离差的绝对值；第二步，将离差的绝对值之和除以项数。

简单平均差的计算公式为

$$AD = \frac{\sum |x - \bar{x}|}{n}$$

【例 4-20】某班有 20 名学生，按性别分成两组，同时该班某门课程的期中测验成绩见表 4-10。

表 4-10　某班某门课程期中测验成绩

女学生组		男学生组	
成绩（x）	离差绝对值（$\lvert x-\bar{x}\rvert$）	成绩（x）	离差绝对值（$\lvert x-\bar{x}\rvert$）
68	12	60	20
70	10	62	18
72	8	63	17
76	4	65	15
80	0	76	4
82	2	88	8
85	5	95	15
88	8	96	16
89	9	97	17
90	10	98	18
合计	68	合计	148

女学生组：

$$\bar{x} = \frac{\sum x}{n} = \frac{68 + 70 + 72 + 76 + 80 + 82 + 85 + 88 + 89 + 90}{10} = 80（分）$$

$$AD = \frac{\sum |x - \bar{x}|}{n} = \frac{68}{10} = 6.8（分）$$

男学生组：

$$\bar{x} = \frac{\sum x}{n} = \frac{60 + 62 + 63 + 65 + 76 + 88 + 95 + 96 + 97 + 98}{10} = 80（分）$$

$$AD = \frac{\sum|x - \overline{x}|}{n} = \frac{148}{10} = 14.8(\text{分})$$

可见，女学生组成绩的平均差为 6.8 分，男学生组的平均差是 14.8 分，男学生组成绩的平均差明显地大于女学生组，说明女学生组平均成绩的代表性要大于男学生组平均成绩的代表性。

（2）加权平均差

如果掌握的是分组资料，则可计算加权平均差。其计算公式为

$$AD = \frac{\sum|x - \overline{x}|f}{\sum f}$$

【例 4-21】某商场食品部职工日销售额数据见表 4-11，计算加权平均差。

表 4-11　某商场食品部职工日销售额数据

日销售额（x）/元	职工人数（f）/人	离差绝对值（$|x - \overline{x}|$）	日销售总额（xf）/元	离差绝对值加权（$|x - \overline{x}|f$）
2 200	2	600	4 400	1 200
2 600	3	200	7 800	600
2 800	4	0	11 200	0
3 000	5	200	15 000	1 000
3 200	2	400	6 400	800
合计	16	—	44 800	3 600

根据表 4-11 中的资料，加权算术平均数为

$$\overline{x} = \frac{\sum xf}{n} = \frac{44\,800}{16} = 2800(\text{元})$$

加权平均差为

$$AD = \frac{\sum|x - \overline{x}|f}{\sum f} = \frac{3600}{16} = 225(\text{元})$$

计算结果表明，该商场日销售额的加权平均差为 225 元。

一般来说，平均差越大，标志变异程度越大，平均数代表性越小；反之，平均数代表性越大。平均差考虑了研究总体中所有标志值的差异程度，可以准确地综合反映总体的离散程度。但每项平均差的计算必须取绝对值，这就带来了不便于进行数学处理的问题，因而应用较少。在实际工作中，通常以计算标准差来说明标志变异程度的大小。

3. 标准差

标准差也称均方差，标准差的平方称为方差。标准差是总体各单位标志值与其算术平均数离差平方的算术平均数的平方根。用 σ 来表示。根据所掌握资料的不同，标准差可分为简单标准差和加权标准差。

标准差的计算可分为四个步骤：第一步，计算各单位标志值与其算术平均数的离差；第二步，将各离差进行平方；第三步，将离差平方和除以离差项数，计算出方差；第四步，计算方差的平方根，即标准差。

（1）简单标准差

当掌握的资料是未分组资料时，可采用以下公式计算简单标准差。

$$\sigma = \sqrt{\frac{\sum(x-\overline{x})^2}{n}}$$

【例 4-22】仍以例 4-20 某班 20 名学生期中测验成绩为例，说明简单标准差的计算步骤，见表 4-12。

表 4-12　某班学生期中测验成绩

女学生组		男学生组	
成绩（x）	离差平方（x-$\overline{x}$）^{2}	成绩（x）	离差平方（x-$\overline{x}$）^{2}
68	144	60	400
70	100	62	324
72	64	63	289
76	16	65	225
80	0	76	16
82	4	88	64
85	25	95	225
88	64	96	256
89	81	97	289
90	100	98	324
合计	598	合计	2412

根据表 4-12 中资料得知，男、女学生组的平均成绩均为 80 分，其标准差计算如下：

女生组成绩的简单标准差为

$$\sigma = \sqrt{\frac{\sum(x-\overline{x})^2}{n}} = \sqrt{\frac{598}{10}} = \sqrt{59.8} = 7.73（分）$$

男生组成绩的简单标准差为

$$\sigma = \sqrt{\frac{\sum(x-\overline{x})^2}{n}} = \sqrt{\frac{2412}{10}} = \sqrt{241.2} = 15.53（分）$$

计算结果表明，在男、女生平均成绩相等的情况下，女学生组的标准差小于男生组的标准差，说明女学生组的平均成绩代表性好于男学生组。

（2）加权标准差

当掌握的资料是分组资料时，可采用以下公式计算加权标准差：

$$\sigma = \sqrt{\frac{\sum(x-\overline{x})^2 f}{\sum f}}$$

【例 4-23】仍以例 4-21 某商场食品部职工日销售额数据为例，说明加权标准差的计算，见表 4-13。

表 4-13　某商场食品部职工日销售额数据

日销售额 (x) /元	职工人数 (f) /人	日销售总额 (xf) /元	离差 ($x-\bar{x}$)	离差平方 $[(x-\bar{x})^2]$	离差平方加权 $[(x-\bar{x})^2 f]$
2 200	2	4 400	-600	360 000	720 000
2 600	3	7 800	-200	40 000	120 000
2 800	4	11 200	0	0	0
3 000	5	15 000	200	40 000	200 000
3 200	2	6 400	400	160 000	320 000
合计	16	44 800	—	600 000	1 360 000

根据表 4-13 中的资料，加权算术平均数为

$$\bar{x} = \frac{\sum xf}{n} = \frac{44\,800}{16} = 2800(元 / 人)$$

加权标准差为

$$\sigma = \sqrt{\frac{\sum (x-\bar{x})^2 f}{\sum f}} = \sqrt{\frac{1\,360\,000}{16}} = 291.55(元 / 人)$$

标准差一方面具有平均差的优点，即将总体中各单位标志值的差异全部包括在内，可以准确地反映总体的离散程度；同时标准差还避免了求平均差时存在的取绝对值的问题。由于标准差的这些优点，在实际工作中一般都用它来测定总体的离散程度，应用十分广泛。

4. 变异系数

变异系数又称离散系数，是指标志变异指标与其算术平均数的比值。以上所介绍的各种标志变异指标，都与平均指标有相同的计量单位，是反映标志变动度的绝对指标，其数据的大小不仅受标志值之间差异程度的影响，还受标志值本身高低的影响。因此，比较两个总体的标志变异程度、衡量其平均指标的代表性时，如果两个总体的性质不同、计量单位不同或平均水平不同，就不能采用前述的某一标志变异指标直接比较，而应该分析标志变异指标的相对指标，即变异系数。变异系数主要有全距系数、平均差系数和标准差系数等，其中标准差系数应用最为普遍。

标准差系数是标准差与其算术平均数对比的相对数，一般用 V_σ 表示。其计算公式为

$$V_\sigma = \frac{\sigma}{\bar{x}} \times 100\%$$

例如，对甲、乙两个工厂职工的人均月收入情况进行调查，得知甲厂职工人均月收入是 3000 元，标准差是 260 元，乙厂职工人均月收入是 4500 元，标准差是 300 元，那么哪个工厂的平均值代表性更好一些呢？

从标准差的角度来看，甲厂的标准差是 260 元，乙厂的标准差是 300 元，所以甲厂的平均值代表性好于乙厂。但是由于两个厂职工的人均月收入是有差别的，需要计算标准差系数来进行比较。

$$V_{\sigma甲} = \frac{\sigma}{\bar{x}} \times 100\% = \frac{260}{3000} \times 100\% = 8.67\%$$

$$V_{\sigma乙} = \frac{\sigma}{\bar{x}} \times 100\% = \frac{300}{4500} \times 100\% = 6.67\%$$

甲厂的标准差系数为 8.67%，乙厂的标准差系数为 6.67%，说明乙厂职工的人均月收入代表性更好一些。

从以上分析可以看出，变异系数消除了计算单位不同或平均水平高低的影响，反映现象标志值的离散程度，具有广泛的可比性。变异系数越大，说明平均数的代表性越差；相反，变异系数越小，说明平均数的代表性越好。

知识拓展：国内生产总值 & 恩格尔系数

项目实训：数据的描述与分析技能训练

运用综合指标法进行数据的描述与分析

实训任务：在本模块实训中要对模块 3 整理汇总的数据资料，运用综合指标法进行数据的描述与分析。

实训目标：

1）熟悉各类综合指标的特点、应用场合及在经济工作中的地位。

2）掌握总量指标、相对指标、平均指标、标志变异指标的分类及计算方法。

3）能够应用综合指标法对数据进行描述和分析。

实训内容：

1）根据项目实训要求，按照调查方案中确定的分析研究方案，选择恰当的综合指标进行分析。

2）通过实际操作，深刻领会各类综合指标在数据描述与分析中的作用。

3）应用综合指标分析法，以书面报告的形式解释数据分析结果。

实训要求：

1）按照统计岗位分工，对调查整理得到的资料进行认真细致的计算与分析。

2）计算、分析过程要科学合理，能够指导分析工作的顺利实施，得出合理的结论。

实训组织：以小组为单位，由"分析"负责人牵头，组织本项目团队成员集体讨论，确定运用何种综合指标进行分析，按时间要求和质量要求，完成该阶段的统计分析工作。

实训考核：各小组从数据分析的过程、结果、团队合作等方面进行展示。同时进行质量评价，小组自评、他人评价和教师评价相结合，评价标准如下：

学生成绩=小组自评（20%）+他人评价（30%）+教师评价（50%）

展示交流：

1）通过抽签决定各组代表展示的顺序，将本组的统计分析过程在班内进行交流，每组 5 分钟，如有条件，用 PPT 形式展示。

2）本组成员进行补充，其他组成员进行提问、质疑，教师对各组的统计分析活动进行点评，并提出相应的修改意见。

3）由各组成员对本部分内容进行梳理和归纳，教师进行总结和拓展。

4）各组根据教师和同学所提意见进行修改、完善。

5）以书面报告的形式解释数据分析结果。

综合训练 4

一、单项选择题

1. 总量指标数值大小（　　）。
    A. 随总体范围缩小而增大　　　　　B. 随总体范围扩大而增大
    C. 随总体范围扩大而减小　　　　　D. 与总体范围大小无关

2. 总量指标按其说明的总体内容不同，可以分为（　　）。
    A. 时点指标和时期指标　　　　　　B. 报告期指标和基期指标
    C. 实物指标和价值指标　　　　　　D. 总体单位总量和总体标志总量

3. 2019 年，某企业计划降低单位产品成本，其计划完成程度为 95.95%，则该企业 2019 年成本降低计划（　　）。
    A. 超额完成　　　B. 未完成　　　C. 刚好完成　　　D. 无法判断

4. 在相对指标中，主要用有名数来表现指标数值的是（　　）。
    A. 结构相对指标　　B. 比较相对指标　　C. 强度相对指标　　D. 动态相对指标

5. 某年甲地的工业增长速度比乙地高 5%，这是（　　）。
    A. 动态相对指标　　B. 比例相对指标　　C. 强度相对指标　　D. 比较相对指标

6. 在计算加权算术平均数时，其数值的大小（　　）。
    A. 只受各组权数的影响　　　　　　B. 只受各组标志值大小的影响
    C. 无法判断影响因素　　　　　　　D. 受各组标志值和权数的共同影响

7. 在不掌握各组单位数资料，只掌握各组标志值和各组标志总量的情况下，宜采用（　　）。
    A. 加权算术平均数　　　　　　　　B. 几何平均数
    C. 加权调和平均数　　　　　　　　D. 简单算术平均数

8. 权数对算术平均数的影响作用，实质上取决于（　　）。
    A. 作为权数的各组单位数占总体单位数比重的大小
    B. 标志值本身的大小
    C. 各组标志值占总体标志总量比重的大小
    D. 标志值数量的多少

9. 由组距式数列计算算术平均数时，用组中值代表组内变量的一般水平有一个假定条件，即（　　）。
    A. 各组的次数必须相等　　　　　　B. 各组变量值必须相等
    C. 各组变量值在本组内均匀分布　　D. 各组必须是封闭组

10. 对于平均水平不同的总体，不能直接用标准差进行比较，需要计算各自的（　　）再进行比较。
    A. 全距　　　　　B. 平均差　　　　　C. 标准差　　　　　D. 标准差系数

二、多项选择题

1. 下列指标中，属于时期指标的有（　　）。
   A．商品库存额　　B．职工人数　　C．商品销售额　　D．工业总产值
2. 下列指标中，属于时点指标的有（　　）。
   A．某地区某年末人口数　　　　　B．在校学生数
   C．人口死亡数　　　　　　　　　D．设备台数
3. 总量指标的计量单位有（　　）。
   A．实物单位　　B．价值单位　　C．劳动量单位　　D．百分比和千分比
4. 下列统计指标属于强度相对指标的是（　　）。
   A．工人劳动生产率　　　　　　　B．人口密度
   C．人均粮食产量　　　　　　　　D．人均国内生产总值
5. 在相对指标中，分子和分母可以互换的指标有（　　）。
   A．结构相对指标　　B．比较相对指标　　C．比例相对指标　　D．强度相对指标
6. 在相对指标中，属于同一总体数值对比的指标有（　　）。
   A．结构相对指标　　B．动态相对指标　　C．比例相对指标　　D．计划完成相对指标
7. 下面属于平均指标的是（　　）。
   A．人均粮食产量　　　　　　　　B．某班学生平均年龄
   C．全国人均钢产量　　　　　　　D．工人劳动生产率
8. 下面平均指标中，属于数值平均数的是（　　）。
   A．算术平均数　　B．中位数和众数　　C．调和平均数　　D．几何平均数
9. 在变量数列中，在（　　）条件下，加权算术平均数等于简单算术平均数。
   A．各组次数相等　　　　　　　　B．各组次数占总次数的比重相等
   C．各组变量值相等　　　　　　　D．各组次数都是 1
10. 在各种平均指标中，不受极端值影响的平均数是（　　）。
   A．中位数　　B．算术平均数　　C．众数　　D．调和平均数

三、判断题

1. 某企业 2019 年末有生产设备 980 台，是时期指标。　　　　　　（　　）
2. 国民收入中积累额和消费额之比为 3∶1，这是一个比较相对指标。　　（　　）
3. 某单位成本计划在上年的基础上降低 5%，实际降低了 3%，则成本降低计划完成程度为 102.1%，表明该单位超额 2.1%完成了成本降低计划。　　（　　）
4. 某市 2019 年末的人口密度是 128 人/公里^2，这是强度相对指标的正指标。
   （　　）
5. 计算加权算术平均数时，权数只能采用绝对数形式。　　　　　　（　　）
6. 当现象存在"总比率等于各个比率的连乘积"时，宜采用几何平均法计算平均数。
   （　　）
7. 中位数是处于中间位置的平均数，不受极端值的影响。　　　　　（　　）
8. 在变异指标中，全距只受极端值的影响。　　　　　　　　　　　（　　）

9. 任何两个总体都可以采用标准差比较其平均数的代表性。　　　（　　）

10. 总体中各标志值之间的差异程度越大，标准差系数就越小。　　（　　）

四、计算分析题

1. 某企业 3 月生产情况，见表 4-14，计算该企业各车间和全厂产量计划完成程度。

表 4-14　某企业 3 月生产情况　　　　　　　　　　　　单位：万吨

车间	实际产量	计划产量
一车间	440	400
二车间	400	420
三车间	650	500
合计		

2. 某企业所属三个商店 2019 年资料，见表 4-15。

表 4-15　某企业所属三个商店 2019 年资料　　　　　　　　单位：万元

商店名称	2019 年				完成计划/%	2018 年实际零售额	2019 年为2018 年零售额的/%	与甲企业之比/%
	计划		实际					
	零售额	比重/%	零售额	比重/%				
①	②	③	④	⑤	⑥	⑦	⑧	⑨
甲	400		480			300		
乙	250				110	200		
丙			500		80	400		
合计								

要求：填空并指出表中第③、⑥、⑧、⑨各属于哪类相对指标。

3. 某县 2019 年某种粮食作物产量资料，见表 4-16，试根据表内资料计算该县粮食作物平均亩产量。

表 4-16　某县 2019 年某种粮食作物产量资料

产量/（千克/亩）	播种面积比重/%
200 以下	5
200~250	35
250~400	40
400 以上	20
合计	100

4. 某饭店到农贸市场购买三种鱼，每斤单价分别为 8 元、10 元和 12 元，请据此计算：

① 若各买 10 斤，则平均价格是多少？

② 若分别购买 10 斤、15 斤、5 斤，则平均价格是多少？

③ 若各买 20 元，则平均价格是多少？

④ 若分别买 20 元、10 元、30 元，则平均价格是多少？

5. 某批产品的生产要经过四道工序，且要经过四次检验，第一次检验合格率为 90%，第二次检验合格率为 95%，第三次检验合格率为 96%，第四次检验合格率为 98%。

计算：该产品的平均合格率。

6．甲、乙两单位人数及月工资情况，见表 4-17。

表 4-17　甲、乙两单位人数及月工资情况

月工资/元	甲单位人数/人	乙单位人数比重/%
400 以下	4	2
400~600	25	8
600~800	84	30
600~1000	126	42
1000 以上	28	18
合计	267	100

请据此计算：

① 比较甲乙两单位哪个单位工资水平高。

② 说明哪个单位工资更具有代表性。

综合训练 4：参考答案

模块 5 抽 样 推 断

学习目标

◎知识目标

1. 了解抽样调查的含义和特点，掌握抽样调查的步骤。
2. 掌握常用的随机抽样组织方式，了解非随机抽样组织方式。
3. 理解抽样推断中常用的基本概念，掌握抽样平均误差和抽样极限误差的含义及其计算方法。
4. 掌握点估计和区间估计的方法。

◎能力目标

1. 能够根据调查对象的特征，恰当地选用抽样组织方式。
2. 能够应用抽样推断法进行点估计和区间估计。
3. 能够正确合理地确定样本容量。

◎职业素养目标

1. 发展科学思维和理性思维。
2. 增强求知探索的激情，提振做好统计工作的自信心。
3. 培养社会责任感。

学习导引

2019 年住户收支与生活状况调查

（一）调查目的

为全面、准确、及时了解全国和各地区城乡居民收入、消费及其他生活状况，客观监测居民收入分配格局和不同收入层次居民的生活质量，更好地满足研究制定城乡统筹政策和民生政策的需要，为国民经济核算和居民消费价格指数权重制定提供基础数据，依照《统计法》，开展住户收支与生活状况调查（以下简称住户调查）。

（二）调查对象

住户调查对象为中华人民共和国境内的住户，既包括城镇住户，也包括农村住户；既包括以家庭形式居住的户，也包括以集体形式居住的户。无论户口性质和户口登记地，中国公民均以住户为单位，在常住地参加本调查。

（三）调查组织

住户调查由两个部分组成。一是分省住户调查，以省、自治区、直辖市（以下简称省）为总体进行抽样，主要目的是准确反映全国及分省居民收支水平、结构、增长速度、收入分配格局以及政策对居民生活状况的影响。二是分市县住户调查，以市、地、州、盟（以下简称市）及以县、区、县级市、旗（以下简称县）为总体进行抽样，主要目的是准确反映分市县居民收支水平和增长速度，满足政府对市县管理的需要。

国家统计局统一领导住户调查工作，国家统计局各调查总队，负责组织分省住户调查工作，牵头负责本地区分市县住户调查工作。省级统计局要积极配合做好调查制度布置及数据发布等相关工作。各级统计调查部门认真组织实施调查，确保调查数据质量。

（四）调查内容

分省住户调查内容主要包括居民现金和实物收支情况、住户成员及劳动力从业情况、居民家庭食品和能源消费情况、住房和耐用消费品拥有情况、家庭经营和生产投资情况、社区基本情况，以及其他民生状况等。

分市县住户调查中的可支配收入和消费支出汇总指标的名称、分类标准、计算方法必须与本方案规定一致，其他记账项目、问卷项目、汇总指标在不影响收支汇总指标的情况下可适当简化。

（五）样本抽选

样本抽选包括抽样方法设计、县级调查网点代表性评估、调查小区抽选，以及摸底调查、调查住宅抽选、调查户落实等现场抽样工作。

分省住户调查的抽样方法由国家统计局制定。样本量按满足以下代表性需求的标准确定：在95%的置信度下，分省居民及分省分城乡居民人均可支配收入、消费支出以及主要收入项和消费项的抽样误差控制在3%以内（个别人口较少的省在5%以内）。由此汇总生成的全国居民及全国分城乡居民人均可支配收入和消费支出抽样误差控制在1%以内，主要收入项和消费项的抽样误差控制在3%以内。国家统计局使用统一的抽样框，以省为总体，在对县级调查网点代表性进行评估的基础上，采用分层、多阶段随机抽样方法抽选调查住宅，确定调查户。县级调查网点和抽中调查小区原则上五年内保持不变，样本住户应在五年周期内适时轮换。现场抽样工作由各调查总队统一组织。调查小区的变动需经国家统计局批准；调查户的变动需经调查总队批准，并报国家统计局备案。

国家统计局组织各调查总队统一开展分市县住户调查样本的抽选工作，即按照国家规定的抽样框和抽样方法，在分省住户调查样本的基础上，补充抽选提高分市县代表性的扩充样本，共同组成分市县住户调查样本。

（六）数据采集

数据采集包括现场调查、数据录入和初步审核。

住户调查采用日记账和问卷调查相结合的方式采集基础数据。其中，居民现金收入与支出、实物收入与支出等内容主要使用记账方式采集。住户成员及劳动力从业情况、住房和耐用消费品拥有情况、家庭经营和生产投资情况、社区基本情况及其他民生状况等资料使用问卷调查方式采集。为了提高调查配合度，减轻调查负担、增强抗干扰能力、改进调查效率，国家统计局将启动建设住户调查应用系统，改进抽样方案并组织实施新周期调查网点轮换工作，在新周期住户调查样本中推广使用电子化数据采集方式。

调查基础数据包括样本信息、调查户记账数据和问卷调查数据。由市县调查统计机构负责对记账数据进行编码，采用国家统计局编制下发的数据处理程序录入调查基础数据。有条件的地方可使用基于网络的数据采集平台，包括调查户网上记账、单机记账和调查员手持电子终端采集数据。市、县调查统计机构对录入的数据进行初步审核。

（七）数据上报

分省调查样本的基础数据由各调查市、县直接上报各调查总队，经调查总队审核、通过国家统计局内网邮箱上报国家统计局住户调查办公室。

分市县调查中的扩充样本由调查市、县上报调查总队。上报时间和方式由分市县住户调查实施方案规定。

有条件的地方可网上直报，多级共享。

（八）数据处理

数据处理包括数据审核、加权、汇总和评估。

分省住户调查样本和国家调查县所有样本的基础数据由各调查总队直接审核，汇总后提供给省级统计局。分市县调查中的其他扩充样本的基础数据由调查总队负责审核。

全国、省、市、县各级汇总结果根据分户基础数据、采用加权汇总方式生成。

（九）数据发布

分省住户调查结果数据按年度和季度发布，各地不得自行增加发布频率。分市县住户调查结果数据可适当降低发布频率。季度主要发布居民收支数据，其余数据按年度发布。

全国和分省数据由国家统计局发布。调查总队发布分市县数据的时间不得早于国家统计局发布全国和分省数据的时间。按自上而下的顺序依次发布国家、省、市、县数据。

（十）数据质量控制

住户调查实行全过程质量控制。国家统计局建立全过程质量控制制度，规范方案设计，科学抽选样本，认真组织培训，严格流程管理，加强监督检查。每个季度随机抽取6000个调查户进行电话回访，对调查样本代表性进行评估和校准，对基础数据进行审核分析，对各地住户调查专业工作的各个环节进行量化考核。各级调查统计部门要加强调查基础工作，加强对调查过程的各个环节监督、检查和验收，及时、独立上报数据。

（十一）其他

本方案实行全国统一的统计分类标准和编码，各级调查统计部门必须严格执行。

本方案自 2019 年 12 月 1 日开始执行。

本方案由国家统计局负责解释。

（资料来源：上海市统计局，2020. 住房收支与生活状况调查方案[EB/OL].(2020-03-18)[2020-06-16]. http://tjj.sh.gov.cn/2018tjnb/20200330/4be9b9c165e74b5889a8f22333a429f5.html，有改动。）

思考与讨论：

1. 请根据上述资料，说明本次调查的目的、内容和调查对象。

2. 请说明调查主要运用的方式与方法。

模块 5：案例分析

5.1 认识抽样调查

5.1.1 理解抽样调查的含义和特点

1. 抽样调查的含义

抽样调查是一种非全面调查，它是指调查人员按照科学的原理和计算，从若干单位组成的调查总体中抽选一部分样本单位进行调查,并根据调查结果来推断总体数量特征的一种统计调查方式。

微课:认识抽样调查

抽样调查应用十分广泛,如民意调查、市场调查、收视率调查、农产量调查、住户调查、工业企业调查等都离不开抽样调查。例如,为了解股份制企业的生产经营状况,从全国所有股份制企业中抽取一部分企业,详细调查其生产经营相关的项目指标,进而推算所有股份制企业的生产经营状况,这就属于抽样调查。

2. 抽样调查的基本概念

（1）总体和样本

总体又称全及总体,是指所要调查对象的全体,组成总体的各个单位称为总体单位。总体的单位数一般用符号 N 表示。

样本又称抽样总体,是指按照一定的抽样原则,从总体中随机抽取的一部分个体组成的子集合。

例如,我们要研究某市居民购买商品房的支出状况,那么,该市所有购买商品房的家庭就组成研究的总体,而每个购买商品房的家庭就是总体单位,随机抽取 1000 户居民进行调查,这 1000 户居民就组成了一个样本。

对于某一特定研究问题来说,作为推断对象的总体是确定的,而且是唯一的。但因为从一个总体中可以抽取多个样本,所以作为观察对象的样本,不是唯一的,而是可变的。

（2）重复抽样和不重复抽样

重复抽样也称重置抽样、放回抽样、回置抽样等,它是指从总体 N 个单位中随机抽取容量为 n 的样本时,每次抽取一个单位,把结果登记下来后,重新放回,再从总体中抽取下一个样本单位。在这种抽样方式中,同一单位可能有被重复抽中的机会。

不重复抽样也称不重置抽样、不放回抽样、不回置抽样等,它是指从总体 N 个单位中随机抽取容量为 n 的样本时,每次抽取一个单位后,不再放回去,下一次则从剩下的总体单位中继续抽取,如此反复,最终构成一个样本。

（3）样本容量和样本个数

在抽样调查时,样本中的总体单位数称为样本容量,一般用符号 n 表示。所有可能出现的样本的数目称为样本个数。

1）考虑顺序的不重复抽样数目。用考虑顺序的不重复抽样的方法从总体 N 个单位中抽取 n 个单位组成样本,可能得到的样本个数记作 A_N^n ,计算公式为

$$A_N^n = \frac{N!}{(N-n)!} = \frac{N \times (N-1) \times (N-2) \times \cdots \times 1}{(N-n) \times (N-n-1) \times (N-n-2) \times \cdots \times 1}$$

例如,在 A、B、C、D 四个单位组成的总体中,考虑顺序不重复抽取两个单位组成样本,所有可能的样本个数为 12 个,即 AB、AC、AD、BA、BC、BD、CA、CB、CD、DA、DB、DC。

2）考虑顺序的重复抽样数目。用考虑顺序的重复抽样的方法从总体 N 个单位中抽取 n 个单位组成样本,可能得到的样本个数记作 B_N^n ,计算公式为

$$B_N^n = N^n$$

例如，在 A、B、C、D 四个单位组成的总体中，考虑顺序重复抽取两个单位组成样本，所有可能的样本个数为 16 个，即 AA、AB、AC、AD、BA、BB、BC、BD、CA、CB、CC、CD、DA、DB、DC、DD。

3）不考虑顺序的不重复抽样数目。在此条件下从总体 N 个单位中抽取 n 个单位组成样本，可能得到的样本个数记作 C_N^n，计算公式为

$$C_N^n = \frac{N!}{(N-n)!n!} = \frac{N \times (N-1) \times (N-2) \times \cdots \times 1}{(N-n) \times (N-n-1) \times (N-n-2) \times \cdots \times 1 \times n \times (n-1) \times \cdots \times 1}$$

例如，在 A、B、C、D 四个单位组成的总体中，不考虑顺序，采用不重复抽样方法抽取两个单位组成样本，所有可能的样本个数为 6 个，即 AB、AC、AD、BC、BD、CD。

（4）全及指标和样本指标

全及指标是根据总体各单位的标志值或标志属性计算的反映总体数量特征的综合指标。对于总体中的数量标志，可以计算的全及指标有总体平均数 $\bar{X}$、总体方差 σ^2。对于属性总体，由于各单位品质标志不能用数量来表示，可以计算的总体指标有总体成数 P、总体成数方差 σ_P^2。

样本指标是根据抽样总体各单位的标志表现计算的，用来估计总体指标的综合指标。可以计算的样本指标有样本平均数 $\bar{x}$、样本方差 s^2、样本成数 p 和样本成数方差 s_p^2 等。

3. 抽样调查的特点

抽样调查既不同于全面调查，也不同于其他非全面调查。抽样调查具有以下几个特点。

1）调查样本是按随机的原则抽取的，在总体中每一个单位被抽取的机会是均等的，因此，能够保证被抽中的单位在总体中分布均匀，不至于出现倾向性误差，代表性强。

2）抽样调查可以迅速获取信息。由于抽样调查的单位少，能较快地收集所需信息，便于进行统计整理、分析并快速获得调查结论，能够在较短时间内完成统计调查工作，大大节省了调查时间，充分体现了现代统计调查的时效性。

3）抽样调查是通过部分单位指标数值推算总体的数量特征。在总体单位数很大，实际上无法实行普查，或者实验是破坏性的，或者调查对象中有个别对象难以接触时，从总体中抽取一部分单位就能完成调查。

4）抽样调查花费较少。在进行抽样调查时，调查人员仅对总体中少数样本单位进行调查，大大减少了工作量，能够节约大量的人力、财力和物力，从而降低了统计调查的费用。

5）抽样调查的误差，是在调查前就可以根据样本容量和总体中各单位之间的差异程度进行计算，并控制在允许范围以内，调查结果的准确程度较高。

5.1.2 熟悉抽样调查的步骤

抽样调查有比较严格的程序，只有按一定程序进行调查，才能保证统计调查的顺利完成，取得应有的效果。

抽样调查一般分为以下几个步骤。

（1）确定调查对象

根据抽样调查的目的和要求，明确调查对象的内涵、外延及具体

微课：抽样调查的步骤 的总体单位数量，并对总体进行必要的分析，这是抽样调查的前提和

基础。只有准确定义调查总体，才能获得准确的信息。

例如，2019 年住户收支与生活状况调查的研究对象为中华人民共和国境内的住户，既包括城镇住户，也包括农村住户；既包括以家庭形式居住的户，也包括以集体形式居住的户。无论户口性质和户口登记地，中国公民均以住户为单位，在常住地参加本调查。总体中是否要包括一些孤立的人群（如无家可归的人）、是否要包括偏远的群体（如渔民）、是否包括军人等，都需要仔细推敲，这些群体不仅调查成本较高，即便想纳入总体中也非常困难。为达到研究目的，需要选择合适的对象加以研究。

（2）设计和抽取样本

设计样本包括两项具体工作：一是确定样本容量的多少，即样本所包含的部分总体单位的个数。有两种方法，一种是理论方法，给出一定的调查精确度，利用公式计算出满足条件的最小样本量；另一种是在给定调查费用的情况下，按单位调查成本确定最大有效的样本量。在实际操作时，也常采取折中的办法。二是选择具体的抽样方式，它必须根据调查目的和调查总体的具体情况进行选择。样本抽选的方式有简单随机抽样、等距抽样、类型抽样、整群抽样、多阶段抽样等，这部分内容将在"5.2　选择抽样调查的组织方式"专门讲述，此处从略。

（3）搜集样本资料，计算样本指标

搜集样本资料就是根据样本单位的实际情况，选择一种或一种以上的方法搜集资料，对样本单位进行实际调查。在正式开始搜集样本资料之前，一般还会进行试调查来修改完善在最初设计方案时被忽视的地方。在数据收集阶段，需要对抽样的结果和数据收集过程进行监控。

搜集到样本资料后，还要对数据进行处理，包括数据审核、分组、汇总等整理工作，最后完成样本数据的计算分析，得到样本指标。

（4）用样本指标推断总体指标

这是抽样调查的最后一个步骤，也是抽样调查的目的所在。根据样本指标推断总体指标，得到调查对象的数量特征，完成调查目的。值得注意的是，抽样推断要计算抽样误差，同时依据概率论的有关理论，采取一定的组织措施对其加以控制，以保证抽样调查的准确性。

小案例：武汉启动居民新冠病毒
血清流行病学抽样调查

5.2 选择抽样调查的组织方式

抽样调查主要有随机抽样和非随机抽样两大类组织方式。科学地组织抽样调查不但要保证抽样原则的实现，还要在调查费用一定的情况下，选择抽样误差最小的方案；在精确度要求一定的情况下，使调查费用最少，需要根据不同情况选用不同的方法。

5.2.1　随机抽样

随机抽样是指在抽取样本时，不带有任何倾向性，完全按照随机原则抽取样本的方法。所谓随机原则，就是指总体中的每一个单位在一次抽取过程中都有同等的机会被抽取。随机抽样的最大优点是，在根据样本资料推测总体时，可用概率的方式客观地测量推论结果的可靠程度，从而使这种推论建立在科学的基础上。

常用的随机抽样方式包括简单随机抽样、等距抽样、类型抽样、整群抽样和多阶段抽样等。

1. 简单随机抽样

简单随机抽样，也叫纯随机抽样。它是按照随机原则从总体中抽取样本，使总体中每个单位都有同等机会被抽中的一种抽样组织方式。它是抽取样本最基本、最简单的方式。

简单随机抽样一般可采用掷硬币、掷骰子、抽签法、查随机数表法来抽取样本。

抽签法是对总体的每一个调查单位分别编写号码，然后将号码写在标签上混合均匀，随机抽取，直到抽够预定的调查单位数量。

随机数表法是利用特制的摇码机或计算机，自动、随机产生的一组号码。利用随机数表确定调查单位时，首先对总体的每一个调查单位分别编写号码，形成抽样框，根据编号的最大位数确定使用几位随机号码，然后从任一行或列的任意一位号码读取，读到属于编号范围内的数字号码就定下来作为样本单位，直到抽取预定的调查单位数量。

简单随机抽样简单易行、易于掌握，其在理论上最符合随机原则，但在实际应用中有很大的局限性。一是无论用抽签法还是随机数表法取样，都需要事先对总体的各个单位逐一编号，如果抽样推断中的总体单位数很多，编号工作量就会很大；二是当总体各单位标志变异程度较大时，简单随机抽样的代表性就较差。因此，简单随机抽样一般在所调查的总体单位数不多，且各单位标志变异程度较小或对抽样推断要求不高的情况下采用。

2. 等距抽样

等距抽样，又称机械抽样或系统抽样，是将总体各单位按一定标志或次序排列成为图形或一览表式（也就是通常所说的排队），然后按相等的距离或间隔抽取样本单位的一种抽样组织方式。

根据总体单位的排列方法，等距抽样可分为两类：一是按有关标志排队；二是按无关标志排队。所谓有关标志，就是与调查问题直接相关的标志。例如，要调查某市居民的收入情况，如果按照居民收入进行排队，就属于按有关标志排队；如果按照居民的门牌号进行排队就属于无关标志排队。采用有关标志排队会使样本的分布更有代表性，从而减少抽样误差。

采用等距抽样方式，主要应解决以下两个问题。

1）要计算抽样间隔，若 K 表示抽样间隔，N 表示总体单位数，n 表示抽取的样本单位数，则抽样间隔（K）＝总体单位数（N）/样本单位数（n）。

2）要确定起点样本单位，即第一个样本单位。通常的方法可采取在第一组 1～K 个样本单位中随机抽取的方法，也可以在第一组 1～K 个样本单位中采取取中间值的方法，然后，每隔 K 个单位抽取一个样本单位，直到抽够样本为止。

例如，要调查某城区 5000 户居民的社会商品购买力情况，拟抽取 100 户居民进行调查，可先按每户居民收入从低到高进行排队，再计算抽样间隔，$K = \dfrac{N}{n} = \dfrac{5000}{100} = 50$，在第一组 1～50 中随机抽取第一个样本单位，假设抽取了第 2 户居民，然后每隔 50 个单位抽取一个样本，则依次可确定 2,52,102,152,…,4952 为样本单位。

等距抽样的特点是：抽出的单位在总体中是均匀分布的，因而使样本具有更高的代表性，减少了抽样误差；采用机械顺序抽取样本，简单易行。但是，要注意抽样间隔与现象本身所具有的规律不能重叠，否则会加大抽样误差，这种抽样方式比较适合同质性较高的总体。目前我国城乡居民收支等调查较常采用这种方式。

3. 类型抽样

类型抽样，又称分层抽样，就是将总体单位按某一标志分成若干类型或层，然后在各类型或层中随机抽取样本单位的一种抽样组织方式。

类型抽样各类的划分应根据研究的需要进行。例如，在职工收支调查中，先按国有单位、集体单位等经济类型分类，然后在国有单位和集体单位内按国民经济部门分为工业、商业、基建、交通等部门，在国民经济各部门中又进一步分类，再按照所需要研究的问题抽选样本单位。又如，在农业产量调查中，可按地形条件的不同，将调查单位分为平原、丘陵、山区三种类型，然后从各类地形中抽取若干个调查单位。

采用类型抽样需要解决的关键问题是确定每一类别中应抽取的样本单位数量。按照各类之间的抽样比是否相同，类型抽样可分为等比例抽样与非等比例抽样两种方式。

等比例抽样是指分类以后，按各类别中单位数量占总体单位数量的比例分配各类的样本数量，然后用简单随机抽样方式抽取各类别的样本的方式。

非等比例抽样又称类型最佳抽样，是根据各类别基本单位标准差的大小，确定各类中的样本数目的抽样方法。标准差大的组多抽一些单位，标准差小的组少抽一些单位，以减少抽样误差。

类型随机抽样实质上是把科学分组同抽样原理结合起来，通过分类减少标志值之间的差异程度，减少了抽样误差；同时，又通过随机原则，抽出具有代表性的调查样本，保证能得到较准确的推断结果。因此，类型抽样比简单随机抽样和等距抽样更为精确，是较好的一种抽样方式。特别是当总体各单位标志值变异程度很大、单位数目较多时，类型抽样常常能取得令人满意的效果。

4. 整群抽样

整群抽样是先将总体各单位按一定标准划分成若干群（组），然后以群（组）为单位从总体中随机抽取若干群（组），并对被抽中群（组）的所有单位进行全面调查的一种抽样组织方式。

例如，对某城市居民进行生活水平调查，如果不是从全部城市住户中直接抽选住户进行调查，而是以区或居委会为单位，分成若干个群，然后随机抽取若干群，对被抽中的群内各住户进行调查，这就是整群抽样。

整群抽样与前三种抽样方式不同点在于，抽取样本不是一个一个抽取，而是一群一群抽取，调查单位比较集中，调查工作的组织和进行比较方便，可以节省人力、物力和财力，并在短期内得到调查结果，在统计实践中应用也比较广泛。整群抽样的缺点是如果总体单位的标志表现在群间差异过大，群内差异过小，由于样本在总体中太集中，分布不均匀，与其他几种抽样方式比较，样本代表性误差较大，准确性要差些。因此，在总体数量庞大、各群有较好的代表性（即群内差异较大、群间差异较小）时采用这种方式。

5. 多阶段抽样

多阶段抽样是把抽取样本单位的过程分为两个或更多个连续的阶段进行，先从总体中抽选若干个大的样本单位，即第一阶段单位，然后从被抽中的若干大的单位中抽选较小的样本单位，即第二阶段单位，这种抽样就是两阶段抽样，如果第三阶段抽取的单位就是最终样本单位，则称为三阶段抽样。

例如，我国的农业产量抽样调查，一般采用的是五步抽样，第一步从抽中的省中抽县样本（全国的县都有被抽中的机会）；第二步从抽中的县中抽乡样本；第三步从抽中的乡中抽村样本；第四步从抽中的村中抽地块样本；第五步从抽中的地块中抽取小面积的实测单位。

多阶段抽样比整群抽样灵活，在样本容量相同的情况下，多阶段抽样的样本单位在总体中的分布比整群抽样均匀。此外，多阶段抽样可以利用现成的行政区划组织系统作为划分各阶段的依据。目前，我国许多大规模的抽样调查采用这种方式。

5.2.2 非随机抽样

在统计调查活动中，并非所有的调查都可以采用随机抽样。相对于非随机抽样，随机抽样要求调查人员具有熟练的技能与丰富的工作经验，而且花费时间长，费用支出高。所以，在统计调查中也经常采用非随机抽样方式。

非随机抽样是在抽样中不将随机性作为抽样原则，而是根据调查员的主观分析判断抽取样本的抽样方式。非随机抽样方式操作方便，省时省力，使用得当就能对统计调查总体有较好的了解，抽样调查同样能获成功。常用的非随机抽样有偶遇抽样、判断抽样、配额抽样等几种类型。

1. 偶遇抽样

偶遇抽样也称任意抽样、方便抽样，是指调查员把在一定时间、一定环境所遇见的人，作为调查对象选入样本的方法。例如，在街上把行人作为调查对象，任意选择某些人进行访问调查；在超市、车站等公共场所任意选择某些人进行调查等。显然，偶遇抽样调查完全是根据调查员的方便任意选择样本。

偶遇抽样假定总体中的每个总体单位都是相同的，任意选择一个样本进行调查，都可以取得代表总体特征的结果。

偶遇抽样简便易行，可以及时取得所需资料，节省费用和时间。当总体中各单位差异较小时可以采用偶遇抽样。

2. 判断抽样

判断抽样也称主观抽样，是指调查员根据主观判断选取样本的方法。判断抽样在统计调查活动中的应用会有两种基本情形：一种是强调样本对总体的代表性，抽样时必须严格选择对总体有代表性的单位为样本；另一种是注重对总体中某类问题的研究，抽样时必须有目的地选择样本，即选择与所研究问题目的一致的单位作为样本。判断抽样适用于总体小而内部差异不大的情况，以及在总体边界无法确定或因研究者的时间与人力、物力有限时采用。

判断抽样简便易行，可以充分发挥调查人员的主观能动性，特别是当调查人员对研究的现象总体情况比较熟悉时，更能收到满意的效果。但是，这种方法易发生主观判断产生的抽样误差，抽样结果受调查员的倾向性影响大，不能直接对调查总体进行推断。

3. 配额抽样

配额抽样，又称定额抽样，是指依据总体中的某些属性特征将总体划分成若干层，依据各层次样本在总体中的比重分配样本数额，然后由抽样者主观选定样本单位的抽样方法。

配额抽样的假设是分层后调查对象的特征具有同质性，认为同类调查对象中各单位大致相同，差异很小，因此不必按随机原则抽样，只要用偶遇或判断抽样就行了。在调查实践中，采用这种方法简便易行，省时省力，并且能保证样本单位在总体中较均匀分布，调查结果比较可靠。

配额抽样与类型抽样的相似之处：二者都是事先对总体中所有单位按其属性、特征分类，然后分配样本数额。二者区别：类型抽样是按随机原则在各种类型内抽选样本，而配额抽样则是由调查人员在配额内主观判断选定样本。

小案例：全面建成小康社会进程中的人口抽样调查

配额抽样与判断抽样的区别：一是抽取样本的方式不同，配额抽样是从总体的各类别中抽取样本，而判断抽样是从总体中抽取样本；二是抽样方法不同，配额抽样方法复杂，而判断抽样方法则简单易行；三是抽样要求不同，配额抽样注重量的分配，而判断抽样注重质的分配。

5.3 计算与分析抽样误差

与其他调查一样，抽样调查也会遇到调查的误差和偏误问题。通常抽样调查的误差有两种：一种是登记误差（也称工作误差或调查误差），另一种是抽样误差（也称代表性误差）。

登记误差是抽样工作组织不好而导致的，应该采取预防措施。但由于从总体中抽取样本时有多种多样的可能，当取得一个样本时，只要被抽中样本的内部结构与被研究总体的结构有所出入，就会出现或大或小的偶然性的代表性误差，这种误差是无法消除的。但是，抽样调查可以通过抽样设计，通过计算并采用一系列科学的方法，把抽样误差控制在允许的范围内。

5.3.1 理解抽样误差及其影响因素

1. 抽样误差的含义

抽样误差是指在随机抽样中样本指标与总体指标的差异。它是随机抽样的偶然因素使样本各单位的结构不足以代表总体各单位的结构，而引起的抽样指标和总体指标之间的偏差。例如，某地区某年小麦平均亩产 400 千克，而抽样调查得到的平均亩产为 403 千克，则样本指标与总体指标之间的误差为 3 千克。

抽样误差是衡量抽样调查准确程度的指标。抽样误差越大，表明抽样总体对总体的代表性越小，抽样调查的结果越不可靠。反之，抽样误差越小，说明抽样总体对总体的代表

性越大，抽样调查的结果越准确可靠。常见的抽样误差有抽样平均数与总体平均数的绝对离差 $|\bar{x}-\bar{X}|$，抽样成数与总体成数的绝对离差 $|p-P|$。一般用抽样平均误差来说明样本指标和总体指标之间的平均差异程度。

2．影响抽样误差的因素

影响抽样误差大小的因素有以下几个方面。

（1）总体被研究标志的差异程度

其他条件给定的情况下，总体内各单位标志值的差异程度越小，抽样误差就越小。反之，总体内各单位标志值的差异程度越大，抽样误差就越大。

（2）样本单位数目

在其他条件相同的情况下，抽取的样本单位数目越多，样本就越能反映总体的数量特征，抽样误差就越小。反之，抽取的样本单位数目越少，抽样误差则越大。

（3）抽样组织形式

一般来说，简单随机抽样比类型抽样、整群抽样误差大。

（4）抽样方法

在其他条件不变的情况下，不重复抽样下的样本比重复抽样下的样本代表性强，不重复抽样误差比重复抽样误差要小些。

5.3.2　掌握抽样误差的计算与分析

1．抽样平均误差

（1）抽样平均误差的含义

抽样平均误差是反映抽样误差一般水平的指标，是所有可能被抽中的样本指标（平均数或成数）与总体相应指标的平均离差程度，通常用符号 μ 表示。

抽样平均误差是测定抽样误差的基本指标，反映误差平均值的大小，能够说明样本指标代表性的大小。平均误差越大，说明样本指标对总体指标的代表性越差。

（2）抽样平均误差的计算

抽样平均误差的计算，与抽样方法和抽样组织形式有直接关系，不同的抽样方法和抽样组织形式计算抽样平均误差的公式是不同的。在这里以简单随机抽样为例说明其计算方法。

1）在重复抽样的条件下，抽样平均数的平均误差的计算公式为

$$\mu_{\bar{x}} = \sqrt{\frac{\sigma^2}{n}} = \frac{\sigma}{\sqrt{n}}$$

式中，$\mu_{\bar{x}}$——抽样平均数的平均误差；

σ^2——总体平均数的方差；

σ——总体标准差；

n——样本单位数。

在重复抽样的条件下，抽样成数的平均误差的计算公式为

$$\mu_P = \sqrt{\frac{P(1-P)}{n}}$$

式中，μ_P——抽样成数的平均误差；

n——样本单位数；

P——总体成数。

2）在不重复抽样条件下，抽样平均数的平均误差的计算公式为

$$\mu_{\bar{x}} = \sqrt{\frac{\sigma^2}{n}\left(\frac{N-n}{N-1}\right)}$$

当 N 比较大时，$\left(\dfrac{N-n}{N-1}\right)$ 与 $\left(1-\dfrac{n}{N}\right)$ 计算结果十分接近，计算抽样平均误差的公式可采用

$$\mu_{\bar{x}} = \sqrt{\frac{\sigma^2}{n}\left(1-\frac{n}{N}\right)}$$

式中，$1-\dfrac{n}{N}$——修正系数。

在不重复抽样条件下，抽样成数的平均误差的计算公式为

$$\mu_{P} = \sqrt{\frac{P(1-P)}{n}\left(1-\frac{n}{N}\right)}$$

因为 $\left(1-\dfrac{n}{N}\right)$ 小于 1，所以不重复抽样条件下的抽样平均误差小于重复抽样条件下的抽样平均误差。而且当 N 较大时，$\left(1-\dfrac{n}{N}\right)$ 接近于 1，对于计算抽样平均误差所起的作用不大。因而实际工作中不重复抽样有时仍按重复抽样的公式计算。

以上公式中所用的标准差都是总体的标准差，但实际上，无论是在抽样之前，还是在抽样之后，总体的标准差都是未知的。一般地，在实际工作中，可以采用以下方法来代替总体的标准差：一是采用过去同类问题的全面调查或抽样调查的经验数据来代替；二是先组织试验性抽样，用试验样本的标准差来代替；三是在大样本情况下，即 $n \geq 30$ 时，可以采用样本标准差代替总体标准差，用样本成数代替总体成数。

【例 5-1】从某厂生产的 10 000 支日光灯管中随机抽取 100 支进行检查，假如该产品平均使用寿命的标准差为 100 小时，试计算该厂日光灯管平均使用寿命的平均误差。

解：在重复抽样条件下，该厂日光灯管平均使用寿命的平均误差为

$$\mu_{\bar{x}} = \frac{\sigma}{\sqrt{n}} = \frac{100}{\sqrt{100}} = \frac{100}{10} = 10 \text{（小时）}$$

在不重复抽样条件下，该厂日光灯管平均使用寿命的平均误差为

$$\mu_{\bar{x}} = \sqrt{\frac{\sigma^2}{n}\left(1-\frac{n}{N}\right)} = \sqrt{\frac{100^2}{100}\left(1-\frac{100}{10\ 000}\right)} = \sqrt{99} = 9.95 \text{（小时）}$$

【例 5-2】从某厂生产的 10 000 件产品中，随机抽取 1000 件进行调查，测得有 85 件为不合格。试求产品合格率的抽样平均误差。

解：根据条件可知，合格品为 1000-85=915（件），合格率为

$$p = \frac{915}{1000} \times 100\% = 91.5\%$$

由于 $n=1000$ 件，属于大样本，用抽样合格率 91.5% 来代替总体成数 P。

在重复抽样条件下，产品合格率的平均误差为

$$\mu_p = \sqrt{\frac{P(1-P)}{n}} = \sqrt{\frac{0.915 \times (1-0.915)}{1000}} \times 100\% = 0.88\%$$

在不重复抽样条件下，产品合格率的平均误差为

$$\mu_p = \sqrt{\frac{P(1-P)}{n}\left(1-\frac{n}{N}\right)} = \sqrt{\frac{0.915 \times (1-0.915)}{1000} \times \left(1-\frac{1000}{10\,000}\right)} \times 100\% = 0.84\%$$

在实践中，为了有效地控制样本指标与总体指标之间的误差，更准确地推断总体指标，往往可以通过加大样本单位数（样本容量）的办法，或对总体采用类型抽样的办法控制抽样误差。

2．抽样极限误差

（1）抽样极限误差的含义

抽样极限误差就是根据研究目的所确定的允许的误差范围。用样本指标推断总体指标时，样本指标和总体指标之间总会有一定的差距，在进行抽样推断时，应该根据所研究对象的变异程度和分析任务的需要确定允许的误差范围，希望总体平均数落在抽样平均数的范围内，总体成数落在抽样成数的范围内，这就是抽样极限误差的问题。

（2）抽样极限误差的计算

1）抽样平均数的抽样极限误差计算公式为

$$\Delta_{\bar{x}} = t\mu_{\bar{x}}$$

2）抽样成数的抽样极限误差计算公式为

$$\Delta_p = t\mu_p$$

式中，$\Delta_{\bar{x}}$——抽样平均数的抽样极限误差；

Δ_p——抽样成数的抽样极限误差；

$\mu_{\bar{x}}$——抽样平均数的抽样平均误差；

μ_p——抽样成数的抽样平均误差；

t——抽样误差的概率度。

概率度 t 表明极限误差范围为抽样平均误差的若干倍，是测量估计可靠程度的一个参数。

由于样本指标随着样本的变动而变动，它本身是一个随机变量，样本指标和总体指标的误差仍然是一个随机变量。因此，就有必要计算样本指标落在一定区间范围内的概率，这种概率称为抽样估计的概率保证程度 $F(t)$。概率论和数理统计证明，概率度 t 与概率保证程度 $F(t)$ 存在着一定的函数关系。给定 t 值，就可以计算出 $F(t)$ 来；相反，给出一定的概率保证程度 $F(t)$，也可以获得对应的 t 值。

几个常用的概率度 t、概率保证程度 $F(t)$ 的对应关系见表 5-1。

表 5-1　常用概率度与概率保证程度的对应关系

概率度 t	1.00	1.50	1.64	1.96	2.00	2.58	3.00
概率保证程度 $F(t)$ /%	68.27	88.64	90.00	95.00	95.45	99.00	99.73

在例 5-1 中，若以 95.45% 的概率保证程度，则概率度 $t=2$，那么，抽样极限误差为

$$\Delta_{\bar{x}} = t\mu_{\bar{x}} = 2 \times 10 = 20 \text{（小时）}$$

5.4 进行抽样估计

抽样估计是指利用实际调查的样本指标数值估计相应的总体指标数值的方法。由于总体指标是表明总体数量特征的参数，如总体平均数、总体成数等，抽样估计也称为参数估计。抽样估计分为点估计和区间估计两种方法。

5.4.1 点估计

点估计是以抽样指标数值直接作为总体指标估计值的一种估计方法，如图 5-1 所示。

图 5-1 点估计示意图

例如，对某种型号的电子元件 10 000 只进行耐用时间检查，随机抽取 100 只，测试的平均耐用时间为 1055 小时，合格率为 98%，我们推断这 10 000 只电子元件的平均耐用时间为 1055 小时，全部电子元件的合格率也是 98%。

点估计的优点是简便易行，原理直观，但不很实用。因为，抽样估计中抽样指标完全等于总体指标的可能性极小，它没有表明抽样估计的误差，也没有表明误差在一定范围内的概率保证程度。要解决这个问题，就必须采用区间估计方法。

5.4.2 区间估计

区间估计是根据样本指标和极限误差确定出总体指标在相应的概率保证程度 $F(t)$ 下可能落入的区间范围，作为估计总体指标落入的范围。用数学公式简洁地表示区间估计为

$$样本指标 - 极限误差 \leqslant 总体指标 \leqslant 样本指标 + 极限误差$$

1）总体平均数的估计区间为

$$\bar{x} - t\mu_{\bar{x}} \leqslant \bar{X} \leqslant \bar{x} + t\mu_{\bar{x}}$$

即在概率保证程度为 $F(t)$，概率度为 t 的情况下，总体平均数的数值落入的范围。

2）总体成数的估计区间为

$$p - t\mu_{p} \leqslant P \leqslant p + t\mu_{p}$$

从逻辑上讲，区间越大，总体指标值落入估计区间的把握越大；相反，区间越小，总体指标落入估计区间的把握相对就小。

按照上述关系式，根据样本指标、概率度和抽样平均误差，就可以对总体参数作出具有一定可靠程度的区间估计。

一般来说，对总体指标进行区间估计大多遵循这样的步骤，如图 5-2 所示。

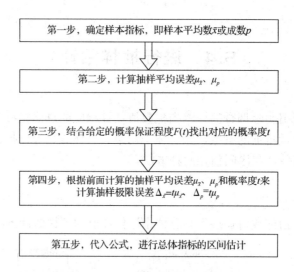

图 5-2　对总体指标进行区间估计的步骤

【例 5-3】对某城市城镇居民 2018 年国内旅游花费进行调查，随机重复抽取 400 位居民，得知国内旅游人均花费为 900 元，标准差为 100 元，要求以 95%的概率保证程度，估计该市年人均旅游消费支出额。

根据已知条件，可得 $n=400$，$F(t)=95\%$，$t=1.96$，$\bar{x}=900$，$\sigma=100$。

第一步，确定样本指标，国内旅游人均花费额 $\bar{x}=900$（元）。

第二步，计算抽样平均误差，$\mu_{\bar{x}}=\dfrac{\sigma}{\sqrt{n}}=\dfrac{100}{\sqrt{400}}=5$（元）。

第三步，根据给定的概率保证程度 $F(t)=95\%$，得 $t=1.96$。

第四步，计算抽样极限误差为

$$\Delta_{\bar{x}}=t\mu_{\bar{x}}=1.96\times5=9.80（元）$$

第五步，代入公式可得，该市居民家庭年人均旅游消费支出额为

$$\bar{x}-\Delta_{\bar{x}}\leqslant\bar{X}\leqslant\bar{x}+\Delta_{\bar{x}}$$

$$900-9.80\leqslant\bar{X}\leqslant900+9.80$$

即在 95%的概率保证程度下，估计该市居民家庭年人均旅游消费支出额在 890.2～909.8 元。

【例 5-4】为深入了解国内旅游人数情况，在一些地区随机调查 5000 人，结果发现 800 人有当年国内旅游计划，要求以 95%的概率保证程度，估计国内旅游人数比率的可能范围。

根据已知资料算得 $n=5000$，$F(t)=95\%$，$t=1.96$，$n_1=800$。

第一步，确定样本指标，国内旅游人数比率 $p=\dfrac{n_1}{n}=\dfrac{800}{5000}=16\%$。

第二步，计算抽样平均误差。由于 $n=5000$ 人，属于大样本，用国内旅游人数比率 16% 来代替总体成数 P。

$$\mu_p=\sqrt{\frac{P(1-P)}{n}}=\sqrt{\frac{0.16\times(1-0.16)}{5000}}=\sqrt{\frac{0.1344}{5000}}=0.52\%$$

第三步，根据给定的概率保证程度 $F(t)=95\%$，得 $t=1.96$。

第四步，计算 $\Delta_p=t\mu_p=1.96\times0.52\%=1.02\%$。

第五步，代入公式可得，国内旅游人数的比率为

$$p - t\mu_p \leqslant P \leqslant p + t\mu_p$$

$$16\% - 1.02\% \leqslant P \leqslant 16\% + 1.02\%$$

$$14.98\% \leqslant P \leqslant 17.02\%$$

计算结果表明，在 95%的概率保证程度下，估计国内旅游人数的比率在 14.98%～17.02%。

【例 5-5】某市为了调查某电视节目的收视率，在全市 10 万个家庭中随机不重复抽取由 100 个家庭构成的样本。其中，观看该节目的家庭有 8 个，用 95.45%的概率保证程度估计全市观看该节目的家庭比率。

根据已知条件可得，$N = 100\,000$，$n = 100$，$F(t) = 95.45\%$，$t = 2$，$n_1 = 8$。

第一步，确定样本指标，观看该节目的家庭比率为

$$p = \frac{n_1}{n} = \frac{8}{100} = 8\%$$

第二步，计算抽样平均误差。由于 $n = 100$ 个，属于大样本，用观看节目的家庭比率 8%来代替总体成数 P。

$$\mu_p = \sqrt{\frac{P(1-P)}{n}\left(1 - \frac{n}{N}\right)} = \sqrt{\frac{0.08 \times 0.92}{100} \times \left(1 - \frac{100}{100\,000}\right)} = 2.71\%$$

第三步，根据给定的概率保证程度 $F(t) = 95.45\%$，得 $t = 2$。

第四步，计算 $\Delta_p = t\mu_p = 2 \times 2.71\% = 5.42\%$。

第五步，代入公式可得，该市观看该节目的家庭比率为

$$p - t\mu_p \leqslant P \leqslant p + t\mu_p$$

$$0.08 - 0.0542 \leqslant P \leqslant 0.08 + 0.0542$$

$$0.0258 \leqslant P \leqslant 0.1342$$

即在 95.45%的概率保证程度下，估计全市观看该节目的家庭比率在 2.58%～13.42%。

5.5　确定必要样本容量

5.5.1　理解样本容量意义及其影响因素

1. 确定必要样本容量的意义

在实施抽样调查时，确定合适的样本容量是一个比较重要的问题。抽样误差的大小决定了抽样的准确性，而影响抽样误差的因素之一是样本单位数。若样本容量过大，会使抽样实施难度增大，增加经费的开支；若样本容量过小，可能会影响样本的代表性，使抽样误差增大，影响调查研究推论的准确性。因此在实际工作中，如何确定样本容量是很重要的。我们一般将既能满足抽样推断精确性和可靠性的要求，又不会造成浪费的样本单位数称为必要样本容量。

2. 影响必要样本容量的因素

（1）总体标准差

在其他条件不变的情况下，总体标准差与样本单位数成正比。总体标准差大，说明总体差异程度大，总体各单位标志值较平均数的离散程度高。为了增加样本的代表性，抽取的样本单位数应该多一些；反之，总体标准差小，则抽取的样本单位数就少一些。

（2）抽样极限误差

在其他条件不变的情况下，抽样极限误差与样本单位数成反比。如果允许的误差范围越大，对抽样估计的精确度要求越低，则样本单位数就越少；反之，若允许的误差范围越小，对精确度的要求越高，则样本单位数就应多抽些。

（3）概率保证程度

在其他条件不变的情况下，抽样估计的概率保证程度要求越高，样本单位数就越大；反之，抽样估计的概率保证程度要求越低，样本单位数就可以越小。

（4）抽样方法及抽样的组织形式

抽样方法和抽样组织形式不同，样本单位数的多少也不同。在其他条件不变的情况下，重复抽样条件下的样本单位数多于不重复抽样条件下的样本单位数；在适宜的条件下，类型抽样比简单随机抽样的样本单位数需要的少些。

5.5.2 确定样本容量

我们以简单随机抽样方式来确定必要样本容量 n。

（1）根据平均数的抽样极限误差确定样本容量 $n_{\bar{x}}$

1）重复抽样条件下，样本容量为

$$n_{\bar{x}} = \frac{t^2\sigma^2}{\Delta_{\bar{x}}^2}$$

2）不重复抽样条件下，样本容量为

$$n_{\bar{x}} = \frac{Nt^2\sigma^2}{N\Delta_{\bar{x}}^2 + t^2\sigma^2}$$

（2）根据成数的抽样极限误差确定样本容量 n_p

1）重复抽样条件下，样本容量为

$$n_p = \frac{t^2P(1-P)}{\Delta_p^2}$$

2）不重复抽样条件下，样本容量为

$$n_p = \frac{Nt^2P(1-P)}{N\Delta_p^2 + t^2P(1-P)}$$

【例 5-6】对某厂 500 户职工家庭进行抽样调查，根据经验，职工家庭收入的方差 300 元，若允许误差范围不超过 5 元，抽样推断的概率保证程度为 95.45%，请确定必要样本单位数。

解：根据已知条件可得，$\sigma^2 = 300$，$F(t) = 95.45\%$，$t = 2$，$N = 500$，$\Delta_{\bar{x}} = 5$。

重复抽样时，确定必要样本单位数为

$$n_{\bar{x}} = \frac{t^2\sigma^2}{\Delta_{\bar{x}}^2} = \frac{2^2 \times 300}{5^2} = 48(户)$$

不重复抽样时，确定必要样本单位数为

$$n_{\bar{x}} = \frac{Nt^2\sigma^2}{N\Delta_{\bar{x}}^2 + t^2\sigma^2} = \frac{500 \times 2^2 \times 300}{500 \times 5^2 + 2^2 \times 300} \approx 44(户)$$

【例 5-7】某厂生产某种日光灯，月产量为 40 000 只，根据以往的资料测得一等品率为 94%。现在重新抽样调查一等品率，要求抽样误差范围不超过 2%，概率保证程度为 95.45%，请确定必要的样本单位数。

解：根据已知条件可得，$P = 94\%$，$F(t) = 95.45\%$，$t = 2$，$N = 40\ 000$，$\Delta_p = 2\%$。

重复抽样时，确定必要样本单位数为

$$n_p = \frac{t^2 P(1-P)}{\Delta_p^2} = \frac{2^2 \times 94\% \times (1-94\%)}{2\%^2} = 564(只)$$

知识拓展：全国1%人口抽样调查

不重复抽样时，确定必要样本单位数为

$$n_p = \frac{Nt^2 P(1-P)}{N\Delta_p^2 + t^2 P(1-P)} = \frac{40000 \times 2^2 \times 94\% \times (1-94\%)}{40000 \times 2\%^2 + 2^2 \times 94\% \times (1-94\%)} \approx 556(只)$$

项目实训：抽样推断技能训练

进行抽样推断

实训任务： 各小组在模块 4 中已将获得的统计数据进行了描述和分析，本模块要在此基础上以项目实训所得数据为样本资料，利用其平均数、标准差等作为样本指标；然后根据调查目的确定所允许的概率保证程度分析抽样误差；并在确定抽样误差的基础上，对总体进行区间估计，以达到认识总体数量特征的目的。

实训目标：

1）通过实训，学生能够充分认识到抽样推断在统计调查中的重要作用。

2）通过本次实训，学生能够根据调查的目的和要求，掌握通过样本数据对总体进行区间估计的技能。

实训内容：

1）根据样本数据计算样本均值或样本成数。

2）计算样本标准差。

3）计算抽样平均误差和抽样极限误差。

4）在确定抽样误差的基础上，对总体进行区间估计，以说明总体现象的一般规律或水平。

实训要求：

1）按照步骤科学合理地完成抽样推断。

2）具有可操作性，能够指导调查工作的顺利实施。

3）各小组完成抽样推断过程，提交电子稿和一份纸质打印稿。

实训组织： 以小组为单位，由分析部门负责人牵头，集体讨论、合作完成抽样推断工作，并形成书面报告。

实训考核： 在班级分别通过实物展台进行小组展示，对各小组展示过程、抽样推断的质量进行评价，自评、互评和教师评价相结合，评价标准如下。

1）学生是否真正理解抽样推断有关知识（10分）。

2）是否能利用本模块所学知识完成抽样推断各步骤（20分）。

3）能否根据取得的数据资料进行抽样推断，数据处理能力是否达标（15分）。

4）计算过程是否规范正确，计算能力是否达标（15分）。

5）对总体现象的描述是否科学，用词是否准确，是否实现了抽样调查的目的（20分）。

6）学生是否参与有关活动，是否善于与人合作（10分）。

7）发言代表口头表达是否顺畅，仪态是否大方得体（10分）。

展示交流： 以小组为单位，完整展示抽样推断过程，展示内容包括抽样推断步骤、计算过程、对总体现象的描述等，展示人不限。

综合训练 5

一、单项选择题

1．抽样推断的主要目的是（   ）。

    A．对调查单位做深入研究   B．计算和控制抽样误差

    C．用样本指标来推算总体指标   D．广泛运用数学方法

2．先将总体各单位按主要标志分组，再从各组中随机抽取一定单位组成样本，这种抽样组织形式，被称为（   ）。

    A．纯随机抽样   B．等距抽样   C．类型抽样   D．整群抽样

3．抽样误差是指（   ）。

    A．在调查过程中由于观察、测量等差错所引起的误差

    B．在调查中违反随机原则出现的系统误差

    C．随机抽样而产生的代表性误差

    D．人为原因所造成的误差

4．抽样极限误差和抽样平均误差的数值之间的关系为（   ）。

    A．极限误差可以大于、小于或等于抽样平均误差

    B．极限误差一定大于抽样平均误差

    C．极限误差一定小于抽样平均误差

    D．极限误差一定等于抽样平均误差

5．在其他条件相同的情况下，重复抽样的抽样平均误差和不重复抽样的相比（   ）。

    A．前者一定大于后者   B．前者一定小于后者

    C．两者相等   D．前者可能大于、也可能小于后者

6．抽样估计的可靠性和精确度（　　　）。

　　A．是一致的　　　　　B．是矛盾的　　　C．成正比　　　　D．无关系

7．抽样推断的精确度和极限误差的关系是（　　　）。

　　A．前者高说明后者小　　　　　　　B．前者高说明后者大

　　C．前者变化而后者不变　　　　　　D．两者没有关系

8．在简单随机重复抽样下，欲使抽样平均误差缩小为原来的三分之一，则样本容量应增加（　　　）倍。

　　A．8　　　　　　　　B．9　　　　　　　C．1.25　　　　　D．2.25

9．在抽样推断中，样本的容量（　　　）。

　　A．越多越好　　　　　　　　　　　B．越少越好

　　C．由统一的抽样比例决定　　　　　D．取决于抽样推断可靠性的要求

10．下列属于抽样调查事项的是（　　　）。

　　A．为了测定车间出勤率，对车间中的每三班工人中的第一班工人进行调查

　　B．为了解大学食堂卫生状况，对学校的四个食堂进行调查

　　C．对某城市 1% 的家庭调查，以便研究城市居民的消费水平

　　D．对某公司三个分厂中的一个分厂进行调查，以便研究该工厂的能源利用效果

二、多项选择题

1．抽样推断的优点（　　　）。

　　A．时效性强　　　　　　　　　　　B．经济性突出

　　C．能够控制抽样估计的误差　　　　D．适用范围广

2．抽样推断适用于（　　　）。

　　A．具有破坏性的场合

　　B．用于时效性要求强的场合

　　C．对于大规模总体和无限总体的场合进行调查

　　D．用于对全面调查的结果进行核查和修正

3．常用的抽样组织形式包括（　　　）。

　　A．类型抽样　　　　B．简单随机抽样　　C．整群抽样　　　　D．等距抽样

4．简单随机抽样（　　　）。

　　A．适用于总体各单位呈均匀分布的总体

　　B．适用于总体各单位标志变异较大的总体

　　C．在抽样之前要求对总体各单位加以编号

　　D．是抽样中最基本也是最简单的抽样组织形式

5．计算抽样平均误差，总体标准差常常是未知的，经常采用的替代办法有（　　　）。

　　A．用过去同类问题的全面调查或抽样调查的经验数据

　　B．用样本的标准差

　　C．先组织试验性抽样，用试验样本的标准差

　　D．凭抽样调查员经验确定

6. 抽样估计中的抽样误差（　　　）。

    A．是不可避免要产生的　　　　　　B．是可以通过改进调查方法来消除的

    C．是可以事先计算出来的　　　　　　D．其大小是可以控制的

7. 影响抽样误差的因素有（　　　）。

    A．抽样单位数的多少　　　　　　　　B．是变量总体还是属性总体

    C．是重复抽样还是不重复抽样　　　　D．总体被研究标志的变异程度

8. 在其他条件相同的情况下，比较各类抽样方式的抽样误差，可以发现（　　　）。

    A．整群抽样误差比其他方式大　　　　B．类型抽样误差较小

    C．等距抽样误差比简单随机抽样小　　D．简单随机抽样误差最小

9. 总体参数的区间估计必须同时具备的三个要素是（　　　）。

    A．样本单位数　　　　　　　　　　　B．抽样指标，相应总体指标的估计值

    C．抽样误差范围　　　　　　　　　　D．概率保证程度

10. 影响必要样本容量的因素主要有（　　　）。

    A．总体的标志变异程度　　　　　　　B．极限误差的大小

    C．抽样方法和组织形式　　　　　　　D．抽样估计的概率保证程度

三、判断题

1. 在抽样推断中，作为推断对象的总体和作为观察对象的样本都是确定的、唯一的。

（　　　）

2. 抽样推断是利用样本资料对总体的数量特征进行估计的统计分析方法，因此不可避免地会产生误差，这种误差的大小是不能进行控制的。（　　　）

3. 在相同条件下，重复抽样的误差一定小于不重复抽样的误差。（　　　）

4. 抽样平均误差总是小于抽样极限误差。（　　　）

5. 计算抽样平均误差，而缺少总体方差资料时，在大样本情况下，可以用样本方差代替。（　　　）

6. 抽样估计的置信度就是表明抽样指标和总体指标的误差不超过一定范围的概率保证程度。（　　　）

7. 在其他条件不变的情况下，提高抽样估计的可靠程度，可以提高抽样估计的精确度。

（　　　）

8. 若根据某班学生考试成绩的一个样本，用 95%的置信水平构造的该班学生平均考试分数的置信区间为 75～85 分，那么全班同学的平均分数有 95%的可能在这一区间内。

（　　　）

9. 抽样调查就是随意从总体中抽取部分单位进行调查。（　　　）

10. 从全部总体单位中按照随机原则抽取部分单位组成样本，且只能组成一个样本。

（　　　）

四、计算分析题

1. 某手表厂在某段时间内生产 100 万个某种零件，用简单随机抽样方式不重复抽取 1000 个零件进行检验，测得废品为 20 件。如以 99.73%概率保证程度，试对该厂这种零件

的废品率作点估计和区间估计。

2．从仓库中随机重复抽取了 100 盒火柴，检验结果：平均每盒火柴 99 支，样本标准差为 3 支。计算概率保证程度为 99.73%时，该仓库平均每盒火柴支数的区间。

3．假定总体为 5000 个单位，总体方差为 400，抽样极限误差不超过 3，当概率保证程度为 95%时，试问需要抽取多少不重复单位？

4．电子元件厂日产 10 000 只元件，经多次测试得知一等品率为 92%，现拟采用随机重复抽样的方式进行抽检，如果要求误差范围在 2%之内，概率保证程度为 95.45%，问需抽取多少电子元件？

5．为研究某市居民家庭收入状况，以 1%比例从该市的所有住户中按照简单随机重复抽样的方法抽取 625 户进行调查，结果为户均收入为 8235 元，每户收入的标准差为 935 元。要求：

① 以 99.73%的概率保证程度估计该市的户均收入。

② 如果允许误差减少到原来的 $\frac{1}{2}$，其他条件不变，则需要抽取多少户？

6．某企业生产某种产品的工人有 1000 人，某日采用不重复抽样从中随机抽取 100 人调查他们的当日产量，整理见表 5-2。

表 5-2　某企业工人生产某种产品日产量资料

按日产量分组/件	工人数/人
110 以下	8
110～114	13
114～118	25
118～122	32
122～126	12
126～130	10
合计	100

要求：

① 要求在 95%的概率保证程度下，估计该厂全部工人的日平均产量和日总产量。

② 若工人日产量在 110 件以上者为完成生产定额任务，在 95.45%的概率保证程度下，估计该厂全部工人中完成定额的工人比重及完成定额的工人总数。

综合训练 5：参考答案

模块 6　相关与回归分析

 学习目标

◎ **知识目标**

1．了解相关分析、回归分析的概念和意义。
2．掌握相关系数的计算和应用。
3．掌握回归分析的实施步骤。

◎ **能力目标**

1．能够选择恰当的相关分析、回归分析方法。
2．能够结合具体的统计数据进行相关分析、回归分析。
3．能够提高发现问题、分析问题、解决问题的能力。

◎ **职业素养目标**

1．培养透过现象看本质的能力。
2．保持乐于探究、严谨求实的工作态度。

学习导引

一家大型商业银行的困惑

　　一家大型商业银行在多个地区设有分行，其业务主要是进行基础设施建设、国家重点建设和固定资产投资等项目的贷款。近年来，随着经济环境的变化，该银行的贷款额平稳增长，但不良贷款额也有较大比例的提高，这给银行业务带来较大的压力。

　　为弄清楚不良贷款形成的原因，银行行长除了对经济环境进行广泛的调研，还希望利用银行业务的有关数据做些定量分析，以便找出控制不良贷款的办法。

　　为此，有关人员收集了该银行所属的 12 家分行 2019 年的有关业务数据，见表 6-1。

表 6-1　某商业银行 2019 年的主要业务数据

分行编号	各项贷款余额/亿元	贷款项目/个	固定资产投资额/亿元	不良贷款/亿元
1	67.3	5	51.9	0.9
2	111.3	16	90.9	1.1
3	173.0	17	73.7	4.8
4	80.8	10	14.5	3.2
5	199.7	19	63.2	7.8

续表

分行编号	各项贷款余额/亿元	贷款项目/个	固定资产投资额/亿元	不良贷款/亿元
6	16.2	1	2.2	2.7
7	107.4	17	20.2	1.6
8	185.4	18	43.8	12.5
9	96.1	10	55.9	1.1
10	72.8	14	64.3	2.6
11	64.2	11	42.7	0.3
12	132.2	23	76.7	4.0

行长想知道，不良贷款是否与贷款余额、贷款项目的多少、固定资产投资等因素有关？如果有关系，它们之间是一种什么样的关系？关系强度如何？此外，能否将不良贷款与其他几个因素之间的关系用一定的数学关系式表达出来，并利用所建立的关系式来预测不良贷款？

（资料来源：http://www.doc88.com/p-4059903429673.html.）

思考与讨论：

如果你是这家银行的一位统计人员，怎样帮助行长解决这些问题？

模块 6：案例分析

6.1　运用相关分析法

6.1.1　理解相关关系的概念和种类

1. 现象之间的数量关系

（1）函数关系

客观现象之间相互依存的确定性数量关系是函数关系，它是变量之间客观存在的严格依存关系。在这个关系中，当一个或多个表述现象的数量（自变量）发生变化时，另一个表述现象的数量（因变量）按照一定的规律有确定的值与之对应，可以用数学表达式 $y=f(x)$ 描述这种关系。例如，圆的周长 L 与半径 r 之间存在严格的确定性关系，圆的半径 r 为自变量，圆的周长 L 为因变量，其函数表达式为 $L=2\pi r$，因而两者的关系为函数关系。

（2）相关关系

现象之间客观存在的不严格、不确定的数量依存关系称为相关关系。当一个或几个相互联系的变量取一定数值时，与之相对应的另一变量的值虽然不确定，但它仍按某种规律在一定的范围内变化。例如，收入水平与受教育程度之间的关系，商品的消费量与居民收入之间的关系，粮食亩产量与施肥量、降雨量、温度之间的关系，这种关系是一种不完全的依存关系。

（3）相关关系与函数关系的联系和区别

1）联系：函数关系和相关关系都表现为相互依存关系，一种现象的变化会引起另一种现象的变化。例如，圆的面积与半径之间的关系是函数关系；工人的技术水平和产品质量之间的关系是相关关系。圆的面积随半径的变化而变化，产品质量随着工人的技术水平的提高而提高，都是一种现象随另一种现象的变化而变化。

2）区别：函数关系是非常严格的数量依存关系，某个现象的某个数值有另一现象的完全确定的值与之对应。对于圆，每给定一个半径就有一个唯一确定的面积与它对应（$s=\pi r^2$）。相关关系是非严格的依存关系，某个现象的某个数值有另一现象的若干个值与之对应，技术水平完全相同的两名工人加工出的产品质量不一定完全相同。

2. 相关关系的分类

（1）按相关关系涉及的因素数量划分

1）单相关。单相关是两个变量的相关，即一个因变量对一个自变量的相关关系。例如，产品产量与单位成本的关系，原材料消耗量与生产费用总额之间的关系等属于单相关。

2）复相关。复相关是三个或三个以上变量的相关，即一个因变量对两个或两个以上自变量的相关关系。例如，产品日产量与工人技术等级、设备自动化程度的关系属于复相关。

（2）按现象之间相关关系的方向划分

1）正相关。当一个现象的数量由小变大，另一个现象的数量也相应由小变大，这种相关称为正相关。例如，商品销售额随着广告费的增加而增加，家庭消费支出随着收入增加而增加属于正相关。

2）负相关。当一个现象的数量由小变大，而另一个现象的数量由大变小，这种相关称为负相关。例如，城市环境污染指标随着环保投入的增加而降低就属于负相关；商品流通费用率随着商品经营的规模增大而降低也属于负相关。

（3）按现象之间相关关系的程度分

1）完全相关。当一种现象的数量变化完全由另一个现象的数量变化所确定时，这两种现象间的关系为完全相关。例如，在价格不变的条件下，商品销售额与销售量之间属于正比例完全相关关系。

2）完全不相关。当两个现象彼此互不影响，其数量变化各自独立时，称为完全不相关现象。例如，汽车销售量与学生成绩之间的关系就属于完全不相关关系。

3）不完全相关。两个现象之间的关系介于完全相关和完全不相关，称为不完全相关。一般的相关现象都是指这种不完全相关。例如，人的身高和体重之间的关系就属于不完全相关关系。

（4）按现象之间相关的形式分

1）线性相关。当两种相关现象之间的关系大致呈现为线性关系时，称为线性相关，即直线相关。例如，产品总成本和单位成本之间的关系，职工工资总额和职工平均工资之间的关系等属于线性相关关系。

2）非线性相关。如果两种相关现象之间，并不表现为直线的关系，而是近似于某种曲线方程的关系，则这种相关关系称为非线性相关，即曲线相关。例如，汽车起步阶段的时间和路程的关系属于非线性相关关系。

6.1.2 明确相关分析的主要内容

1. 确定现象之间有无关系

确定现象之间有无关系是相关与回归分析的起点，只有存在相互依存关系，才有必要进行进一步的分析。

2. 确定相关关系的表现形式

只有确定了现象之间相互关系的具体表现形式，才能运用相应的相关分析方法解决。如果把曲线相关误认为是直线相关，按直线相关来分析，便会出现认识上的偏差，导致错误的结论。

3. 测定相关关系的密切程度和方向

现象之间的相关关系是一种不确定的数量关系，因此常常给人的感觉是不明确的。相关分析就是要从这种不确定、不明确的数量关系中，判断相关变量之间数量上的依存程度和方向。只有对达到一定密切程度的相关关系配合回归方程进行分析才有意义。

6.1.3 学会相关关系的测定方法

1. 定性相关分析

定性分析是相关分析的起点，即研究者根据自己的专业知识、理论水平、实践经验和逻辑推断来分析和判断事物之间有无相关关系，是何种相关关系。

（1）相关图

相关图又叫散点图，是利用直角坐标第一象限，用横轴表示自变量，纵轴表示因变量，将两变量对应的值用坐标点描绘出来，据以研究两变量间有无相关关系及相关的形态、方向和密切程度。

微课：用相关图进行相关分析

【例 6-1】8 个企业生产某种产品，月产量和生产费用的资料见表 6-2，其散点图如图 6-1 所示。

表 6-2　企业产品月产量和生产费用资料表

企业编号	月产量（x）/万吨	生产费用（y）/万元	企业编号	月产量（x）/万吨	生产费用（y）/万元
1	1.2	62	5	5.0	115
2	2.0	86	6	6.1	132
3	3.1	80	7	7.2	135
4	3.8	110	8	8.0	160

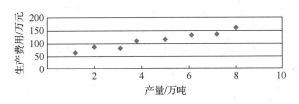

图 6-1　企业产品月产量和生产费用散点图

从图 6-1 可以看到月产量增长，生产费用也随之提高，二者是正相关关系。

（2）相关表

相关表是说明现象间相关关系的一种统计表。它一般以 x 为自变量，以 y 为因变量，将自变量和因变量的数值在表格中一一对应排列，用以初步反映相关关系的形式、密切程度和相关方向。

1）简单相关表：对于未分组资料，直接将自变量的数值按大小顺序排列，并配合其相对应的因变量的数值形成相关表，见表6-3。

表6-3　产品产量和生产费用相关表

序号	产品产量/万吨	生产费用/万元
1	1.2	62
2	2.0	86
3	3.1	80
4	3.8	110
5	5.0	115
6	6.1	132
7	7.2	135
8	8.0	160
合计	36.4	880

从表6-3看出，产品产量和生产费用之间的关系虽然不十分严格，但有直线相关的趋势，而且大致可以看出关系比较密切。

2）分组相关表：当原始资料很多，运用简单相关表存在困难时，一般将资料进行分组，然后编制分组相关表，见表6-4和表6-5。

3）单变量分组表：对自变量进行分组，计算出各组次数和因变量组平均数，并在此基础上编制相关表，见表6-4。

4）双变量分组表：对自变量和因变量都进行分组，对两变量的分组交叉形成棋盘表式，计算棋盘表式中每一组的次数，将其填入表格，见表6-5。

表6-4　400位女大学生身高和体重相关表

体重/千克	人数/人	平均身高/厘米
45以下	1	150
45~50	115	155
50~55	216	160
55~60	63	165
60以上	5	170
合计	400	159

表6-5　400位女大学生身高和体重相关表

体重/千克	身高/厘米						合计
	150以下	150~155	155~160	160~165	165~170	170以上	
45以下	0	1	0	0	0	0	1
45~50	18	45	30	20	2	0	115
50~55	16	28	59	62	46	5	216
55~60	0	2	5	24	23	9	63
60以上	0	0	0	1	1	3	5
合计	34	76	94	107	72	17	400

2. 定量相关分析

相关表和相关图可反映两个变量之间的相互关系及其相关方向，但无法确切地表明两个变量之间相关的程度。于是，著名统计学家卡尔·皮尔逊设计了统计指标——相关系数（correlation coefficient）。

（1）相关系数的概念和特点

相关系数是测定变量之间相关密切程度和相关方向的代表性指标。相关系数用符号 r 表示，其特点表现如下：参与相关分析的两个变量是对等的，不分自变量和因变量，相关系数只有一个；相关系数有正负号，反映相关关系的方向，正号反映正相关，负号反映负相关；计算相关系数的两个变量都是随机变量。

（2）计算相关系数

计算相关系数的方法有多种，最简单的一种方法称为积差方法。它以两变量与各自平均值的离差为基础，通过两个离差相乘来反映两个变量之间的相关程度。相关系数的基本公式为

$$r = \frac{\sum(x-\bar{x})(y-\bar{y})}{\sqrt{\sum(x-\bar{x})^2\sum(y-\bar{y})^2}}$$

化简后为

$$r = \frac{n\sum xy - \sum x\sum y}{\sqrt{n\sum x^2 - (\sum x)^2} \cdot \sqrt{n\sum y^2 - (\sum y)^2}}$$

式中，r——相关系数；

　　　x——自变量的值；

　　　$\bar{x}$——自变量的平均数；

　　　y——因变量的值；

　　　$\bar{y}$——因变量的平均数。

（3）利用相关系数判别相关密切程度

当 $|r|=1$ 时，表示 x 变量与 y 变量为完全线性相关，即函数关系；

当 $|r|=0$ 时，表示 x 变量与 y 变量无线性相关关系，但不能随意排斥其他关系，如可能存在曲线相关关系；

当 $r>0$ 时，表示 x 变量与 y 变量为正相关；

当 $r<0$ 时，表示 x 变量与 y 变量为负相关；

当 $0<|r|<1$ 时，表示 x 变量与 y 变量存在一定的线性相关，$|r|$ 数值越接近 1，其相关的程度越高；$|r|$ 的数值越接近 0，其相关程度越低。

通常判断标准是：$|r|\leqslant0.3$ 称为微弱相关，$0.3<|r|\leqslant0.5$ 称为低度相关，$0.5<|r|\leqslant0.8$ 称为显著相关，$0.8<|r|\leqslant1$ 称为高度相关。

【例 6-2】为研究工人的操作熟练程度对产品合格率的影响，抽取了某公司 15 名工人进行调查，资料见表 6-6。

表 6-6　工人熟练程度对应合格率资料　　　　单位：%

工人编号	熟练程度	合格率	工人编号	熟练程度	合格率	工人编号	熟练程度	合格率
1	7.6	50	6	0	30	11	7.6	58
2	15.2	55	7	15.2	55	12	15.2	60
3	37.9	68	8	75.8	90	13	37.9	70
4	45.5	75	9	90.9	92	14	45.5	80
5	7.6	52	10	60.6	80	15	98.5	95

1）编制相关表，见表 6-7。

表 6-7　工人熟练程度对应合格率统计表　　　　单位：%

工人编号	熟练程度	合格率	工人编号	熟练程度	合格率	工人编号	熟练程度	合格率
6	0	30	7	15.2	55	14	45.5	80
1	7.6	50	12	15.2	60	10	60.6	80
5	7.6	52	3	37.9	68	8	75.8	90
11	7.6	58	13	37.9	70	9	90.0	92
2	15.2	55	4	45.5	75	15	98.5	95

2）绘制散点图，如图 6-2 所示。

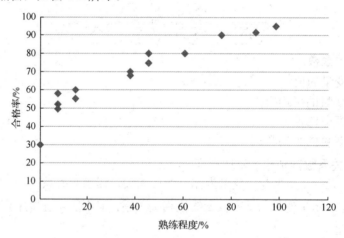

图 6-2　工人熟练程度-合格率散点图

由图 6-2 可以看到，工人熟练程度高，产品合格率也随之提高，二者是正相关关系。

3）计算相关系数，令熟练程度为 x，合格率为 y，则相关系数为

$$r = \frac{\sum (x - \overline{x})(y - \overline{y})}{\sqrt{\sum (x - \overline{x})^2 \sum (y - \overline{y})^2}} = \frac{n \sum xy - \sum x \sum y}{\sqrt{n \sum x^2 - (\sum x)^2} \sqrt{n \sum y^2 - (\sum y)^2}}$$

公式需要计算 x^2、y^2、xy，见表 6-8。

表 6-8　工人熟练程度对应合格率数据表　　　　　　　单位：%

工人编号	熟练程度（x）	合格率（y）	x^2	y^2	xy
1	7.60	50	57.76	2 500	380.00
2	15.50	55	231.04	3 025	836.00
3	37.90	68	1 436.41	4 624	2 577.20
4	45.50	75	2 070.25	5 625	3 412.50
5	7.60	52	57.76	2 704	395.20
6	0	30	0	900	0
7	15.20	55	231.04	3 025	836.00
8	75.80	90	5 745.64	8 100	6 822.00
9	90.90	92	8 262.81	8 464	8 362.80
10	60.60	80	3 672.36	6 400	4 848.00
11	7.60	58	57.76	3 364	440.80
12	15.20	60	231.04	3 600	912.00
13	37.90	70	1 436.41	4 900	2 653.00
14	45.50	80	2 070.25	6 400	3 640.00
15	98.50	95	9 702.25	9 025	9 357.50
合计	561.00	1 010	35 262.78	72 656	45 473.00

计算得

$$r = \frac{15 \times 45\,473 - 561 \times 1010}{\sqrt{15 \times 35\,263 - 561^2} \times \sqrt{15 \times 72\,656 - 1010^2}} = 0.944\,83$$

这一计算结果说明工人的熟练程度同合格率之间高度正
相关。

小案例：从"五一"假期
"账单"看中国消费市场复苏

6.2　运用回归分析法

相关分析研究两个变量之间相关的方向和相关的密切程度，但是相关分析不能指出两
个变量相互关系的具体形式，也无法从一个变量的变化来推测另一个变量的变化关系。回
归分析则是通过一定的数学方程来反映变量之间相互关系的具体形式，以便从一个已知量
来推测另一个未知量。

6.2.1　理解回归分析的概念和步骤

1. 回归分析的概念

回归分析，就是通过对统计对象和影响因素的分析，找出它们之间的变化规律，将变
化规律用数学模型表示出来。回归分析法有多种类型，按自变量个数的多少分为一元回归
分析和多元回归分析；按自变量和因变量之间是否存在直线关系，分为线性回归分析和非
线性回归分析，线性回归变量之间的关系表现为直线型，非线性回归变量之间的关系主要
表现为曲线型。

2. 回归分析和相关分析的关系

回归分析和相关分析是互相补充、密切联系的。相关分析需要回归分析来表明现象数量相关的具体形式；而回归分析则应该建立在相关分析的基础上，依靠相关分析表明现象的数量变化具有密切相关，进行回归分析求其相关的具体形式才有意义。在相关程度很低的情况下，回归函数的表达式代表性就很差。

计算相关系数的两个变量是对等的，可以都是随机变量，各自接受随机因素的影响，改变两个变量的地位并不影响相关系数的数值。在回归分析中，因变量是随机变量，自变量是可控制的解释变量，不是随机变量。因此，回归分析只能用自变量来估计因变量，而不允许由因变量来推测自变量。

3. 回归分析实施步骤

（1）确定目标和影响因素

通常情况下，目标必定是因变量，研究者可根据研究目的确定。确定自变量，要使用多种定性和定量分析方法对影响目标的因素进行分析，既要对历史资料和现实调查资料进行分析，又要根据自己的理论水平、专业知识和实践经验进行科学性的分析，必要时还要运用假设技术，先进行假设再进行检验，以确定主要的影响因素。

（2）进行相关分析

对变量间的相关关系进行分析和研究，包括两个方面：一是变量间有没有相关关系；二是相关关系的密切程度。

（3）建立回归预测模型

建立回归预测模型，即建立回归方程，依据变量间的相关关系，用恰当的数学表达式表示。线性回归方程的一般表达式为

$$\hat{y} = a + b_1 x_1 + b_2 x_2 + b_3 x_3 + \cdots + b_n x_n$$

当线性回归只有一个自变量与一个因变量，称为一元线性回归或直线回归，回归方程为

$$\hat{y} = a + bx$$

其他形式的线性回归称为多元线性回归。

当变量间呈现非线性关系时，则需根据曲线的形状建立相应的非线性回归方程，如指数曲线回归方程、双曲线回归方程、抛物线回归方程等。

方程的参数通常使用最小平方法计算求得，然后代回方程用于预测。

（4）回归预测模型的检验

建立回归方程的目的是在于预测，将方程用于预测之前需要检验回归方程的拟合优度和回归参数的显著性，只有通过了相关检验，才可用于经济预测。常用的检验方法有相关系数检验、F 检验、t 检验和显著性检验等。

（5）进行预测

运用通过了检验的回归方程，将已知的自变量 x 代入方程并计算，即可得到所需要的预测值。预测通常有两种情况，一是点预测，就是所求的预测值为一个数值；二是区间预测，所求的预测值为一个数值范围，并可通过正态分布原理测算出其估计标准差，求得预测值的置信区间。

6.2.2　运用一元线性回归预测法

当影响市场变化的众多因素中有一个最基本并起到决定性作用的因素，且自变量与因变量的分布呈现线性趋势时，就可以运用一元线性回归法进行预测。预测模型为

$$\hat{y} = a + bx$$

式中，$\hat{y}$——因变量的预测值；

　　　　x——自变量；

　　　　a、b——方程待定参数，b 又称为回归参数，表示当 x 每增加一个单位时 y 的平均增加值。两者可用最小平方法确定。

【例 6-3】某地区 2007～2017 年职工工资总额与商品销售总额见表 6-9。

表 6-9　2007～2017 年职工工资总额与商品销售总额　　　　单位：亿元

年份	2007	2008	2009	2010	2011	2012	2013	2014	2015	2016	2017
职工工资总额	61	75	94	107	146	174	211	244	298	349	380
商品销售总额	19.5	22.5	24.9	25.2	29.1	34.5	41.1	46.2	53.1	61.5	66.9

已知 2018 年职工工资总额比 2017 年增加 30%，试用回归分析法在 95% 的置信度下预测 2018 年的销售总额。

1）相关关系分析。职工的工资总额与商品销售总额密切相关，职工工资高，用于消费支出就大，商品销售额就大，反之就小。但已知职工工资总额并不能完全确定商品销售总额，商品销售总额还受市场环境、商品使用价值、消费者心理等多方面因素的影响，因此，商品销售总额与职工工资总额是一种相关关系。

2）绘制散点图，分析线性关系。设职工工资总额为自变量 x，商品销售总额为因变量 y，作散点图，可以看出商品销售总额与职工工资总额呈线性变化关系，如图 6-3 所示。

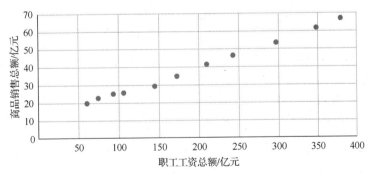

图 6-3　职工工资总额-商品销售总额散点图

3）设回归预测方程为

$$\hat{y} = a + bx$$

根据最小平方法，参数 a、b 的计算公式为

$$b = \frac{n\sum xy - \sum x \sum y}{n\sum x^2 - (\sum x)^2}$$

$$a = \frac{\sum y - b\sum x}{n}$$

计算 a、b 需要数据 $\sum x$、$\sum y$、$\sum x^2$、$\sum xy$、$\sum y^2$，见表 6-10。

表 6-10 2007～2017 年职工工资与商品销售情况数据表　　　　单位：亿元

年份	编号	职工工资总额 (x)	商品销售总额 (y)	x^2	xy	y^2
2007	1	61	19.5	3 721	1 189.5	380.25
2008	2	75	22.5	5 625	1 687.5	506.25
2009	3	94	24.9	8 836	2 340.6	620.01
2010	4	107	25.2	11 449	2 696.4	635.04
2011	5	146	29.1	21 316	4 248.6	846.81
2012	6	174	34.5	30 276	6 003.0	1 190.25
2013	7	211	41.1	44 521	8 672.1	1 689.21
2014	8	244	46.2	59 536	11 272.8	2 134.44
2015	9	298	53.1	88 804	15 823.8	2 819.61
2016	10	349	61.5	121 801	21 463.5	3 782.25
2017	11	380	66.9	144 400	25 422.0	4 475.61
合计		2 139	424.5	540 285	100 819.8	19 079.73

将有关数据代入公式可计算得 $a=10.01$，$b=0.147$。

回归预测方程为 $\hat{y} = 10.01 + 0.147x$。

4）对预测模型进行检验。

① 相关系数分析，相关系数分析能确切地说明两个变量之间相关关系的密切程度。根据已知数据计算相关系数为

$$r = \frac{n\sum xy - \sum x\sum y}{\sqrt{n\sum x^2 - \left(\sum x\right)^2} \cdot \sqrt{n\sum y^2 - \left(\sum y\right)^2}}$$

结合显著性检验来判断是否存在线性关系。根据相关系数、自由度（$n-m$，n 为样本容量或观察值个数，m 为回归模型中待定参数的个数）和给定的显著水平 α 值（在社会经济现象中，给定的显著水平 α 值一般为 0.05），从相关系数临界值表中查出临界值 $r_{\alpha(n-m)}$，据此判断其线性关系是否成立。如果 $|r| \geqslant r_{\alpha(n-m)}$，表明在显著性水平 α 条件下变量之间的线性关系是显著的，因此将要建立的线性回归模型是有意义的；如果 $|r| < r_{\alpha(n-m)}$，表明不宜建立线性回归模型，需要对其进一步分析，然后再作处理。

本例中，取显著水平 $\alpha = 0.05$，自由度为 9（观察值个数 $n=11$，一元线性回归方程中有 a、b 两个参数，即 $m=2$，表示估计的回归线已失去了 2 个自由度）。根据"表 6-11 相关系数临界值表"，查得 $r_{\alpha(n-m)} = 0.602$，计算得 $r = 0.998$，由于 $r \geqslant r_{\alpha(n-m)}$，说明职工工资总额与商品销售总额有高度线性相关关系。

② 标准误差分析，标准误差是度量实际值分布在回归直线周围的离散程度的统计量，记为 S，其计算公式为

$$S = \sqrt{\frac{\sum(y - \hat{y})^2}{n - m}}$$

或简化为

$$S = \sqrt{\frac{\sum y^2 - a\sum y - b\sum xy}{n-m}}$$

标准误差分析就是通过计算标准误差的大小来分析说明回归线性方程的精确程度。S 越大，观察值 y 对回归直线离散程度越大；反之，S 越小，观察值 y 对回归直线离散程度越小。一般要求：

$$\frac{S}{\bar{y}} < 15\%$$

将有关数据代入计算公式，可得

$$S = \sqrt{\frac{\sum y^2 - a\sum y - b\sum xy}{n-m}} = \sqrt{\frac{19\,079.73 - 10.01 \times 424.5 - 0.147 \times 100\,819.8}{11-2}} = 1.053$$

$$\bar{y} = \frac{\sum y}{n} = \frac{424.5}{11} = 38.591$$

$$\frac{S}{\bar{y}} = \frac{1.053}{38.591} = 2.73\% < 15\%$$

说明所拟合的一元线性回归方程有很高的精确度，可以用于预测。

5）进行预测。

① 进行点预测。

2018 年职工工资总额比 2017 年增加 30%，则

$$\bar{x}_0 = 380 \times (1 + 30\%) = 494 \text{（亿元）}$$

将该值代入回归预测方程 $\hat{y} = 10.01 + 0.147x$，得

$$\hat{y}_0 = 10.01 + 0.147 \times 494 = 82.628 \text{（亿元）}$$

② 进行区间预测，区间预测是在一定的置信度下计算预测值的区间范围，也称为置信区间。

区间的上、下限计算公式为

$$\hat{y} = \hat{y}_0 \pm tS$$

式中，$\hat{y}_0$——点预测值；

　　　S——估计标准误差；

　　　t——概率度，这里是估计标准误差的倍数，表示预测区间允许的最大误差是估计标准误差的 t 倍，根据置信度查概率分布表得到。

本例预测置信度为 95%，$t=1.96$，则预测区间为

下限 = $82.628 - 1.96 \times 1.053 = 80.564$ （亿元）

上限 = $82.628 - 1.96 \times 1.053 = 84.692$ （亿元）

经过拟合一元线性回归方程预测，2018 年商品销售总额在 80.564 亿~84.692 亿元，预测值落在此区间的可能性为 95%。

相关系数临界值表见表 6-11。

表 6-11　相关系数临界值表（表中 $n-2$ 是自由度）

α $n-2$	0.10	0.05	0.02	0.01	0.001	α $n-2$
1	0.987 69	0.099 692	0.999 507	0.999 877	0.999 998 8	1
2	0.900 00	0.950 00	0.980 00	0.990 00	0.999 00	2
3	0.805 4	0.878 3	0.934 33	0.958 73	0.991 16	3
4	0.729 3	0.811 4	0.882 2	0.917 20	0.974 06	4
5	0.669 4	0.754 5	0.832 9	0.874 5	0.950 74	5
6	0.621 5	0.706 7	0.788 7	0.834 3	0.924 93	6
7	0.582 2	0.666 4	0.749 8	0.797 7	0.898 2	7
8	0.549 4	0.631 9	0.715 5	0.764 6	0.872 1	8
9	0.521 4	0.602 1	0.685 1	0.734 8	0.847 1	9
10	0.497 3	0.576 0	0.658 1	0.707 9	0.823 3	10
11	0.476 2	0.552 9	0.633 9	0.683 5	0.801 0	11
12	0.457 5	0.532 4	0.612 0	0.661 4	0.780 0	12
13	0.440 9	0.513 9	0.592 3	0.641 1	0.760 3	13
14	0.425 9	0.497 3	0.574 2	0.622 6	0.742 0	14
15	0.412 4	0.482 1	0.557 7	0.605 5	0.724 6	15
16	0.400 0	0.468 3	0.542 5	0.589 7	0.708 4	16
17	0.388 7	0.455 5	0.528 5	0.575 1	0.693 2	17
18	0.378 3	0.443 8	0.515 5	0.561 4	0.678 7	18
19	0.368 7	0.432 9	0.503 4	0.548 7	0.665 2	19
20	0.359 8	0.422 7	0.492 1	0.536 8	0.652 4	20
25	0.323 3	0.380 9	0.445 1	0.486 9	0.597 4	25
30	0.296 0	0.349 4	0.409 3	0.448 7	0.554 1	30
35	0.274 6	0.324 6	0.381 0	0.418 2	0.518 9	35
40	0.257 3	0.304 4	0.357 8	0.393 2	0.489 6	40
45	0.242 8	0.287 5	0.338 4	0.372 1	0.464 8	45
50	0.230 6	0.273 2	0.321 8	0.354 1	0.443 3	50
60	0.210 8	0.250 0	0.294 8	0.324 8	0.407 8	60
70	0.195 4	0.231 9	0.273 7	0.301 7	0.379 9	70
80	0.182 9	0.217 2	0.256 5	0.283 0	0.356 8	80
90	0.172 6	0.205 0	0.242 2	0.267 3	0.337 5	90
100	0.163 8	0.194 6	0.230 1	0.254 0	0.321 1	100

6.2.3　运用多元线性回归预测法

在统计活动中，常常遇到影响因变量的因素不止一个，而是几个因素共同发生作用的情况。这种情况下，一元回归分析法已经不再适用，需要使用多元回归分析法进行预测。多元线性回归方程一般形式为

$$\hat{y} = a + b_1 x_1 + b_2 x_2 + \cdots + b_n x_n$$

下面以二元回归方程为例，介绍多元线性回归分析法的用法。

1）如果影响因变量的自变量有两个，并且变量间为线性相关关系，则可用二元线性回归模型进行分析预测。预测模型为

$$\hat{y} = a + b_1 x_1 + b_2 x_2$$

2）参数仍采用最小平方法进行推算，导出下列方程组

$$\begin{cases} \sum y = na + b_1 \sum x_1 + b_2 \sum x_2 \\ \sum x_1 y = a \sum x_1 + b_1 \sum x_1^2 + b_2 \sum x_1 x_2 \\ \sum x_2 y = a \sum x_2 + b_1 \sum x_1 x_2 + b_2 \sum x_2^2 \end{cases}$$

方程组中，$\sum y$、$\sum x_1$、$\sum x_2$、$\sum x_1 y$、$\sum x_2 y$、$\sum x_1 x_2$、$\sum x_1^2$、$\sum x_2^2$ 可根据观测值计算，代入方程组可解出 a、b_1、b_2，拟合出方程 $\hat{y} = a + b_1 x_1 + b_2 x_2$。

3）利用复相关系数检验回归方程整体显著性。

$$R = \sqrt{1 - \frac{\sum (y - \hat{y})^2}{\sum (y - \bar{y})^2}}$$

简化公式为

$$R = \sqrt{1 - \frac{\sum y^2 - a \sum y - b_1 \sum x_1 y - b_2 \sum x_2 y}{\sum y^2 - n \bar{y}^2}}$$

取一个设定的 α〔自由度（$n-m$）〕，查相关系数临界值表，得到相关系数临界值 $r_{\alpha(n-m)}$，如果 $R > r_{\alpha(n-m)}$，说明 x_1、x_2 与 y 线性关系显著。

4）预测。将 x_1、x_2 代入预测方程 $\hat{y} = a + b_1 x_1 + b_2 x_2$ 即得到点预测值（$\hat{y}_0$）。之后进行区间预测，计算估计标准差：

知识拓展：高尔顿与回归分析的起源

$$S = \sqrt{\frac{(y - \hat{y})^2}{n - m}}$$

在一定的置信度下，查表得到 t 值，预测区间为 $y_0 \pm tS$。由于此方法计算过程比较烦琐，在此不做详细介绍。

项目实训：相关与回归分析技能训练

进行相关分析与回归分析

实训任务： 在本模块中选择一种恰当的分析方法，完成本小组项目预测任务。

实训目标： 通过本次实训，学生理解相关分析和回归分析理论知识，熟练掌握其实施步骤，并能够成功运用其进行数据分析。

实训内容： 各小组可以根据本组的项目选择一种适合的回归分析法。

1）确定目标和影响因素。

2）进行相关分析。

3）建立回归模型。

4）回归模型的检验。

5）利用回归模型进行预测。

6）进行核查，对数据资料进行整理和核查，得出统计结论。

实训要求：

1）按照统计岗位分工，对前期调查、整理、分析得到的数据资料进行相关与回归分析。

2）计算、分析过程要科学合理，能够指导分析工作的顺利实施，得出合理的结论。

实训组织： 以小组为单位，由小组内分析部门负责人牵头，选择恰当的回归方法进行回归预测，并检验评估结果。

实训考核： 在班级内分别进行小组展示，并对展示的各类资料、数据、统计结果进行评价，采取自评、互评和教师评价相结合的方式，评价标准如下。

1）组织、人员分工是否合理（10分）。

2）回归分析法选择是否恰当（10分）。

3）确定目标和影响因素是否准确（20分）。

4）进行相关分析（30分）。

5）建立回归模型并检验（20分）。

6）利用回归模型进行预测（10分）。

展示交流：

1）以小组为单位，通过抽签决定各组代表展示的顺序，将本次预测的设计过程和设计结果在班内进行交流，每组5分钟，如有条件，用PPT形式展示。

2）小组其他成员进行补充，其他小组成员进行提问、质疑，教师对各组的回归预测活动进行点评，并提出相应的修改意见。

3）由各小组成员对本部分内容进行梳理和归纳，教师进行总结和拓展。

4）各小组根据教师和同学所提意见进行修改、完善。

5）最后以书面形式提交回归预测报告。

综合训练 6

一、单项选择题

1. 进行相关分析，要求相关的两个变量（　　）。
   A. 都是随机的　　　　　　　　　　B. 都不是随机的
   C. 一个是随机的，一个不是随机的　　D. 随机或不随机都可以

2. 相关关系的主要特征是（　　）。
   A. 某一现象的标志与另外的标志之间存在着确定的依存关系
   B. 某一现象的标志与另外的标志之间存在着一定的关系，但它们不是确定的关系
   C. 某一现象的标志与另外的标志之间存在着严重的依存关系
   D. 某一现象的标志与另外的标志之间存在着函数关系

3. 相关系数的取值范围是（　　）。
   A. $r=0$　　　　　B. $-1<r<1$　　　　C. $0 \leqslant r \leqslant 1$　　　　D. $-1 \leqslant r \leqslant 1$

4. 在回归直线 $y_c = a + bx$ 中，b 表示（　　）。
   A. 当 x 增加一个单位时，y 增加 b 的数量
   B. 当 y 增加一个单位时，x 增加 b 的数量
   C. 当 x 增加一个单位时，y 的平均增加量

D. 当 y 增加一个单位时，x 的平均增加量

5. 物价上涨，销售量下降，则物价与销售量之间属（　　）。

A. 无相关 B. 负相关 C. 正相关 D. 无法判断

6. 如果变量 x 和变量 y 之间的相关系数为-1，说明两个变量之间是（　　）。

A. 高度相关关系 B. 完全相关关系 C. 完全不相关 D. 低度相关关系

7. 在价格不变的条件下，商品销售额和销售量之间存在着（　　）。

A. 不完全的依存关系 B. 不完全的随机关系

C. 完全的随机关系 D. 完全的依存关系

8. 按照变量间相关的形式分，相关关系分为（　　）。

A. 单相关和复相关 B. 正相关和负相关

C. 线性相关和非线性相关 D. 高度相关和低度相关

9. 物价与商品需求量之间的关系为（　　）。

A. 不相关 B. 负相关 C. 正相关 D. 复相关

10. 直线回归分析中（　　）。

A. 自变量和因变量都是随机的

B. 两个变量是对等的关系

C. 利用一个回归方程，两个变量可以互相推算

D. 因变量是随机变量，自变量是可控制的解释变量，不是随机变量

二、多项选择题

1. 判定现象之间有无相关的方法是（　　）。

A. 对客观现象作定性分析 B. 编制相关表

C. 绘制相关图 D. 计算估计标准误差

2. 下列现象属相关关系的是（　　）。

A. 家庭收入越多，则消费也增长

B. 圆的半径越长，则圆的面积也越大

C. 一般来说，一个国家文化素质提高，则人口的平均寿命也越长

D. 一般来说，施肥量增加，农作物收获量也增加

3. 按现象之间相关关系的方向划分，相关关系可分为（　　）。

A. 直线相关 B. 曲线相关 C. 正相关 D. 负相关

4. 直线相关分析与直线回归分析的区别在于（　　）。

A. 相关的两个变量都是随机的，而回归分析中自变量是给定的数值，因变量是随机的

B. 回归分析中的两个变量都是随机的，而相关中的自变量是给定的数值，因变量是随机的

C. 相关分析中根据两个变量只能计算出一个相关系数，而回归分析通过建立适当的回归方程能够测出一个现象发生一定量的变化，另一个现象会对应发生变化的量

D. 相关的两个变量是对等关系，而回归分析中的两个变量不是对等关系

5. 相关系数 r 的数值（　　）。

    A．可为正值　　　　B．可为负值　　　　C．可大于 1　　　　D．可等于 1

6. 一元线性回归分析中的回归系数 b 可以表示为（　　）。

    A．两个变量之间相关关系的密切程度

    B．两个变量之间相关关系的方向

    C．当自变量增减一个单位时，因变量平均增减的量

    D．当因变量增减一个单位时，自变量平均增减的量

7. 如果 x 和 y 之间相关系数等于 1，那么（　　）。

    A．观察值和理论值的离差不存在　　　　B．y 的所有理论值同它的平均值一致

    C．x 与 x 是函数关系　　　　D．x 与 y 是完全正相关

8. 两个变量之间的相关系数 $r=0.91$，则说明（　　）。

    A．这两个变量之间的正相关

    B．这两个变量之间存在着线性相关关系

    C．这两个变量之间是高度正相关

    D．这两个变量中一个变量增加一个单位时，另外一个变量随之增加 0.91 个单位

9. 确定直线回归方程必须满足的条件有（　　）。

    A．现象间确实存在数量上的相互依存关系

    B．相关系数 r 必须等于 1

    C．y 与 x 必须同方向变化

    D．现象部存在着较密切的直线相关关系

10. 工人的工资与劳动生产率的回归方程为 $y_c = 10 + 70x$，这意味着如果（　　）。

    A．劳动生产率减少 500 元，则工人工资减少 35 元

    B．劳动生产率每增加 1000 元，则工人工资增长 80 元

    C．劳动生产率不变，则工人工资为 80 元

    D．劳动生产率增加 1000 元，则工人工资提高 70 元

三、判断题

1. 相关系数是测定变量之间相关关系的唯一方法。　　　　　　　　　　　　（　　）

2. 甲产品单位成本与利润的相关系数是 -0.8，乙产品单位成本与利润的相关系数是 -0.95，则乙比甲的相关程度高。　　　　　　　　　　　　　　　　　　　　　（　　）

3. 利用一个回归方程，两个变量可以互相推算。　　　　　　　　　　　　　（　　）

4. 估计标准误指的就是实际值 Y 与估计值的平均误差程度。　　　　　　　（　　）

5. 产品的单位成本随着产量增加而下降，这种现象属于函数关系。　　　　　（　　）

6. 相关系数为 0 表明两个变量之间不存在任何关系。　　　　　　　　　　　（　　）

7. 单纯依靠相关与回归分析，无法判断事物之间存在的因果关系。　　　　　（　　）

8. 圆的直径越大，其周长也越大，两者之间的关系属于正相关关系。　　　　（　　）

9. 当影响市场变化的众多因素中有一个最基本并起到决定性作用的因素，且自变量与因变量的分布呈现线性趋势，就可以运用一元线性回归法进行预测。　　　　　　（　　）

10. 当抽取的样本不同时，对同一总体回归模型估计的结果也有所不同。　　（　　）

四、计算分析题

某企业的产品产量和单位成本资料，见表 6-12。

表 6-12 某企业某种产品产量与单位成本资料表

月份	产量/台	单位成本/（元/台）
1	2000	73
2	3000	72
3	4000	71
4	3000	73
5	4000	69
6	5000	68

要求：

① 计算相关系数。

② 建立单位成本与产量的直线方程。

③ 分析产量每增加 1000 台，单位成本是如何变化的？

综合训练 6：参考答案

模块 7 动 态 分 析

 学习目标

◎知识目标

1. 了解动态数列的概念、种类和编制原则。
2. 掌握动态数列水平指标、速度指标的计算方法及相互关系。
3. 掌握长期趋势、季节变动分析技术。

◎能力目标

1. 能够运用动态数列水平指标、速度指标描述客观现象的发展状态。
2. 能够通过动态数列分析，揭示客观事物发展的长期趋势和季节变动规律。

◎职业素养目标

1. 具备对客观现象进行动态对比分析的技能，以认识现象的发展变化过程和规律性。
2. 熟练运用动态分析法，提升挖掘和分析统计信息的能力。

学习导引

2019 年全国农村贫困人口减少 1109 万人

2019 年，在以习近平同志为核心的党中央坚强领导下，各地区各部门认真贯彻精准扶贫方略，扎实推进脱贫攻坚，扶贫工作力度、深度和精准度都达到了新的水平，为 2020 年如期实现打赢脱贫攻坚战、全面建成小康社会的战略目标打下了坚实基础。全国农村贫困人口继续大幅减少，贫困发生率显著下降，贫困地区农村居民收入增长幅度高于全国农村平均水平。

一、农村贫困人口减少，贫困发生率下降

据国家统计局全国农村贫困监测调查，按现行国家农村贫困标准测算，2019 年年末，全国农村贫困人口 551 万人，比 2018 年末减少 1109 万人，下降 66.8%；贫困发生率 0.6%，比 2018 年下降 1.1 个百分点。

分三大区域看，2019 年年末农村贫困人口均减少，减贫速度均超 2018 年。西部地区农村贫困人口 323 万人，比 2018 年减少 593 万人；中部地区农村贫困人口 181 万人，比 2018 年减少 416 万人；东部地区农村贫困人口 47 万人，比 2018 年减少 100 万人。

分省看，2019 年各省贫困发生率普遍下降至 2.2%及以下。其中，贫困发生率在 1%~2.2%的省份有 7 个，包括广西、贵州、云南、西藏、甘肃、青海、新疆；贫困发生率在 0.5%~1%的省份有 7 个，包括山西、吉林、河南、湖南、四川、陕西、宁夏。

党的十八大以来，全国农村贫困人口累计减少超过 9000 万人。截至 2019 年年末，全国农村贫困人口从 2012 年年末的 9899 万人减少至 551 万人，累计减少 9348 万人；贫困发生率从 2012 年的 10.2%下降至 0.6%，累计下降 9.6 个百分点。

二、贫困地区农村居民人均可支配收入增速继续高于全国农村增速

2019 年，贫困地区农村居民人均可支配收入 11 567 元，比 2018 年名义增长 11.5%，扣除价格因素，实际增长 8.0%；名义增速和实际增速分别比全国农村高 1.9 和 1.8 个百分点。

工资、转移、财产三项收入增速均快于全国农村居民该项收入增速。2019 年贫困地区农村居民人均工资性收入 4082 元，增长 12.5%，增速比全国农村高 2.7 个百分点；人均转移净收入 3163 元，增长 16.3%，增速比全国农村高 3.4 个百分点；人均财产净收入 159 元，增长 16.5%，增速比全国农村高 6.2 个百分点。经营净收入比 2018 年加快增长。2019 年贫困地区农村居民人均经营净收入 4163 元，增长 7.1%，增速比上年加快 2.7 个百分点。集中连片特困地区农村居民人均可支配收入增速高于全国农村增速。2019 年集中连片特困地区农村居民人均可支配收入 11 443 元，增长 11.5%，比全国农村高 1.9 个百分点。

党的十八大以来，贫困地区农村居民人均可支配收入年均实际增速比全国农村高 2.2 个百分点。2013～2019 年，贫困地区农村居民人均可支配收入增速分别为 16.6%、12.7%、11.7%、10.4%、10.5%、10.6%、11.5%，年均名义增长 12.0%，扣除价格因素，年均实际增长 9.7%，实际增速比全国农村平均增速高 2.2 个百分点。2019 年贫困地区农村居民人均可支配收入是全国农村平均水平的 72.2%，比 2012 年提高 10.1 个百分点，与全国农村平均水平的差距进一步缩小。

（资料来源：国家统计局，2020. 方晓丹：2019 年全国农村贫困人口减少 1109 万人[EB/OL]. (2020-01-23)[2020-06-16]. http://www.stats.gov.cn/tjsj/sjjd/202001/t20200123_1724700.html.）

思考与讨论：

本案例运用了一系列动态分析指标来说明 2019 年我国脱贫攻坚情况，请据此谈谈你对动态分析的认识和理解。

模块 7：案例分析

7.1 认识动态分析

7.1.1 了解动态分析的意义

前面学习的综合指标主要是根据同一时间的资料从静态上对总体的数量特征进行分析。但社会经济现象总是随着时间的推移不断地发展变化，因此，还要学会进行动态分析。

所谓动态，就是现象在时间上的发展变化。要进行动态分析，就要编制动态数列。

微课：认识动态数列

动态数列也称时间数列，是将某一统计指标在不同时间上的数值按照时间先后顺序排列所形成的数列，见表 7-1。

表 7-1　某市 2014～2019 年经济、人口资料

年份	2014	2015	2016	2017	2018	2019
工业总产值/亿元	82	88	97	90	118	137
年末人口数/万人	800	806	811	817	825	833
人口自然增长率/‰	—	7.5	6.2	7.4	9.7	9.7
年人均消费支出/元	4568	4821	5086	5617	6009	6231

动态数列有两个构成要素：一个是现象所属的时间，见表 7-1 中的各个年度；另一个是现象在各时间上相应的统计指标数值，见表 7-1 中的各年的工业总产值、年末人口数等。

对现象进行动态分析具有十分重要的意义，其可概括为以下几个方面。

1）通过动态数列可以反映社会经济现象发展变化的过程。

2）通过对动态数列的分析研究，可以反映社会经济现象发展变化的方向、速度、趋势和规律。

3）利用动态数列对现象发展变化趋势与规律的分析，可以进行动态预测。

4）将多个动态数列纳入同一模型中研究，可以揭示现象之间相互联系的程度及动态演变关系。

7.1.2　熟悉动态数列的种类及编制原则

1. 动态数列的种类

动态数列按其指标的表现形式不同，可分为绝对数动态数列、相对数动态数列和平均数动态数列。绝对数动态数列是基本数列，其余两种是派生数列。

（1）绝对数动态数列

绝对数动态数列又称总量指标动态数列，是将一系列同类总量指标按时间先后顺序加以排列形成的动态数列，用以反映社会经济现象在某个时期达到的绝对水平及其发展变化的状态。表 7-1 中所列的某市 2014～2019 年工业总产值数列、年末人口数数列都是绝对数动态数列。绝对数动态数列按其所反映的社会经济现象的时间状况不同，又可分为时期数列和时点数列两种。

1）时期数列。绝对数动态数列中所包含的总量指标，如果是反映现象在一段时期内发展过程的总量时，这种绝对数动态数列称为时期数列。表 7-1 中所列的某市 2014～2019 年工业总产值数列就是一个时期数列。

时期数列具有以下特点：时期数列中的各个指标数值都是通过连续登记取得的；数列中每个指标数值的大小与其包含的时期长短有直接关系，包含时期越长，指标数值越大；数列中各项指标数值可以直接相加，相加后反映更长一段时期的总量指标。

2）时点数列。绝对数动态数列中所包含的总量指标，如果是反映现象在某一时点上所达到的水平，这种绝对数动态数列称为时点数列。表 7-1 中所列的某市 2014～2019 年年末人口数数列就是一个时点数列。

时点数列有以下特点：时点数列中的指标数值是通过间断性调查登记取得的；时点数

列中各指标数值的大小，与时间间隔的长短没有直接关系，这里"间隔"是指相邻两个时点之间的时间长度；时点数列中各项指标数值不能直接相加，加总的结果不具有实际意义。

（2）相对数动态数列

相对数动态数列又称相对指标动态数列，是由一系列同类相对指标按照时间先后顺序排列所形成的动态数列。它反映社会经济现象之间的数量对比关系或说明现象的结构、速度的发展变化过程。表 7-1 中所列的人口自然增长率数列就是相对数动态数列。

（3）平均数动态数列

平均数动态数列又称平均指标动态数列，是由一系列平均指标数值按时间先后顺序排列而成的动态数列。它反映某一社会经济现象一般水平的变化过程或发展趋势。表 7-1 中所列的年人均消费支出数列就是平均数动态数列。

2. 动态数列的编制原则

编制动态数列的目的，是要对客观现象进行动态对比分析，以认识现象的发展变化过程和规律性。这就要求动态数列中各项指标要具有可比性，而要做到可比，编制动态数列必须遵循一定的原则，这些原则可以概括为以下四个方面。

（1）时间长度应当一致

时间长度一致对于时期数列而言，就是要求数列中各项指标所属的时期长短应当一致。对于时点数列而言，就是要求数列各指标间的间隔时间应尽可能一致。一般情况下，都应遵循一致性原则，但在特殊情况下也可编制时期或间隔不等的动态数列。

（2）总体范围应当一致

动态数列中各项指标所属的总体范围必须一致。这里所说的总体范围主要是指地区的行政区划范围或部门的隶属关系范围。如果总体范围前后发生了变化，那么，数列中的数据就不能前后直接比较，必须经过调整统一后才能进行比较分析。

（3）指标内容应当一致

动态数列中的每项指标都反映着某一特定的现象内容，在一个动态数列中，每项指标的含义和内容必须严格一致，否则，它就无法反映特定现象的发展趋势和规律。如果用一个前后指标性质不一致的动态数列进行动态对比分析，就会形成错误的结论。

（4）计算口径应当一致

由于同一种统计指标的计算方法、计算价格和计量单位有多种，为了使数列中各项指标具有可比性，在同一个动态数列中的所有指标应采用统一的计算口径、计算价格、计量单位。例如，年平均人数的计算可以用年初和年末人数进行简单平均求得，也可用年初和各个月末人数进行序时平均求得。如果编制年平均人数动态数列，各年平均人数的计算只能根据研究目的要求选用其中的一种方法。

7.2　水平指标分析

动态数列的分析指标可分为水平指标和速度指标两大类，水平指标包括发展水平、平均发展水平、增长量和平均增长量；速度指标包括发展速度、平均发展速度、增长速度和平均增长速度。本节主要介绍动态数列的水平指标。

7.2.1　发展水平

发展水平是动态数列中的各项指标数值，反映社会经济现象在一定时期内或时点上所达到的水平。发展水平是计算其他动态分析指标的基础，用符号 a 表示。

发展水平一般是某一时期或时点的总量指标，如国内生产总值、全国人口总量等；也可以是相对指标，如计划完成程度等；还可以是平均指标，如单位产品成本等。

根据发展水平在动态数列中的位置不同，发展水平有最初水平、中间水平和最末水平三种。通常将动态数列中的第一项指标数值称为最初水平，用符号 a_0 表示；最后一项指标数值称为最末水平，用符号 a_n 表示；其余中间各项指标数值称为中间水平，用符号 $a_1,a_2,a_3,\cdots,a_{n-1}$ 表示。在对动态数列中的发展水平进行比较分析时，通常将要分析研究的那个时期的发展水平称为报告期水平，将作为比较基础时期的发展水平称为基期水平。

发展水平习惯用"增加到""降低到"来表述。表 7-1 中，2018 年该市工业总产值为118 亿元，2019 年工业总产值增加到 137 亿元。

7.2.2　平均发展水平

将动态数列中各个发展水平加以平均而得到的平均数称为平均发展水平，用以反映现象在一段时间内发展变化所达到的一般水平。平均发展水平又称序时平均数或动态平均数。平均发展水平可以根据绝对数动态数列计算，也可以根据相对数动态数列或平均数动态数列来计算，但从计算方法上讲，根据绝对数动态数列计算平均发展水平是最基本的方法。

1. 根据绝对数动态数列计算平均发展水平

绝对数动态数列有时期数列和时点数列之分，其平均发展水平的计算方法是不同的。

（1）根据时期数列计算平均发展水平

根据时期数列计算平均发展水平，一般直接采用简单算术平均法计算，即将观察期内的各时期数据相加，再除以相应的时期数。用公式表示为

$$\bar{a}=\frac{a_1+a_2+a_3+\cdots+a_n}{n}=\frac{\sum a}{n}$$

式中，$\bar{a}$——平均发展水平；

　　　　a_i——各期发展水平（$i=1,2,3,\cdots,n$）；

　　　　n——数列项数。

【例 7-1】根据表 7-1 的资料，计算某市 2014～2019 年各年平均工业总产值。

解：

$$\bar{a}=\frac{\sum a}{n}=\frac{82+88+97+90+118+137}{6}=102（亿元）$$

（2）根据时点数列计算平均发展水平

时点数列有连续时点数列和间断时点数列两种，而每一种又有间隔相等与间隔不等两种表现形式，计算时要区别对待。

1）由连续时点数列计算平均发展水平。

连续时点数列是将逐日登记的资料按照时间先后顺序排列而形成的动态数列。它有两种情况，一是数列中的各项指标为逐日登记、排列的；二是数列中的各项指标非逐日变动，只在发生变动时才进行统计。通常将前者称为间隔相等的连续时点数列，后者称为间隔不等的连续时点数列。

① 间隔相等的连续时点数列的平均发展水平的计算公式为

$$\bar{a} = \frac{a_1 + a_2 + a_3 + \cdots + a_n}{n} = \frac{\sum a}{n}$$

【例 7-2】某企业周一至周五出勤人数资料见表 7-2，计算该企业本周平均出勤人数。

表 7-2　某企业出勤人数表　　　　　　　　　单位：人

日期	周一	周二	周三	周四	周五
出勤人数	308	312	302	310	303

解：

$$\bar{a} = \frac{\sum a}{n} = \frac{308 + 312 + 302 + 310 + 303}{5} = 307 \ (人)$$

② 间隔不等的连续时点数列的平均发展水平的计算公式为

$$\bar{a} = \frac{a_1 f_1 + a_2 f_2 + a_3 f_3 + \cdots + a_n f_n}{f_1 + f_2 + f_3 + \cdots + f_n} = \frac{\sum af}{\sum f}$$

式中，f——各项指标的时间间隔。

【例 7-3】某企业某年 1 月库存变动情况记录见表 7-3 所示，计算该企业 1 月平均库存额。

表 7-3　某企业某年一月份库存变动表　　　　　　　　　单位：万元

日期	1 日	10 日	15 日	31 日
库存额	30	42	32	28

该企业 1 月平均库存额为

$$\bar{a} = \frac{\sum af}{\sum f} = \frac{30 \times 9 + 42 \times 5 + 32 \times 16 + 28 \times 1}{31} = 32.9 \ (万元)$$

2）由间断时点数列计算平均发展水平。

间断时点数列是指间隔一段时间对现象在某一时点上所表现的状况进行一次性登记，并将登记数据按照时间先后顺序排列所形成的动态数列。在实际统计工作中，要统计每一个时点上的数字显然是一项相当繁杂的工作，为方便起见，通常只能每隔一定的时间统计一次，时点一般定在期初或期末（如月初、月末、年初、年末等），这样每次统计间隔相等；或者是仅当现象的数量发生变动时进行统计，这样每次统计间隔就不相等。下面，我们分别介绍间隔相等与间隔不等的动态数列平均发展水平的计算。

① 间隔相等间断时点数列的平均发展水平计算公式为

$$\bar{a} = \frac{\dfrac{a_1 + a_2}{2} + \dfrac{a_2 + a_3}{2} + \cdots + \dfrac{a_{n-1} + a_n}{2}}{n-1} = \frac{\dfrac{a_1}{2} + a_2 + a_3 + \cdots + a_{n-1} + \dfrac{a_n}{2}}{n-1}$$

利用这种方法计算平均发展水平有一个假定条件，即现象在相邻的两个时点之间是均匀变动的。此方法又称首尾折半法，即先以每一段的中间值代表该段的平均水平，再将各段的平均水平用简单算术平均法加以平均，得到整个被研究时期的平均发展水平。

【例 7-4】某企业 2019 年二季度职工人数资料见表 7-4，计算该企业 2019 年二季度的平均职工人数。

表 7-4　某企业 2019 年二季度职工人数　　　　　　　　　　单位：人

日期	3 月末	4 月末	5 月末	6 月末
职工人数	202	205	216	228

该企业二季度平均职工人数为

$$\bar{a} = \frac{\dfrac{a_1}{2} + a_2 + a_3 + \cdots + a_{n-1} + \dfrac{a_n}{2}}{n-1} = \frac{\dfrac{202}{2} + 205 + 216 + \dfrac{228}{2}}{4-1} = \frac{636}{3} = 212 \text{（人）}$$

② 间隔不等间断时点数列的平均发展水平计算公式为

$$\bar{a} = \frac{\dfrac{a_1 + a_2}{2} f_1 + \dfrac{a_2 + a_3}{2} f_2 + \cdots + \dfrac{a_{n-1} + a_n}{2} f_{n-1}}{f_1 + f_2 + \cdots + f_{n-1}}$$

式中，f_i——各时点间隔的长度（$i = 1, 2, 3, \cdots, n-1$）。

【例 7-5】某企业 2018 年职工人数资料见表 7-5，计算该企业 2018 年的平均职工人数。

表 7-5　某企业 2018 年职工人数　　　　　　　　　　单位：人

日期	1 月 1 日	4 月 1 日	8 月 1 日	12 月末
职工人数	256	260	272	278

该企业 2018 年平均职工人数为

$$\bar{a} = \frac{\dfrac{a_1 + a_2}{2} f_1 + \dfrac{a_2 + a_3}{2} f_2 + \cdots + \dfrac{a_{n-1} + a_n}{2} f_{n-1}}{f_1 + f_2 + \cdots + f_{n-1}}$$

$$= \frac{\dfrac{256 + 260}{2} \times 3 + \dfrac{260 + 272}{2} \times 4 + \dfrac{272 + 278}{2} \times 5}{3 + 4 + 5} = \frac{3213}{12} = 267.75 \approx 268 \text{（人）}$$

理论上讲，计算时点数列平均发展水平的四种公式中，以第一种最优，准确性最好，但实际工作往往受客观条件限制；第三种最为常用，它适用于定期统计报表制度；第四种有时使用，主要用于非定期的专门调查。

2. 根据相对数动态数列计算平均发展水平

根据相对数动态数列计算平均发展水平时，不能用数列的各个指标数值直接相加除以项数来求得，而应先分别计算出构成相对数动态数列分子和分母的两个数列的序时平均数，然后将这两个序时平均数进行对比。其计算公式为

$$\bar{c} = \frac{\bar{a}}{\bar{b}}$$

式中，$\bar{c}$——相对指标的平均发展水平；

$\overline{a}$——分子数列的平均发展水平；

$\overline{b}$——分母数列的平均发展水平。

（1）由两个时期数列对比形成的相对数动态数列计算平均发展水平

【例 7-6】某企业 2019 年各季度商品销售额情况见表 7-6，计算该企业 2019 年平均每季商品销售额的计划完成程度。

表 7-6 某企业 2019 年各季度商品销售额

季度	一	二	三	四
计划数（b）/万元	2580	2500	2700	2700
实际数（a）/万元	2800	2862	2590	2887
计划完成程度（c）/%	108.5	114.5	95.9	106.9

解：

$$\overline{c} = \frac{\overline{a}}{\overline{b}} = \frac{\dfrac{\sum a}{n}}{\dfrac{\sum b}{n}} = \frac{\dfrac{2800+2862+2590+2887}{4}}{\dfrac{2580+2500+2700+2700}{4}} = \frac{11139}{10480} \times 100\% = 106.3\%$$

（2）由两个时点数列对比形成的相对数动态数列计算平均发展水平

实际工作中最常用的是，间隔相等的间断时点数列对比形成的相对数动态数列，通过以下例题来说明其计算方法。

【例 7-7】某企业 2017 年二季度各月末职工人数及其结构见表 7-7，计算该企业 2017 年二季度工人占全部职工的平均比重。

表 7-7 某企业 2017 年二季度各月末职工人数及其结构

季度	3 月末	4 月末	5 月末	6 月末
工人数（a）/人	102	125	123	156
全部职工人数（b）/人	135	150	153	187
工人占全部职工比重（c）/%	75.6	83.3	80.4	83.4

解：

$$\overline{c} = \frac{\overline{a}}{\overline{b}} = \frac{\dfrac{\dfrac{a_1}{2}+a_2+a_3+\cdots+\dfrac{a_n}{2}}{n-1}}{\dfrac{\dfrac{b_1}{2}+b_2+b_3+\cdots+\dfrac{b_n}{2}}{n-1}} = \frac{\dfrac{\dfrac{102}{2}+125+123+\dfrac{156}{2}}{4-1}}{\dfrac{\dfrac{135}{2}+150+153+\dfrac{187}{2}}{4-1}} = \frac{\dfrac{377}{3}}{\dfrac{464}{3}} = 81.3\%$$

（3）由一个时期数列和一个时点数列对比形成的相对数动态数列计算平均发展水平

【例 7-8】某企业 2019 年一季度各月商品销售、流动资金占用及周转次数资料见表 7-8，计算该企业 2017 年一季度平均每月流动资金周转次数。

表 7-8 某企业 2019 年一季度各月商品销售、流动资金占用及周转次数

时间	1 月	2 月	3 月	4 月
商品销售额（a）/万元	155	185	200	156
月初流动资金占用额（b）/万元	130	150	156	188
流动资金流转次数（c）/次	1.11	1.21	1.16	—

解：

$$\overline{c}=\frac{\overline{a}}{\overline{b}}=\frac{\dfrac{\sum a}{n}}{\dfrac{\dfrac{b_1}{2}+b_2+b_3+\cdots+\dfrac{b_n}{2}}{n-1}}=\frac{\dfrac{155+185+200}{3}}{\dfrac{\dfrac{130}{2}+150+156+\dfrac{188}{2}}{4-1}}=\frac{\dfrac{540}{3}}{\dfrac{465}{3}}=1.16\ (\text{次})$$

3. 根据平均数动态数列计算平均发展水平

平均数有静态平均数和序时平均数之分。如果平均数动态数列由静态平均数组成，其平均发展水平的计算方法与相对数动态数列的计算方法相同；如果平均数动态数列由序时平均数组成，其平均发展水平需要根据不同情况采用不同方法计算，在时期相等时，可直接采用简单算术平均法计算；如果时期不等，则可用时期或间隔长度作为权数采用加权算术平均法来计算。

7.2.3 增长量

增长量（增长水平）又称增减量，是指社会经济现象在一定时期内所增长（或减少）的绝对量，即报告期水平与基期水平之差。它说明某种社会经济现象报告期水平比基期水平增加（或减少）了多少。计算公式为

$$\text{增长量}=\text{报告期水平}-\text{基期水平}$$

计算结果为正值，表示增加量；计算结果为负值，表示减少量。由于基期的选择不同，增长量有逐期增长量和累计增长量两种。

1. 逐期增长量

逐期增长量是报告期水平与前一期水平之差，说明报告期水平比前一期水平增减的绝对量。用符号表示为

$$a_1-a_0,a_2-a_1,a_3-a_2,\cdots,a_n-a_{n-1}$$

2. 累计增长量

累计增长量是报告期水平与某一固定基期水平之差，说明报告期水平比某一固定基期水平增减的绝对量。表明现象经过较长一段时间发展的总增长数量。用符号表示为

$$a_1-a_0,a_2-a_0,a_3-a_0,\cdots,a_n-a_0$$

逐期增长量与累计增长量之间存在一定的数量换算关系。

累计增长量等于相应时期各逐期增长量之和，即

$$a_n-a_0=(a_1-a_0)+(a_2-a_1)+(a_3-a_2)+\cdots+(a_n-a_{n-1})$$

相邻两个时期的累计增长量之差等于相应时期的逐期增长量，即

$$a_n-a_{n-1}=(a_n-a_0)-(a_{n-1}-a_0)$$

现以表 7-9 为例来说明我国社会消费品零售总额的逐期增长量和累计增长量的计算。

表 7-9　我国社会消费品零售总额资料

年份	发展水平/亿元	增长量/亿元		发展速度/%		增长速度/%		增长1%的绝对值
		逐期	累计	环比	定基	环比	定基	
2011	187 206	—	—	—	100	—	—	—
2012	214 433	27 227	27 227	114.5	114.5	14.5	14.5	1 872.06
2013	242 843	28 410	55 637	113.2	129.7	13.2	29.7	2 144.33
2014	271 896	29 053	84 690	112.0	145.2	12.0	45.2	2 428.43
2015	300 931	29 035	113 725	110.7	160.7	10.7	60.7	2 718.96

3. 年距增长量

实际工作中，为了消除季节变动的影响，还需要计算年距增长量，即以当年某月或某季的发展水平减去上年同月或同季的发展水平，以消除季节变动的影响。计算公式为

年距增长量=本期发展水平-上年同期发展水平

【例 7-9】某企业 2019 年 5 月商品销售额为 920 万元，2018 年 5 月商品销售额是 823 万元，求年距增长量。

解：

$$2019 年 5 月年距增长量=920-823=97（万元）$$

4. 平均增长量

平均增长量又称平均增减量，是指某现象在一定时期内平均每期增减变化的数量，即各期增长量的序时平均数。它说明现象在一个较长时期内每期增减变化的一般水平。其计算公式为

$$平均增长量 = \frac{逐期增长量之和}{逐期增长量项数} = \frac{累计增长量}{数列项数-1}$$

【例 7-10】根据表 7-9 的资料计算我国社会消费品零售总额在 2011～2015 年平均每年的增长量。

解：

$$2011～2015 年平均增长量 = \frac{27\,227+28\,410+29\,053+29\,035}{4} = \frac{113\,725}{4} = 28\,431.3（亿元）$$

或

$$2011～2015 年平均增长量 = \frac{113\,725}{5-1} = 28\,431.3（亿元）$$

7.3　速度指标分析

速度指标分为发展速度、增长速度、平均发展速度和平均增长速度四种。

7.3.1　发展速度

发展速度是某种社会经济现象的报告期水平与基期水平之比，用以反映现象发展变动

的方向和程度，一般用百分数或倍数来表示。其计算公式为

$$发展速度 = \frac{报告期水平}{基期水平}$$

发展速度大于 1（或 100%）表示上升，小于 1（或 100%）表示下降。由于对比基数不同，发展速度又可分为环比发展速度和定基发展速度两种。

1. 环比发展速度

环比发展速度是报告期水平与前一期水平之比，表明社会经济现象在两个相邻时期或时点上的发展速度。其计算公式为

$$环比发展速度 = \frac{报告期水平}{相邻前期水平}$$

用符号表示为 $\frac{a_1}{a_0}, \frac{a_2}{a_1}, \frac{a_3}{a_2}, \cdots, \frac{a_n}{a_{n-1}}$。

例如，表 7-9 中我国社会消费品零售总额的环比发展速度，就是由 2011～2015 年各期发展水平分别与前一期水平相比而得。

2. 定基发展速度

定基发展速度是报告期水平与某一固定基期水平之比，表明现象在较长时期内总的发展变化程度，又称总速度。其计算公式为

$$定基发展速度 = \frac{报告期水平}{某一固定基期水平}$$

用符号表示为 $\frac{a_1}{a_0}, \frac{a_2}{a_0}, \frac{a_3}{a_0}, \cdots, \frac{a_n}{a_0}$。

例如，表 7-9 中我国社会消费品零售总额的定基发展速度，就是由 2011～2015 年各期发展水平分别与 2011 年发展水平相比而得。

环比发展速度与定基发展速度存在一定的数量关系。

1）定基发展速度等于相应时期内的各环比发展速度的连乘积，即

$$\frac{a_n}{a_0} = \frac{a_1}{a_0} \times \frac{a_2}{a_1} \times \frac{a_3}{a_2} \times \cdots \times \frac{a_n}{a_{n-1}}$$

例如，表 7-9 中 2015 年的定基发展速度=114.5%×113.2%×112.0%×110.7%=160.7%。

2）两个相邻时期的定基发展速度之比等于相应时期的环比发展速度，即

$$\frac{a_n}{a_0} \bigg/ \frac{a_{n-1}}{a_0} = \frac{a_n}{a_{n-1}}$$

例如，表 7-9 中 2015 年的环比发展速度=2015 年的定基发展速度/2014 年的定基发展速度=160.7%/145.2%=110.7%。

3. 年距发展速度

为了消除季节变动的影响，在计算月份或季度发展速度时，可选用上年同期作为对比的基期，计算年距发展速度。计算公式为

$$年距发展速度 = \frac{报告期水平}{上一年同期水平}$$

【例 7-11】仍以例 7-9 中的资料，计算该企业 2019 年 5 月商品销售额的年距发展速度=920/823=111.8%，表明该企业 2019 年 5 月商品销售额是上年同期的 111.8%或 1.118 倍。

此外，也可以选用历史最高水平的时间作为对比的基期，以反映在报告期已经发展到超过或不及历史最高水平的程度。

7.3.2 增长速度

增长速度又称增减速度，是增长量与基期水平之比，它是表明社会经济现象增长程度的相对指标。其计算公式为

$$增长速度 = \frac{增长量}{基期水平} = \frac{报告期水平-基期水平}{基期水平} = 发展速度-1$$

当发展速度大于 1（或 100%）时，增长速度为正值，表明现象的增长程度；当发展速度小于 1（或 100%）时，增长速度为负值，表明现象的降低程度。

增长速度由于采用基期不同，也分为环比增长速度和定基增长速度。

1. 环比增长速度

环比增长速度是逐期增长量与前一期发展水平之比，表明现象逐期增长的方向和程度。其计算公式为

$$环比增长速度 = \frac{逐期增长量}{前一期水平} = \frac{报告期水平-前一期水平}{前一期水平} = 环比发展速度-1$$

例如，表 7-9 中我国社会消费品零售总额的环比增长速度，可以用逐期增长量除以前一期水平计算，也可以用环比发展速度减去 100%求得。

2. 定基增长速度

定基增长速度是累计增长量与某一固定基期发展水平之比，表明现象在一定时期内总的增长速度。其计算公式为

$$定基增长速度 = \frac{累计增长量}{固定基期水平} = \frac{报告期水平-固定基期水平}{固定基期水平} = 定基发展速度-1$$

例如，表 7-9 中我国社会消费品零售总额的定基增长速度，可以用累计增长量除以某一固定基期（2011 年）水平计算，也可以用定基发展速度减去 100%求得。

需要注意的是，环比增长速度与定基增长速度之间不能直接进行换算，如果需要根据环比增长速度计算定基增长速度，必须将环比增长速度加 1 后还原为环比发展速度，然后连乘计算出定基发展速度，再将计算结果减 1 求得。

3. 年距增长速度

为了消除季节变动的影响，需要计算年距增长速度。其计算公式为

$$年距增长速度=年距发展速度-1（或 100\%）$$

【例 7-12】仍以例 7-9 中的资料，计算该企业 2019 年 5 月商品销售额的年距增长速度=920/823-100%=11.8%，表明该企业 2019 年 5 月商品销售额比 2018 年同期增长了 11.8%。

小案例：我国海洋生产总值十年翻番

通常所说的翻番，也属于速度指标。翻一番是指报告期水平为基期水平的 2 倍，或者说报告期水平比基期水平增长 1 倍，增长速度为 100%；翻两番是指报告期水平为基期水平的 4 倍，或者说报告期水平比基期水平增长了 3 倍，即增长速度为 300%。

7.3.3 平均发展速度和平均增长速度

1. 平均发展速度

平均发展速度是社会经济现象在各个时期环比发展速度的序时平均数。因为定基发展速度等于相应各个时期环比发展速度的连乘积，而不等于相应各个时期环比发展速度之和，所以计算平均发展速度不能用算术平均法，而应采用几何平均法或累计法。具体计算方法可根据所掌握资料的不同选择计算公式。

（1）几何平均法

几何平均法（水平法）的实质是：现象从最初水平 a_0 出发，每期以平均发展速度 $\bar{x}$ 发展，经过 n 期后，正好达到最末水平 a_n。因此，平均发展速度用公式表示为

$$\bar{x} = \sqrt[n]{\frac{a_1}{a_0} \times \frac{a_2}{a_1} \times \frac{a_3}{a_2} \times \cdots \times \frac{a_n}{a_{n-1}}} = \sqrt[n]{\frac{a_n}{a_0}} \qquad (7.1)$$

式中，$\dfrac{a_n}{a_0}$——第 n 期的定基发展速度。

但由于定基发展速度等于相应各期环发展速度的连乘积，所以公式又可改为

$$\bar{x} = \sqrt[n]{x_1 \cdot x_2 \cdot x_3 \cdot \cdots \cdot x_n} = \sqrt[n]{\prod x} \qquad (7.2)$$

式中，x——各期的环比发展速度；

n——环比发展速度的个数；

$\prod$——连乘符号。

一段时期的定基发展速度即为现象的总速度。如果用 R 表示总速度，则平均发展速度还可以表示为

$$\bar{x} = \sqrt[n]{R} \qquad (7.3)$$

以上计算平均发展速度的三个公式，虽然形式不同，但其实质与计算结果完全相同。计算平均发展速度，究竟用哪个公式，主要取决于所掌握的资料。如果掌握的资料是最初水平和最末水平或各期的发展水平，用式（7.1）计算；如果掌握的资料是各年的环比发展速度，用式（7.2）计算；如果掌握的资料是末期的定基发展速度，则用式（7.3）计算。

【例 7-13】根据表 7-9 的资料，已知我国社会消费品零售总额 2011～2015 年各年的发展水平分别是 187 206、214 433、242 843、271 896、300 931 亿元，则每年平均发展速度为

$$\bar{x} = \sqrt[n]{\frac{a_n}{a_0}} = \sqrt[4]{\frac{300\,931}{187\,206}} = 112.6\%$$

已知我国社会消费品零售总额 2011～2015 年各年的环比发展速度分别是 114.5%、113.2%、112.0%、110.7%，则每年平均发展速度为

$$\bar{x} = \sqrt[n]{\prod x} = \sqrt[4]{114.5\% \times 113.2\% \times 112.0\% \times 110.7\%} = \sqrt[4]{160.7\%} = 112.6\%$$

如果我国社会消费品零售总额 2011～2015 年的发展总速度为 160.7%，则每年的平均

发展速度为

$$\bar{x} = \sqrt[n]{R} = \sqrt[4]{160.7\%} = 112.6\%$$

计算结果表明，用以上三种公式对同一现象计算平均发展速度，其计算结果相同（有时出现小数不一致的情况，属于计算过程四舍五入的因素造成的）。

（2）累计法

累计法（方程式法）的实质是：现象从最初水平 a_0 出发，各期按平均发展速度 $\bar{x}$ 计算发展水平，使所计算的各期发展水平之和等于各期实际发展水平之和。即

$$a_0\bar{x} + a_0\bar{x}^2 + a_0\bar{x}^3 + \cdots + a_0\bar{x}^n = a_1 + a_2 + a_3 + \cdots + a_n$$

上式可简化为

$$a_0(\bar{x} + \bar{x}^2 + \bar{x}^3 + \cdots + \bar{x}^n) = \sum a$$

$$\bar{x} + \bar{x}^2 + \bar{x}^3 + \cdots + \bar{x}^n = \frac{\sum a}{a_0}$$

解这个高次方程所得的 $\bar{x}$ 的正根，即平均发展速度。但是解此方程比较复杂，实际工作中一般利用事先编好的"平均增长速度查对表"来查得平均发展速度。

用于计算平均发展速度的几何平均法和累计法各有不同特点，几何平均法侧重于考察末期的发展水平；而累计法侧重于考察全期的累计发展水平，这两种方法应根据现象的不同特点区别采用。当我们关心的是现象最后一期达到的水平时，用几何平均法；当我们关心的是现象整个时期达到的累计总和时，用累计法。

2. 平均增长速度

平均增长速度又称平均增减速度，说明现象在较长时间内平均每期增长或降低的速度，是根据它与平均发展速度的关系推算出来的。计算公式为

平均增长速度=平均发展速度-1（100%）

【例 7-14】根据表 7-9 的资料，已知我国社会消费品零售总额 2011～2015 年每年平均发展速度为 112.6%，计算平均增长速度。

解：

平均增长速度=平均发展速度-1（或 100%）=112.6%-100%=12.6%

7.3.4 增长 1%的绝对值

速度指标只能表明现象发展变动的相对程度，而掩盖了所对比的发展水平。增长量所说明的是现象增减变动的绝对值，虽然反映问题较具体，但进行对比分析就不太明显了。为了反映增长速度的实际效果，我们需要将速度指标与水平指标结合起来，计算增长 1%的绝对数量。增长 1%的绝对值是表明现象每增长 1%所包含的具体经济内容，即看一看相对数每增长 1%，绝对数增加了多少。其计算公式为

$$增长 1\%的绝对值 = \frac{逐期增长量}{环比增长速度 \times 100} = \frac{前期水平}{100}$$

例如，根据表 7-9 的资料，计算我国 2012～2015 年社会消费品零售总额每增长 1%的绝对值，是用上一年的社会消费品零售总额除以 100 求得的。这样把增长速度与增长量结合起来，就能比较清楚、全面地说明现象的发展变动情况了。

小案例：楼市持续回温，百强
房企 4 月销售额同比转正

7.4 趋势分析

动态数列各项发展水平的变化，是许多复杂因素共同作用的结果。其影响因素归纳为四种类型，即长期趋势、季节变动、循环变动和不规则变动。

1）长期趋势是指动态数列受某种根本因素的影响，在某一较长时间内，持续增加而向上发展或持续减少而向下发展的总趋势。具体有三种类型：一是线性或非线性上升趋势，这种动态数列的数据走势呈现出一种向上的趋势，既可以呈直线上升，也可以呈曲线上升；二是线性或非线性下降趋势，这种动态数列的数据走势呈现出一种向下的趋势，既可以呈直线下降，也可以呈曲线下降；三是水平变动趋势，这种动态数列的数据走势无倾向性，总是在某一水平上小幅度上下波动，且波动无规律性。例如，我国国内生产总值持续增长是受经济不断发展这种根本原因的影响所呈现出来的长期趋势。

2）季节变动是指客观现象受季节影响，按照固定周期呈现出的有规律性的波动变化。引起季节变动的原因既有自然因素，也有人为因素，如节假日及风俗习惯等。季节变动一般以一年为周期，每年重复出现规律性变动。例如，冷饮、夏装的生产与销售受季节变动影响而呈现出有规律的变动。

3）循环变动是指客观现象在为期较长（如五年、十年乃至数十年）的周期内，呈现出有规则的上升或下降的循环变动状态。其与季节变动的区别在于，不以一年为固定周期，而是一年以上的并不固定的周期，规律性变化也不很明显。客观现象的循环变动形成的原因是多方面的，从根本上来说是由经济运行周期决定的。例如，经济发展会呈现出繁荣、衰退、萧条、复苏的周期。

4）不规则变动是指客观现象受偶然因素的影响而呈现出忽上忽下、不规则的变动趋势。经济现象的不规则变动，往往是由一系列偶然因素造成的。这种偶然因素发生的时间和影响是不可预料的，也无固定规律可循，如自然灾害、战争等因素的影响。因此，在处理不规则变动数据资料时，一方面，要认真分析影响不规则变动的偶然因素；另一方面，在分析的基础上，剔除偶然因素造成的波动，经过统计处理，使之规则化。

动态数列一般是以上几种变化形式的叠加或组合。动态分析法就是通过使用一定的方法对动态数列进行修匀，剔除不规则变动等因素的影响，分析现象发展变化的原因及规律，为预测和决策提供依据。这里主要介绍常用的长期趋势分析和季节变动分析。

7.4.1 长期趋势分析

长期趋势分析是运用一定的数学关系式，对原数列进行修匀，加工成一个新数列，以排除季节变动、循环变动及不规则变动等因素的影响，显示出现象发展变化的趋势或规律。分析测定长期趋势的方法较多，下面主要介绍移动平均法和最小平方法。

1. 移动平均法

移动平均法是将动态数列的数据，由远及近按一定跨越期逐项递移计算一系列平均数，把每期平均数作为下一期预测值的方法。这种方法按一定跨越期逐一求得平均值，随观察值向后推移，平均值也向后移动，形成一个由平均值组成的新的动态数列，对新动态数列中平均值加以调整，可作为观察期内的估计值，最后一个平均值是预测值计算的依据。

移动平均法预测的准确程度，取决于移动跨越期的长短。预测者确定跨越期长短要根据以下两个方面：首先，动态数列本身的特点；其次，研究问题的需要。若动态数列观察值的波动主要是由随机因素引起的，是为了反映预测事物的长期变动趋势，跨越期可以适当长些；若动态数列观察值的波动主要不是由随机因素引起的，而是现象本身的变化规律，是为了灵敏地反映历史数据的变动趋势，跨越期可以适当短些。

移动平均法主要包括一次移动平均法、二次移动平均法和加权移动平均法等。

【例7-15】以表7-10为例来说明一次移动平均预测法的计算过程。

表7-10　某企业2010～2019年商品销售额资料　　　　　　　　单位：亿元

年份	商品销售额	三项移动平均	五项移动平均	四项移动平均	四项移动平均正位
2010	12.2	—	—		
2011	13.0	12.9	—	12.6	
2012	13.6	12.7	12.6	12.8	12.7
2013	11.5	12.7	12.7	12.6	12.7
2014	12.9	12.3	13.0	12.9	12.8
2015	12.4	13.3	13.6	14.1	13.5
2016	14.7	14.5	15.0	15.5	14.8
2017	16.3	16.5	16.8	17.9	16.7
2018	18.6	19.0	—		
2019	22.1	—	—		

1）三项移动平均：

第一个移动平均数 $=\dfrac{12.2+13.0+13.6}{3}=12.9$，对准第二项的实际值；

第二个移动平均数 $=\dfrac{13.0+13.6+11.5}{3}=12.7$，对准第三项的实际值；

以此类推，边移动，边平均，求得三项移动平均新数列共八项。

2）五项移动平均：

第一个移动平均数 $=\dfrac{12.2+13.0+15.6+11.5+12.9}{5}=12.6$，对准第三项的实际值；

第二个移动平均数 $=\dfrac{13.0+15.6+11.5+12.9+12.4}{5}=12.7$，对准第四项的实际值；

以此类推，边移动，边平均，求得五项移动平均新数列共六项。

3）四项移动平均：

第一个移动平均数 $=\dfrac{12.2+13.0+13.6+11.5}{4}=12.6$，对准第二、三项的中间；

第二个移动平均数 $=\dfrac{13.0+13.6+11.5+12.9}{3}=12.8$，对准第三、四项的中间；

以此类推，边移动，边平均，求得四项移动平均新数列共七项。

由于每个指标数值都和原动态数列错半行，无法直接进行对比，还必须进行一次正位平均，即再进行一次两项移动平均。这样，新动态数列的各期数值才能对齐原动态数列，形成新的四项正位平均数列共六项。

从表 7-10 可以看出，移动平均可以使动态数列中短期的偶然因素弱化，整个数列被修匀得更加平滑，波动趋于平稳。

用移动平均预测法分析长期趋势时，应注意以下几点。

1）平均的项数要视资料的特点而定。一般以循环周期的长度或倍数为准。若数列资料为季度资料，应采用四项移动平均；若数列为月份资料，则应采用 12 项移动平均。

2）采用奇数项移动平均，一次即得趋势值；采用偶数项移动平均，需进行两次移动平均，第一次移动平均所得的移动平均值都在原数列的中间，所以需要在此基础上进行两项正位平均，以便对准原数列的各时期。由于偶数项移动平均比较复杂，一般以奇数项为宜。

3）移动平均所得的修匀数列的项数比原数列的项数少。移动平均项数与修匀数列项数的关系是：修匀数列项数=原数列项数-移动平均项数+1。移动平均项数越多，修匀效果越好。因此，为了更好地分析现象发展变动的趋势，要视具体情况来确定移动平均的项数。

2. 最小平方法

最小平方法又称最小二乘法，是依据动态数列的观察值与趋势值的离差平方和为最小值的基本要求，拟合一种趋势模型，然后利用多元函数求极值的方法，推导出标准联立方程组，并求其参数，进而测定各期趋势值，形成一条理想的趋势线。

最小平方法是分析测定长期趋势的重要方法，可以拟合直线趋势模型、曲线趋势模型，选择时应依据现象发展变化的特点而定。下面以直线趋势的测定为例来说明这种方法的具体应用。

如果动态数列的逐期增长量（一次差）大致相等，就可以对现象的变动趋势拟合直线趋势模型。判断动态数列的趋势是否是直线型趋势，可以采用两种方法：散点图法和增减量分析法。

1）散点图法是将动态数列的有关数据描在一个坐标图上，即以横坐标表示时间，以纵坐标表示预测变量（如销售量），一个数据就是坐标图上一个点。如果这些点的分布近似一条直线，那么就可以判断该动态数列数据是直线型变动趋势。

2）增减量分析法的具体做法是对动态数列观察值计算逐期增长量，如果逐期增长量大体相等，则趋势线基本属于直线类型。

如果现象的发展变化呈直线型，则预测模型为

$$\hat{Y}_t = a + bt$$

式中，$\hat{Y}_t$——预测值；

a、b——方程式的参数，分别代表直线的截距和斜率；

t——时间（一般用序号表示）。

根据最小平方法的原理 $\sum(Y-\hat{Y})^2$ =最小值及多元函数求极值的原理，求解参数 a、b 的标准联立方程组为

$$\begin{cases} \sum Y = na + b\sum t \\ \sum tY = a\sum t + b\sum t^2 \end{cases}$$

整理后，可以推导出

$$
\begin{cases}
b = \dfrac{n\sum tY - \sum t\sum Y}{n\sum t^2 - \left(\sum t\right)^2} \\[3mm]
a = \dfrac{\sum Y - b\sum t}{n} = \overline{Y} - b\overline{t}
\end{cases}
$$

式中，n —— 动态数列的项数；

Y —— 实际值；

t —— 时间变量值。

将求得的两个参数代入直线方程中，即可得到一条趋势直线，利用拟合的趋势线可以预测未来的发展水平。

为了简化计算过程，两参数还可以采用简捷法计算。具体方法是：当数列项数是奇数时，将数列中间一项设为原点，记作 0，前后两端的时间序号按正负对称设置，即按-4、-3、-2、-1、0、1、2、3、4 设置，两头延伸，使 $\sum t = 0$；当数列项数是偶数时，将数列中间两项的中点设为原点，时间序号分别按-5、-3、-1、1、3、5 设置，两头延伸，使 $\sum t = 0$，这样就可达到简化计算的目的。简化后的公式为

$$
\begin{cases}
\sum Y = na \\
\sum tY = b\sum t^2
\end{cases}
$$

$$
\begin{cases}
a = \dfrac{\sum Y}{n} \\[3mm]
b = \dfrac{\sum tY}{\sum t^2}
\end{cases}
$$

【例 7-16】某企业某种产品 2013～2019 年的产量资料见表 7-11，要求拟合直线趋势方程预测 2020 年的产品产量。

表 7-11 最小平方法计算表　　　　　　　　　　　　　　　　单位：万吨

年份	产量（Y）	逐期增长量	t	tY	t^2	$\hat{Y}$
2013	14.0	—	1	14.0	1	13.9
2014	16.2	2.2	2	32.4	4	16.2
2015	18.5	2.3	3	55.5	9	18.6
2016	20.9	2.4	4	83.6	16	20.9
2017	23.2	2.3	5	116.0	25	23.2
2018	25.6	2.4	6	153.6	36	25.6
2019	27.9	2.3	7	195.3	49	27.9
合计	146.3	—	28	650.4	140	—

通过计算逐期增长量（一次差）大致相等，用最小平方法拟合直线方程 $\hat{Y}_t = a + bt$ 进行预测。

根据表 7-11 计算可得：$n=7$，$\sum tY = 650.4$，$\sum t^2 = 140$。

代入公式求解得

$$
\begin{cases}
b = \dfrac{n\sum tY - \sum t\sum Y}{n\sum t^2 - \left(\sum t\right)^2} = \dfrac{7\times 650.4 - 28\times 146.3}{7\times 140 - 28^2} = \dfrac{4552.8 - 4096.4}{980 - 784} = \dfrac{456.4}{196} = 2.33 \\[4mm]
a = \dfrac{\sum Y - b\sum t}{n} = \dfrac{146.3 - 2.33\times 28}{7} = \dfrac{81.06}{7} = 11.58
\end{cases}
$$

则拟合的直线方程为

$$\widehat{Y}_t = a + bt = 11.58 + 2.33t$$

该企业预测 2020 年产品产量时，$t=8$，其预测值为

$$\widehat{Y}_t = 11.58 + 2.33t = 11.58 + 2.33 \times 8 = 30.2 \text{（万吨）}$$

【例 7-17】仍以表 7-11 资料来说明简捷法的计算过程，最小平方法计算表见表 7-12。

表 7-12 最小平方法计算表（简捷法）   单位：万吨

年份	产量（Y）	逐期增长量	t	tY	t^2	$\widehat{Y}$
2013	14.0	—	−3	−42.0	9	13.9
2014	16.2	2.2	−2	−32.4	4	16.2
2015	18.5	2.3	−1	−18.5	1	18.6
2016	20.9	2.4	0	0	0	20.9
2017	23.2	2.3	1	23.2	1	23.2
2018	25.6	2.4	2	51.2	4	25.6
2019	27.9	2.3	3	83.7	9	27.9
合计	146.3	—	0	65.2	28	—

根据表 7-12 可知：$n=7$，$\sum tY = 65.2$，$\sum t^2 = 28$。

代入公式求解得

$$\begin{cases} a = \dfrac{\sum Y}{n} = \dfrac{146.3}{7} = 20.9 \\ b = \dfrac{\sum tY}{\sum t^2} = \dfrac{65.2}{28} = 2.33 \end{cases}$$

则拟合的直线方程为

$$\widehat{Y}_t = a + bt = 20.9 + 2.33t$$

该企业预测 2020 年产品产量时，$t=4$，其预测值为

$$\widehat{Y}_t = 20.9 + 2.33t = 20.9 + 2.33 \times 4 = 30.2 \text{（万吨）}$$

可见，用简捷法计算的各年趋势值和用一般方法计算的各年趋势值结果完成相同，所预测的 2020 年的产品产量也完全相同。

7.4.2 季节变动分析

季节变动是指某些社会经济现象由于受自然气候、生产条件、生活习惯等因素的影响，在一定时间中随季节的变化而呈现出周期性的变化规律。测定季节变动的意义在于认识和掌握变化规律，克服季节变动带来的不利影响，便于更好地安排组织生产，为经济预测和决策提供依据。

季节变动的特点是每年都重复出现，各年同月（或季）具有相同的变动方向，变动幅度一般相差不大。若将这种逐年各期重复出现的季节变动的方向和幅度加以归纳，则形成季节变动模型。因此，研究社会经济现象的季节变动，搜集动态数列的资料一般应以月（或季）为单位，且至少需要有三年或三年以上的社会经济现象各月（各季）的资料，才能观察到季节变动的一般规律性。

按其是否消除长期趋势的影响，季节变动分析可分为按月（季）平均法和趋势剔除法。

1. 按月（季）平均法

如果动态数列没有明显的长期变动趋势，就可以假设其不存在长期趋势，直接对动态数列中各年同月（或季）的实际值加以平均，再将各年同月（同季）的平均数与各年的总平均数进行比较，求出季节指数，最后通过季节指数来计算出预测值。如果某月（季）的季节指数大于 100%，则表明现象在该月（季）为旺季；如果小于 100%，则为淡季；如果等于 100%，则该月不受季节变动的影响。季节指数的计算公式为

$$季节指数 = \frac{各年同月（季）平均数}{全期各月（季）总平均数} \times 100\%$$

【例 7-18】某商场衬衫销售量资料见表 7-13，季节变动情况计算如下。

表 7-13　某商场 2017～2019 年衬衫销售量资料

月份	2017/万件	2018/万件	2019/万件	同月平均数/万件	季节比率/%
1	12	14	15	13.7	21.0
2	13	17	16	15.3	23.4
3	16	19	22	19.0	29.1
4	45	50	46	47.0	72.0
5	78	79	87	81.3	124.5
6	135	141	150	142.0	217.5
7	150	176	206	177.3	271.5
8	145	165	179	163.0	249.6
9	67	56	67	63.3	96.9
10	32	40	32	34.7	53.1
11	12	22	19	17.7	27.1
12	3	15	11	9.7	14.3
合计	708	794	850	784.0	1200

1）计算各年同月的平均数。

1 月份平均数 $= \dfrac{12+14+15}{3} = 13.7$（万件），其他月份依此类推。

2）计算总的月平均数。

总月平均数 $= \dfrac{708+794+850}{36} = 65.3$（万件）。

3）求各月的季节比率。

1 月季节比率 $= \dfrac{13.7}{65.3} = 21.0\%$，其他月份以此类推。

4）用季节比率进行预测。

为了预测以后各年不同月的发展趋势和状况，通常假定按过去资料测定的季节变动模型能够适用于未来。利用季节指数进行预测主要适用于两种情况。

① 已知预测目标全年预测值，利用季节指数测算该年各月的预测值。其计算公式为

$$某月预测值 = \frac{年预测值}{12} \times 该月季节指数$$

【例 7-19】仍以表 7-13 资料为例，已知该商场 2020 年的衬衫销售量计划是 1000 万件，则可根据上述季节指数预测各月的销售量。2020 年 1 月的销售量的预测值为

$$\frac{1000}{12} \times 21.0\% = 17.5（万件）$$

② 已知某月实际值，利用季节指数测算未来各月和全年预测值。其计算公式为

$$未来月预测值 = \frac{某月实际值}{该月季节指数} \times 未来季节指数$$

$$全年预测值 = \frac{某月实际值}{该月季节指数} \times 全年季节指数之和$$

【例 7-20】 仍以表 7-13 资料为例，已知该商场 2020 年 1 月、2 月和 3 月衬衫的销售量分别为 15 万件、18 万件和 20 万件，预测 2020 年 7 月衬衫销售量。

$$7 月的销售量 = \frac{15+18+20}{21.0\%+23.4\%+29.1\%} \times 271.5\% = 195.8 （万件）$$

$$全年衬衫销售量 = \frac{15+18+20}{20.9\%+23.4\%+29.1\%} \times 1200\% = 865.3 （万件）$$

按月（季）平均法计算简便，容易理解，但由于它没有消除长期趋势的影响，计算结果不准确。要解决这一问题，必须采用移动平均趋势剔除法。

2. 趋势剔除法

当动态数列中存在上升或下降趋势时，应先剔除长期趋势，再求季节比率，否则会影响季节比率的准确性。对含有两种变动趋势的动态数列求季节指数，最简便的办法是利用移动平均法计算出各期的趋势值，再将各期的实际值与对应期的趋势值相比较，计算出季节比率；接着把各年相同季节的季节比率加以平均，必要时再做修正，即求得季节指数。得到季节指数后，再根据趋势值的平均变动情况，求出预测期的趋势值，将其与对应期的季节指数相乘，就能得到所要预测的值。一般分为以下几步。

小案例：2020 年 4 月份我国外贸出口增速好于市场预期

1）对原数列作四项（或十二项）移动平均，求得动态数列的长期趋势值 T。

2）将数列实际水平除以相应时期的趋势值（Y/T），得出剔除趋势因素后的新数列，作为季节比率的原始数据。

3）将（Y/T）重新按季（或按月）排列，并求得季（或月）平均数，再将其除以总平均数，得到季节指数。

4）把各季的平均季节指数加总，其总和应该为 400%（或月份资料总和应该为 1200%）。如果大于或小于此数，就需要进一步校正。用校正系数乘以各季度（或月）平均季节比率，即为所求的季节指数。

由于此方法计算过程比较烦琐，在此不做详细介绍。

知识拓展：经济周期

项目实训：动态分析技能训练

进行动态分析

实训任务：对于选定的调查项目，运用动态分析的相关理论，分析现象的变动情况和发展趋势，做好小组展示准备。

实训目标：

1）明确动态分析法在实际工作中的重要性及其作用。

2）掌握动态数列水平指标和速度指标的主要种类及具体应用和计算方法。

实训内容：

1）对模块 3 整理汇总得到的数据资料，计算水平指标、速度指标。

2）运用动态分析法分析现象的变动情况和发展趋势。

实训要求：

1）按照统计岗位分工，运用动态分析指标对调查整理得到的数据资料进行认真细致的计算与分析。

2）计算分析过程要科学合理，能够指导分析工作的顺利实施，得出合理的结论。

实训组织：以小组为单位，由分析部门负责人牵头，组织本项目团队成员集体讨论，确定动态分析指标，按时间要求和质量要求，完成该阶段的统计分析工作。

实训考核：在班级分别进行小组展示，对各小组展示动态分析的质量进行评价，小组自评、他人评价和教师评价相结合，评价标准如下：

学生成绩=小组自评（20%）+小组互评（30%）+教师评价（50%）

展示交流：

1）通过抽签决定各组代表展示的顺序，将本组动态分析的过程和结论在班内进行交流，每组 5 分钟，如有条件，用 PPT 形式展示。

2）本组成员进行补充，其他组成员进行提问、质疑，教师对各组的分析过程和结论进行点评，并提出相应的修改意见。

3）由各组成员对本部分内容进行梳理和归纳，教师进行总结和拓展。

4）各组根据教师和同学所提意见进行修改、完善，评定实训成绩。

综合训练 7

一、单项选择题

1．动态数列中，每个指标数值相加有意义的是（　　）。

    A．时期数列　　　　B．时点数列　　　　C．相对数数列　　　D．平均数数列

2．平均发展水平计算中的"首尾折半法"适合于计算（　　）。

    A．时期数列　　　　　　　　　　B．连续时点数列

    C．间隔相等的间断时点数列　　　D．间隔不等的间断时点数列

3．已知一个数列的环比增长速度分别为 3%、5%、8%，则该数列的定基增长速度为（　　）。

    A．3%×5%×8%　　　　　　　　B．103%×105%×108%

    C．（3%×5%×8%）+1　　　　　D．（103%×105%×108%）-1

4．企业生产的某种产品 2019 年比 2018 年增长了 8%，2019 年比 2017 年增长了 12%，

则 2018 年比 2017 年增长了（　　）。

    A．3.7%　　　　　B．50%　　　　　C．4%　　　　　D．5%

5．某企业 2016 年的利润为 100 万元，以后三年每年比上年增加 100 万元，则利润的环比增长速度（　　）。

    A．年年增长　　　B．年年下降　　　C．年年保持不变　　D．无法做结论

6．以 2000 年为基期，2019 年为报告期，计算粮食产量的年平均发展速度时，需要（　　）。

    A．开 17 次方　　　B．开 18 次方　　　C．开 19 次方　　　D．开 20 次方

7．若无季节变动，则季节比率应（　　）。

    A．为 0　　　　　B．为 1　　　　　C．大于 1　　　　D．小于 1

8．构成动态数列的两个基本要素是（　　）。

    A．主词和宾词　　　　　　　　　B．变量和次数

    C．时间和指标数值　　　　　　　D．时间和次数

9．动态数列中的发展水平（　　）。

    A．只能是总量指标　　　　　　　B．只能是相对指标

    C．只能是平均指标　　　　　　　D．三种指标均可以

10．如果动态数列逐期增长量大体相等，则宜拟合（　　）。

    A．直线模型　　　B．抛物线模型　　　C．曲线模型　　　D．指数曲线模型

二、多项选择题

1．下列动态数列中，属于时点数列的是（　　）。

    A．全国每年大专院校毕业生人数　　　B．全国每年大专院校年末在校学生数

    C．某商店各月末商品库存额　　　　　D．某企业历年工资总额

2．动态数列中，各项指标值不能相加的有（　　）。

    A．时点数列　　　　　　　　　　B．时期数列

    C．平均数动态数列　　　　　　　D．相对数动态数列

3．简单算术平均数适合于计算（　　）的序时平均数。

    A．时期数列　　　　　　　　　　B．间隔相等的连续时点数列

    C．间隔相等的间断时点数列　　　D．间隔不等的连续时点数列

4．定基增长速度等于（　　）。

    A．定基发展速度-1

    B．相应环比增长速度加 1 后的连乘积再减 1

    C．相应各项环比发展速度的连乘积减 1

    D．累计增长量除以某一固定基期水平

5．动态数列的水平指标有（　　）。

    A．平均增长量　　　B．发展水平　　　C．平均发展水平　　D．增长量

6．编制动态数列应遵循的原则是（　　）。

    A．时间长度一致　　B．总体范围一致　　C．指标内容一致　　D．计算口径一致

7. 影响动态数列变动的因素主要有（　　　）。

　　A．长期趋势　　　B．季节变动　　　C．循环变动　　　D．不规则变动

8. 将不同时期的发展水平加以平均得到的平均数称为（　　　）。

　　A．一般平均数　　B．平均发展速度　C．序时平均数　　D．平均发展水平

9. 动态数列的速度指标有（　　　）。

　　A．发展速度　　　B．增长速度　　　C．平均增长速度　D．平均发展速度

10. 计算平均发展速度的方法有（　　　）。

　　A．几何平均法　　　　　　　　　B．简单算术平均法

　　C．累计法　　　　　　　　　　　D．首尾折半法

三、判断题

1. 两个相邻的定基发展速度，用后者除以前者等于后期的环比发展速度。（　　）

2. 环比增长速度的连乘积等于相应年份的定基增长速度。（　　）

3. 某高校历年毕业生人数动态数列是时期数列。（　　）

4. 若季节指数大于1，说明没有季节变动。（　　）

5. 平均增长速度=平均发展速度+1。（　　）

6. 若平均发展速度大于100%，则环比发展速度也大于100%。（　　）

7. 当发展水平增长时，增长量指标就为正值；当发展水平下降时，增长量指标就为负值。（　　）

8. 某企业产品产值同去年相比增加了4倍，即翻了两番。（　　）

9. 动态数列的指标数值只能用绝对数表示。（　　）

10. 采用移动平均法测定长期趋势，主要是为了削弱随机因素的影响。（　　）

四、计算分析题

1. 某商场历年销售额资料，见表7-14，计算有关动态分析指标。

表7-14　某商场历年销售额资料

年份	发展水平	增长量		发展速度/%		增长速度/%		增长1%的绝对值
		累计	逐期	定基	环比	定基	环比	
2014								
2015			42.5					2.85
2016		106.2						
2017						45.2		
2018					136.0			
2019							3.2	

2. 某企业2019年上半年的职工人数资料，见表7-15，试计算该企业第一季度、第二季度及上半年平均每月的职工人数。

表 7-15　某企业 2019 年上半年的职工人数资料

日期	1 月初	1 月末	2 月末	3 月末	4 月末	5 月末	6 月末
人数	252	252	255	256	260	260	258

3. 某企业 2019 年各季度计划产值和实际产值计划完成程度，见表 7-16，试计算该企业 2019 年每季度的平均计划完成程度。

表 7-16　某企业 2019 年各季度产值资料

季度	一	二	三	四
计划产值/万元	800	850	850	860
实际产值/万元	820	840	901	910
计划完成程度/%	102.5	98.8	106.0	105.8

4. 已知某企业 2019 年 1~4 月商品销售额和职工人数资料，见表 7-17，计算该企业第一季度的月平均劳动生产率。

表 7-17　2019 年 1~4 月商品销售额和职工人数资料

月份	1 月	2 月	3 月	4 月
商品销售额/万元	70	82	97	102
月初职工人数/人	28	32	35	38

5. 某地区 2015~2019 年水稻产量，见表 7-18，试用最小平方法建立直线趋势模型，并预测 2020 年该地区的水稻产量。

表 7-18　某地区 2015~2019 年水稻产量资料

年份	水稻产量/万吨
2015	320
2016	332
2017	340
2018	353
2019	265

综合训练 7：参考答案

模块 8　统计指数分析

 学习目标

◎知识目标

1．了解统计指数的概念、作用与分类。
2．掌握综合指数的编制原则。
3．掌握平均数指数的编制及应用范围。
4．掌握运用指数体系进行因素分析的方法。

◎能力目标

1．能够结合资料的具体情况，选择恰当的指数编制方法。
2．能够对生活中的经济现象进行指数体系两因素分析，解决实际问题。

◎职业素养目标

1．培养认真负责的工作精神和职业热情。
2．提升团队合作意识和责任意识。

学习导引

2019 年 12 月居民消费价格同比上涨 4.5%

2019 年下半年，国内生猪价格大涨。各地区各部门根据党中央、国务院的决策部署，坚持稳中求进的工作基调，积极贯彻落实稳物价、惠民生的方针政策。针对我国居民消费领域出现的各种情况及变化，采取了一系列有力的政策措施。各地区各部门协同发力，确保我国居民消费价格总体保持稳定。

2019 年 12 月，全国居民消费价格同比上涨 4.5%。其中，城市上涨 4.2%，农村上涨 5.3%；食品价格上涨 17.4%，非食品价格上涨 1.3%；消费品价格上涨 6.4%，服务价格上涨 1.2%。

12 月，全国居民消费价格环比持平。其中，城市持平，农村下降 0.1%；食品价格下降 0.4%，非食品价格上涨 0.1%；消费品和服务价格均持平。

由于生猪价格大涨，带动整个食品消费领域出现价格波动，对 CPI 产生了较大影响。

12 月，食品烟酒类价格同比上涨 12.9%，影响 CPI 上涨约 3.82 个百分点。食品中，畜肉类价格上涨 66.4%，影响 CPI 上涨约 2.94 个百分点，其中猪肉价格上涨 97.0%，影响 CPI 上涨约 2.34 个百分点；鲜菜价格上涨 10.8%，影响 CPI 上涨约 0.26 个百分点；蛋类价格上涨 6.2%，影响 CPI 上涨约 0.04 个百分点；水产品价格上涨 1.3%，影响 CPI 上涨约 0.02 个百分点；粮食价格上涨 0.6%，影响 CPI 上涨约 0.01 个百分点；鲜果价格下降 8.0%，影响 CPI 下降约 0.15 个百分点。

12 月，食品烟酒类价格环比下降 0.2%，影响 CPI 下降约 0.05 个百分点。食品中，蛋类价格下降 4.7%，影响 CPI 下降约 0.03 个百分点；畜肉类价格下降 3.8%，影响 CPI 下降约 0.28 个百分点，其中猪肉价格下降 5.6%，影响 CPI 下降约 0.27 个百分点；鲜菜价格上涨 10.6%，影响 CPI 上涨约 0.25 个百分点；鲜果价格上涨 0.6%，影响 CPI 上涨约 0.01 个百分点。

（资料来源：国家统计局，2020. 2019 年 12 月份居民消费价格同比上涨 4.5%[EB/OL].(2020-01-09)[2020-06-16].http://www.stats.gov.cn/tjsj/zxfb/202001/t20200109_1721984.html，有改动。）

思考与讨论：

1. 案例中运用大量统计数据来说明我国 2019 年 12 月居民消费价格情况，你了解 CPI 吗？

2. 编制 CPI 的目的是什么？

模块 8：案例分析

8.1　认识统计指数

8.1.1　了解统计指数

1. 统计指数的概念

统计指数（简称指数），是一种表明社会经济现象总体数量变化的相对数。指数的含义有广义和狭义之分。

微课：认识指数

从广义上说，指数是表明社会经济现象总体数量变动状况的相对数，如模块 4 中介绍的计划完成程度相对数、比较相对数、动态相对数等都可以称为指数。它包括反映简单现象总体和复杂现象总体的相对数。简单现象总体是指总体中各单位具有共同的计量单位，其标志值可以直接进行加总，如某一产品的原材料消耗、产量、价格等。复杂现象总体是指总体内各单位具有不同的计量单位，其标志值不能进行直接加总，如多种不同产品的原材料消耗、产量、价格等。

从狭义上说，指数是综合反映不能直接加总计算的多种事物组成的复杂现象总体数量的相对数，如 3000 吨钢材和 500 台机床的原材料消耗、产量、价格。本模块仅讨论狭义的统计指数。

2. 统计指数的性质

（1）相对性

指数作为一种对比性的统计分析指标，具有相对数的特点，通常用相对数的形式表示。统计总体内各变量在不同时间、空间下对比形成的相对数，可以用来度量总体数量的相对变化。例如，我国 2019 年国内生产总值指数为 106.1%，这表示将 2018 年的国内生产总值看成是 100%，2019 年的国内生产总值相当于 2018 年的 106.1%，或者说 2019 年我国国内生产总值提高了 6.1%。

（2）综合性

指数是反映一组变量在不同时间、空间下综合变动形成的相对数。从该相对数中无法看出总体中各变量的具体变化情况，因为它把各变量不同变化的差异抽象化，只用一个抽象数值概括反映总体内所有变量综合变动的结果。例如，我国 2019 年国内生产总值指数是106.1%，国内生产总值是由许多不同的最终产品生产组成的，我们很难从指数获知具体最终产品的变化情况。

（3）平均性

指数是总体水平的一个代表性数值，类似于加权平均数，是加权之后的结果。可以从两个方面体现平均性：一是进行比较的综合数量本身具有平均性的性质；二是两个综合量对比形成的指数反映了个别量的平均变动水平。

8.1.2　熟悉统计指数的作用和种类

1．理解统计指数的作用

（1）统计指数可以综合反映复杂现象总体数量的变动方向和程度

统计指数分析是把不能直接加总的多种变量转化为可比的总体现象，并且通过加总对比计算出总指数，反映其变动的方向和程度。社会经济现象中存在大量复杂不能直接加总的现象，研究这些现象的变动情况，可以通过编制统计指数来解决问题。因此，这就是指数最重要的作用。统计指数一般用百分数表示，其比值大于或小于 100%，表示上升或者下降的变动方向。例如，某企业总成本指数为 105%，这说明总成本上升了 5%；2020 年 3 月全国规模以上工业增加值指数为 98.9%，说明规模以上工业增加值下降了 1.1%。统计指数的计算，不仅可以在微观上为企业的管理提供信息，而且可以在宏观上为国家、地区的管理和经济决策提供重要依据。

（2）统计指数可以分析各因素变动对现象总量变动的影响方向和程度

统计指数可以分析复杂现象受到哪些因素的影响，并具体计算出这些因素对复杂现象变动的影响方向和程度。例如，企业总成本指数为 105%，也就是总成本上升了 5%。根据总成本与产量、单位成本之间的关系（总成本=产品产量×产品单位成本），可以看出，企业总成本发生的变动，是在产量和单位生产成本这两个因素共同作用下导致的，利用指数因素分析的方法可以计算出产量和单位生产成本分别对总成本变化的影响方向和程度。

（3）统计指数用于研究现象的发展变化趋势

指数方法适合对比分析有联系但性质不同的变量之间的变动关系，解决不同性质变量之间不能对比的困难，进行现象发展趋势分析，反映事物发展变化的趋势。例如，编制居民消费价格指数，可以用来反映一定时期的物价变动及其发展的趋势。

2．掌握统计指数的种类

（1）个体指数和总指数

指数根据研究对象范围的不同分为个体指数和总指数。

1）个体指数是反映个别现象数量变动情况的动态相对数，是在简单现象总体条件下计算的。常用的有个体物价指数、个体成本指数、个体销售额指数等。其计算公式为

个体指数=报告期指标数值/基期指标数值

2）总指数是反映复杂现象总体数量变动的动态相对数。总指数表明多种不同产品或商品的数量、价格、成本等现象在不同时间、空间的变动程度。

（2）数量指标指数和质量指标指数

指数根据所研究对象性质的不同分为数量指标指数和质量指标指数。

数量指标指数是反映现象总体规模水平变动情况的指数。例如，产量指数、销售量指数、职工人数指数等。质量指标指数是反映工作质量好坏、管理水平高低等方面变动情况的指数。例如，商品价格指数、劳动生产率指数、单位生产成本指数等。

在指数的编制过程中，需要重视这两个指数的区别，采用不同的编制方法进行不同情况的动态分析。

（3）定基指数和环比指数

指数根据所采用的基期不同分为定基指数和环比指数。

定基指数是将某一固定时期作为基期，反映现象的报告期与某一固定基期数量对比的相对数，能够反映现象总体的长期变化趋势。环比指数是以前一期作为基期，反映现象的报告期数量与前一期数量对比的相对数，能够反映现象总体逐期变化趋势。

小案例：2019年12月份工业生产者出厂价格同比下降0.5%

（4）综合指数和平均数指数

总指数根据计算与编制方法不同分为综合指数和平均数指数。

综合指数是通过同度量因素，将不能直接加总的现象过渡到能够直接加总的现象，然后进行对比计算出来的指数，它是总指数编制的基本形式。综合指数分为数量指标指数和质量指标指数。平均数指数是从个体指数出发，通过对个体指数加权平均计算出的指数。平均数指数分为加权算术平均数指数和加权调和平均数指数。

8.2 编制综合指数

8.2.1 认识综合指数

1. 综合指数的含义及特点

综合指数是编制总指数的基本形式，是将两个总量指标进行对比得到的相对数。

编制综合指数是为了说明不同事物的数量变化，探究各事物之间的联系。由于复杂现象总体各事物的性质不同、计量单位不同，不能直接进行

微课：认识CPI

加总。因此，编制综合指数首先需要解决不同事物数量的不同度量问题，将不能直接加总的事物变为可以相加，然后才能进行对比。因此，综合指数编制的特点是：先综合，后对比。

2. 综合指数的编制原则

复杂现象各事物的实物指标由于不同性质、不同计量单位，不能直接相加，但是其价

值指标可以直接进行相加。也就是说，虽然不同产品或商品的价格、单位成本、销售量（产量）等都是不同度量的，但价值量是同度量的，如销售额、总产值、总成本等。鉴于不同产品或商品的价值量是可以直接进行相加的，我们可以根据指标之间的内在联系，在计算不能直接加总的事物时，引入另一个因素指标，将其转化为同度量。例如，在编制产量指数时，加入价格指标因素，用不同产品的产量乘以自身的价格，这样就可以把不能直接加总的不同度量的产量转化为可以直接加总的同度量的总产值。同理，在编制价格指数时，加入产量指标，用不同产品的价格乘以各自的产量，将不同度量的价格转化为同度量的总产值。

在上述过程中，我们所加入的可以将不同度量指标转化为同度量指标的媒介，称为同度量因素。同度量因素是指能够使各种性质不同、计量单位不同、不能直接相加的数量指标或者质量指标，转化为性质相同、计量单位相同、可以直接加总的指标因素。上述计算产量指数加入的价格指标和计算价格指数加入的产量指标，都称为同度量因素。在同一关系式中，数量指标和质量指标互为同度量因素。同度量因素不仅有转化为同度量的作用，在学习平均指数时，还会了解到同度量因素具有加权作用。

在编制综合指数时，应该把同度量因素的时期固定下来，消除其由于时期不同而带来的交叉影响。一般地，在编制数量指标综合指数时，将作为同度量因素的质量指标固定在基期；在编制质量指标综合指数时，将作为同度量因素的数量指标固定在报告期。

综上所述，综合指数的编制原则有三点。

1）确定同度量因素。根据研究对象的特点及现象之间的关系，确定同度量因素。

2）固定同度量因素的时期。为了消除同度量因素的变动对研究对象带来的交叉影响，应将其固定在同一时期。

3）将两个时期的指标数值进行对比，测定指标的综合变动。

8.2.2　编制数量指标指数

数量指标综合指数是反映数量指标综合变动程度的相对数，即反映现象总体规模水平变动情况的指数。在编制时，将质量指标因素固定在某一时期，只观察数量指标的变化情况。

编制数量指标综合指数一般采用基期的质量指标作为同度量因素。一是编制数量指标指数将质量指标作为同度量因素；二是将质量指标因素固定在基期。计算公式为

$$\bar{k}_q = \frac{\sum q_1 p_0}{\sum q_0 p_0}$$

式中，$\bar{k}_q$——数量指标综合指数；

q_1——报告期数量指标；

q_0——基期数量指标；

p_0——基期质量指标。

【例 8-1】根据表 8-1 中三种商品的销售量和价格资料，计算商品销售量综合指数。

表 8-1　某商店三种商品的销售价格和销售量资料

商品名称	计量单位	销售量		价格/元	
		基期（q_0）	报告期（q_1）	基期（p_0）	报告期（p_1）
酸奶	箱	400	375	80	85
牛肉	千克	500	550	88	96
面包	个	1000	1060	5	4.9

商品销售量个体指数的计算公式为

$$k_q = \frac{q_1}{q_0}$$

式中，k_q——销售量个体指数；

$\quad\quad q_1$——报告期销售量；

$\quad\quad q_0$——基期销售量。

根据表 8-1 中的资料，可分别计算出三种商品的销售量个体指数为

酸奶销售量个体指数=375/400=93.75%

牛肉销售量个体指数=550/500=110%

面包销售量个体指数=1060/1000=106%

计算结果表明，三种商品销售量变动幅度是不同的。其中酸奶销售量下降了 6.25%，牛肉增长了 10%，面包增长了 6%。从以上三个指数中，只能看出每种商品各自的变化情况，不能说明三种商品的综合变动情况。为了得到三种商品的综合变动情况，需要编制商品销售量综合指数。根据综合指数的编制原则，销售量综合指数的编制步骤如下。

1）确定同度量因素。由于三种商品的计量单位不同、使用价值不同，销售量不能直接进行加总，需要将销售量转化为能够直接进行加总的销售额。根据销售额=销售量×价格这一经济关系，将质量指标如价格指标作为数量指标如销售量指标的同度量因素。

2）将同度量因素固定在同一时期。同度量因素价格指标在不同的时期也会有所变化，若不将价格指标固定在某一时期，会导致销售额不仅受销售量的影响，还会受同度量因素价格指标的影响。因此，需要将商品价格固定在同一时期，以此消除价格变动对销售额的影响。

3）选择同度量因素所属时期。在我国统计实践工作中，编制数量指标指数时，一般将质量指标作为同度量因素，并将其固定在基期，也就是说，在例 8-1 中我们采用的是价格指标的基期数据。其计算公式为

$$\bar{k}_q = \frac{\sum q_1 p_0}{\sum q_0 p_0}$$

式中，$\bar{k}_q$——数量指标综合指数；

$\quad\quad \sum q_1 p_0$——按报告期销售量和基期价格计算的销售额；

$\quad\quad \sum q_0 p_0$——基期的销售额。

根据表 8-1 中的资料，三种商品不同时期的销售额计算数据如表 8-2 所示。

表 8-2　某商店三种商品数量指数计算表

商品名称	计量单位	销售量		价格/元		销售额/元	
		基期（q_0）	报告期（q_1）	基期（p_0）	报告期（p_1）	$q_0 p_0$	$q_1 p_0$
酸奶	箱	400	375	80	85	32 000	30 000
牛肉	千克	500	550	88	96	44 000	48 400
面包	个	1 000	1 060	5	4.9	5 000	5 300
合计	—	—	—	—	—	81 000	83 700

根据以上资料，三种商品销售量综合指数计算为

$$\overline{k}_q = \frac{\sum q_1 p_0}{\sum q_0 p_0} = \frac{83\,700}{81\,000} = 103.33\%$$

计算结果表明，三种商品销售量综合增长 3.33%。由于销售量的增长而增加的销售额为

$$\sum q_1 p_0 - \sum q_0 p_0 = 83\,700 - 81\,000 = 2700（元）$$

8.2.3　编制质量指标指数

质量指标综合指数是反映质量指标综合变动程度的相对数，即反映工作质量好坏、管理水平高低等方面变动情况的指数。在编制时，将数量指标因素固定在某一时期，只观察质量指标的变化情况。

编制质量指标综合指数，一般采用报告期的数量指标作为同度量因素。一是编制质量指标指数将数量指标作为同度量因素；二是将数量指标因素固定在报告期。计算公式为

$$\overline{k}_p = \frac{\sum q_1 p_1}{\sum q_1 p_0}$$

式中，$\sum q_1 p_1$——报告期的销售额。

【例 8-2】根据表 8-1 的资料计算三种商品价格指标综合指数。

商品价格个体指数计算公式为

$$k_p = \frac{p_1}{p_0}$$

式中，k_p——商品价格个体指数；

p_1——报告期价格；

p_0——基期价格。

根据表 8-1 中的资料，计算三种商品的价格个体指数为

酸奶销售价格个体指数=85/80=106.25%

牛肉销售价格个体指数=96/88=109.09%

面包销售价格个体指数=4.9/5=98%

计算结果表明，三种商品销售价格的变动幅度是不同的。其中酸奶的价格上涨了 6.25%，牛肉的价格上涨了 9.09%，面包的价格下降了 2%。从上述数据中，只能看出每种不同商品价格的变动情况，无法得到三种商品的综合变动情况。为了得到三种商品的综合变动情况，需要编制商品销售价格综合指数。商品销售价格指数的编制步骤与销售量指数

的步骤相似，但是这里将同度量因素销售量指标固定在报告期。

根据表 8-1 中的资料，三种商品不同时期的销售额计算数据见表 8-3。

表 8-3 某商店三种商品质量指数计算表

商品名称	计量单位	销售量		价格/元		销售额/元	
		基期（q_0）	报告期（q_1）	基期（p_0）	报告期（p_1）	$q_1 p_0$	$q_1 p_1$
酸奶	箱	400	375	80	85	30 000	31 875
牛肉	千克	500	550	88	96	48 400	52 800
面包	个	1 000	1 060	5	4.9	5 300	5 194
合计	—	—	—	—	—	83 700	89 869

根据上述资料，三种商品销售价格综合指数计算为

$$\bar{k}_p = \frac{\sum q_1 p_1}{\sum q_1 p_0} = \frac{89\,869}{83\,700} = 107.37\%$$

计算结果表明，三种商品价格综合增长 7.37%。由于价格增长而增加的销售额为

$$\sum q_1 p_1 - \sum q_1 p_0 = 89\,869 - 83\,700 = 6169（元）$$

通过学习数量指标和质量指标的编制过程，得出综合指数编制的一般原则：编制数量指标综合指数，将作为同度量因素的质量指标固定在基期；编制质量指标综合指数，将作为同度量因素的数量指标固定在报告期。

小案例：17 家机构预测 4 月份 CPI 涨幅均值为 3.9%

运用综合指数法编制指数，不仅可以反映个体现象的变动情况，而且可以准确反映复杂现象总体的变动方向和程度。但需要注意的是，综合指数法在编制时，需要企业提供全面的原始资料，这是综合指数法在实际运用中的一个制约因素。

8.3 编制平均数指数

8.3.1 认识平均数指数

1. 平均数指数的含义

平均数指数，又称为平均指数，是编制总指数的另一种形式。它是以个体指数为基础，计算质量指标和数量指标的个体指数，通过对个体指数加权平均得到的总指数。

平均数指数与综合指数既有区别又有联系。两者的联系是在一定权数下，平均数指数是综合指数的一种变形。平均数指数虽然依托综合指数，但自身在统计研究中也具有独特的意义。平均数指数分为加权算术平均数指数和加权调和平均数指数。

2. 平均数指数的适用范围

综合指数是总指数的基本形式，可以综合说明现象变动的方向和程度，其计算公式简单易理解，但是在编制时需要全面的原始统计数据资料。而平均数指数则克服了这一缺点，在编制时不需要全面原始资料，只需提供某一指标的个体指数和报告期或基期的总量指标

数据。平均数指数计算比较简便，是根据非全面资料计算总指数的好方法。

8.3.2 编制加权算术平均数指数

加权算术平均数指数是对个体指数进行的加权算术平均，即把个体指数作为变量，将基期价值量指标当作权数，进行加权算术平均计算得到的指数。其适用于企业无法获知报告期销售资料的情况。

加权算术平均数指数的计算公式可以通过数量指标综合指数公式推算得到。数量指标个体指数 $k_q = q_1 / q_0$，即 $q_1 = k_q \cdot q_0$，将其代入数量指标综合指数公式中，可得出公式为

$$\overline{k}_q = \frac{\sum q_1 p_0}{\sum q_0 p_0} = \frac{\sum k_q q_0 p_0}{\sum q_0 p_0}$$

【例 8-3】仍以表 8-1 所示某商场销售三种商品的资料为例，用加权算术平均数指数法编制销售量总指数，见表 8-4。

表 8-4 某商店三种商品加权算术平均指数计算表

商品名称	计量单位	销售量		价格/元		销售量个体指数	基期销售额/元
		基期（q_0）	报告期（q_1）	基期（p_0）	报告期（p_1）	$k_q = q_1/q_0$	$q_0 p_0$
酸奶	箱	400	375	80	85	93.75%	32 000
牛肉	千克	500	550	88	96	110%	44 000
面包	个	1 000	1 060	5	4.9	106%	5 000
合计	—	—	—	—	—	—	81 000

根据上述资料，三种商品用加权算术平均数指数计算的销售量总指数为

$$\overline{k}_q = \frac{\sum q_1 p_0}{\sum q_0 p_0} = \frac{\sum k_q q_0 p_0}{\sum q_0 p_0} = \frac{93.75\% \times 32\,000 + 110\% \times 44\,000 + 106\% \times 5000}{32\,000 + 44\,000 + 5000}$$

$$= \frac{83\,700}{81\,000} = 103.33\%$$

计算结果表明，三种商品销售量综合增长 3.33%。由于销售量的增长而增加的销售额为

$$\sum k_q q_0 p_0 - \sum q_0 p_0 = 83\,700 - 81\,000 = 2700（元）$$

计算结果与例 8-1 采用综合指数法的计算结果一致。需要注意的是，因为加权算术平均指数法是在数量指数公式基础上推导得到的，两种方法的计算结果应当是基本一致的。

8.3.3 编制加权调和平均数指数

加权调和平均数指数是对个体指数按调和平均数形式进行的加权计算。把个体指数作为变量，将报告期价值指标当作权数，用加权调和平均方式计算得到的指数。适用于企业无法获知基期销售资料的情况。

加权调和平均数指数的计算公式可以通过质量指标综合指数公式推导得出。质量指标个体指数 $k_p = p_1 / p_0$，即 $p_0 = p_1 / k_p$，将其代入质量指标综合指数公式中，可得出计算公式为

$$\overline{k}_p = \frac{\sum q_1 p_1}{\sum q_1 p_0} = \frac{\sum q_1 p_1}{\sum \dfrac{q_1 p_1}{k_p}}$$

【例 8-4】仍以表 8-1 某商场三种商品的资料为例，用加权调和平均数指数法编制销售价格总指数，见表 8-5。

表 8-5　某商店三种商品加权调和平均指数计算表

商品名称	计量单位	销售量		价格/元		销售价格个体指数	报告期销售额/元
		基期（q_0）	报告期（q_1）	基期（p_0）	报告期（p_1）	$k_p = p_1/p_0$	$q_1 p_1$
酸奶	箱	400	375	80	85	106.25%	31 875
牛肉	千克	500	550	88	96	109.09%	52 800
面包	个	1 000	1 060	5	4.9	98%	5 194
合计	—						89 869

根据上述资料，三种商品用加权调和平均数指数法计算的销售量总指数为

$$\overline{k}_p = \frac{\sum q_1 p_1}{\sum q_1 p_0} = \frac{\sum q_1 p_1}{\sum \dfrac{q_1 p_1}{k_p}} = \frac{31\,875 + 52\,800 + 5\,194}{\dfrac{31\,875}{106.25\%} + \dfrac{52\,800}{109.09\%} + \dfrac{5\,194}{98\%}}$$

$$= \frac{89\,869}{30\,000 + 48\,400 + 5300} = \frac{89\,869}{83\,700} = 107.37\%$$

计算结果表明，三种商品价格综合增长 7.37%，由于价格增长而增加的销售额为

$$\sum q_1 p_1 - \sum \frac{q_1 p_1}{k_p} = 89\,869 - 83\,700 = 6169 \text{（元）}$$

例 8-4 的计算结果和例 8-2 采用综合指数法的计算结果一致。需要注意的是，因为加权调和平均指数法是在质量指数公式基础上推导得到的，两种方法的计算结果应当是基本一致的。

通过学习加权算术平均数指数和加权调和平均数指数的编制，可以看出平均数指数编制的一般原则：编制数量指标指数时，一般选用基期价值指标作为权数，加权计算数量指标个体指数的算术平均数指数；编制质量指标指数时，一般选用报告期价值指标作为权数，加权计算质量指标个体指数的调和平均数指数。

8.4　利用指数体系进行因素分析

8.4.1　认识指数体系

1. 指数体系的概念

统计指数体系的概念有广义和狭义两种。从广义上说，指数体系是由若干经济内容上相互联系的指数所构成的整体。现实生活中，现象之间的联系是多种多样的。因此，指数

之间联系的形式也是多种多样的。从狭义上说，指数体系是指不仅存在社会经济上的联系，还可以用一定的数量对等关系式表示。本模块主要研究可以用数量对等关系式表示的狭义指数体系。在实际生活中，我们常见到的数量对等关系式有

产品总成本=产品产量×单位产品成本

产品总产值=产品产量×单位产品价格

商品销售额=商品销售量×商品价格

上述数量关系式等号左边称为总变动指标，它的大小受到等号右边两个指标的影响。这种指标之间静态的数量关系构成一个指标体系。同时，等号右边两个指标的变动也会带动等号左边指标的变动，即

产品总成本指数=产品产量指数×单位产品成本指数

产品总产值指数=产品产量指数×单位产品价格指数

商品销售额指数=商品销售量指数×商品价格指数

我们把等式左边的指数称为总变动指数，把等式右边的指数称为因素指数。由此可知，指数体系是由三个或三个以上的指数构成，并且总变动指数等于各因素指数的连乘积。我们将具有上述等式关系的若干指数称为指数体系。

2. 指数体系的分类

（1）两因素指数体系和多因素指数体系

按因素指数的多少不同，分为两因素指数体系和多因素指数体系。

两因素指数体系是指在等式中影响总变动指数的只有两个因素指数。例如，

产品总成本指数=产品产量指数×单位产品成本指数

等号右边只有两个因素指数，称为两因素指数体系。多因素指数体系是指在等式中影响总变动指数的有三个或三个以上的因素指数，例如，

原材料消耗总额指数=产品产量指数×单位产品耗费指数×原材料价格指数

等号右边有三个及三个以上因素指数，称为多因素指数体系。本模块中只介绍两因素指数体系，多因素指数体系的计算方法与其相似，不过多赘述。

（2）总量指标指数体系和平均指标指数体系

按总变动指标性质不同，分为总量指标指数体系和平均指标指数体系。

总量指标指数体系的总变动指数是总量指标指数。例如，

产品总产值指数=产品产量指数×单位产品价格指数

等号左边的总变动指数是总量指标指数，称为总量指标指数体系。

平均指标指数体系的总变动指数是平均指标指数。例如，

商品平均价格指数=商品价格指数×商品结构指数

等号左边的总变动指数是平均指标指数，称为平均指标指数体系。本模块中只介绍总量指标指数体系。

3. 指数体系的作用

指数体系的主要作用表现在两个方面。

1）进行因素分析。因素分析是利用指数体系从数量方面分析现象总变动中各因素对其

影响的方向、程度及绝对数。因素分析不仅可以衡量简单经济现象中因素指数的变动方向与程度，也可以测定复杂经济现象中各因素指数的变动方向与程度。根据因素指数分析导致总变动的不同因素变动情况，并且具体到各种不同的因素指数变化的方向及绝对数。

2）进行指数推算。根据指数体系中因素指数与总变动指数之间的关系，当已经掌握指数体系中若干指数时，可以对剩下的未知指数进行推算，从而得到未知指数的变动情况，作出影响经济的判断。例如，某地区 2019 年商品销售价格指数，可以用该地区 2019 年的商品销售额指数除以商品销售量指数得到。

8.4.2　熟悉因素分析的步骤

1．因素分析的概念

因素分析是依据指标与其影响因素的关系，利用指数体系从数量方面对影响社会经济现象总变动的各因素进行分析，确定各因素变动对总变动的影响方向与程度。因素分析既可以分析简单经济现象中单个因素的变动方向与程度，又可以分析复杂经济现象中各因素对于总变动指标的影响方向与程度。通过因素分析得出的信息，能够为经济决策提供依据。因素分析适用范围广泛，是统计工作中重要的分析手段。

因素分析的内容主要有两个方面：一方面从相对数上，现象总变动指数等于各因素指数的连乘积，计算公式为

$$总变动指数=数量指标指数×质量指标指数$$

另一方面从绝对数上，现象总变动的差额等于各因素指标变动影响的绝对差额之和，计算公式为

$$总变动指标实际增减额=数量指标变动影响的绝对额+质量指标变动影响的绝对额$$

需要注意的是，与综合指数编制方法相同，在衡量某一因素指数变动的影响时，应当将同度量因素指数固定在一定时期。衡量数量指标因素指数时，将同度量因素的质量指标固定在基期；衡量质量指标因素指数时，将同度量因素的数量指标固定在报告期。由此，避免交叉影响情况的出现。

2．因素分析的步骤

因素分析是在指数体系理论指导下，分析影响社会经济现象总变动中，各因素的影响方向和程度。在进行因素分析时，一般分为以下四步。

1）确定研究对象及影响因素。在进行因素分析时，首先确定研究对象的统计指标，否则后期的工作将没有意义。根据研究对象的统计指标，分析影响该统计指标的因素有哪些，并进行列举。

2）建立指数体系。根据研究对象与影响因素的关系建立指数体系：若研究相对数关系，则现象总体指数等于各影响因素指数的连乘积；若研究绝对数关系，则现象总体变动程度等于指数体系中各影响因素分子与分母的差额之和。

3）搜集资料。计算指数体系中各影响因素的具体变动情况需要有关资料数据作为支撑，因此，我们需要搜集相关资料，并进行整理、计算。数据收集工作在模块 2 中有详细讲解，这里不予赘述。

4）根据计算结果，给出相应的结论，为经济决策提供基础资料。

8.4.3 掌握总量指标的因素分析

总量指标因素分析是为了衡量影响总变动指数的各因素指数的影响方向及程度。本模块以两因素分析法为例，根据社会经济现象之间的关系，找出影响总量指标的相关因素。指数体系建立的原则与综合指数的编制原则相似，即数量指标指数采用基期的质量指标指数作为同度量因素，质量指标指数采用报告期的数量指标指数作为同度量因素。据此，建立指数体系。多因素分析与两因素分析相似，多因素分析可对其进行参照。

现以商品销售额指数为例。

商品销售额指数=商品销售量指数×商品销售价格指数

即

$$\frac{\sum q_1 p_1}{\sum q_0 p_0} = \frac{\sum q_1 p_0}{\sum q_0 p_0} \times \frac{\sum q_1 p_1}{\sum q_1 p_0}$$

销售量和价格对销售额影响的增减绝对额关系式为

$$\sum q_1 p_1 - \sum q_0 p_0 = \left(\sum q_1 p_0 - \sum q_0 p_0\right) + \left(\sum q_1 p_1 - \sum q_1 p_0\right)$$

【例 8-5】根据表 8-1 中某商场三种商品的有关资料，分别从相对数和绝对数两个角度分析测定销售额变动的情况。

1）确定研究对象及影响因素。本例研究商品销售额的销售变动情况，影响其变动的因素是商品销售量指标和销售价格指标，即

商品销售额=商品销售量×销售价格

2）建立指数体系。根据研究对象以及影响因素之间的经济关系式建立指数体系为

$$\frac{\sum q_1 p_1}{\sum q_0 p_0} = \frac{\sum q_1 p_0}{\sum q_0 p_0} \times \frac{\sum q_1 p_1}{\sum q_1 p_0}$$

3）根据表 8-1 的资料，三种商品不同时期的销售额计算数据，见表 8-6。

表 8-6 某商店三种商品因素分析计算表

商品名称	计量单位	销售量		价格/元		销售额/元		
		基期（q_0）	报告期（q_1）	基期（p_0）	报告期（p_1）	$q_0 p_0$	$q_1 p_0$	$q_1 p_1$
酸奶	箱	400	375	80	85	32 000	30 000	31 875
牛肉	千克	500	550	88	96	44 000	48 400	52 800
面包	个	1 000	1 060	5	4.9	5 000	5 300	5 194
合计	—	—	—	—	—	81 000	83 700	89 869

① 计算销售额总指数，衡量三种商品销售额的变动情况为

$$\bar{k}_{qp} = \frac{\sum q_1 p_1}{\sum q_0 p_0} = \frac{89\,869}{81\,000} = 110.95\%$$

报告期比基期增加的销售额绝对数为

$$\sum q_1 p_1 - \sum q_0 p_0 = 89\,869 - 81\,000 = 8869(元)$$

计算结果表明，对比报告期和基期数据，三种商品销售额综合增长了 10.95%，增加销售额的绝对值为 8869 元。销售额变动是在商品销售量和销售价格同时作用的情况下产生的。

② 将商品销售价格固定在基期，分析销售量变动对销售额变化产生的影响，计算销售

量总指数为

$$\overline{k}_q = \frac{\sum q_1 p_0}{\sum q_0 p_0} = \frac{83\,700}{81\,000} = 103.33\%$$

由于销售量变动而影响的销售额为

$$\sum q_1 p_0 - \sum q_0 p_0 = 83\,700 - 81\,000 = 2700(元)$$

上述计算结果表明，销售量总指数为 103.33%，三种商品销售量综合增长了 3.33%，由于销售量的增长而增加的销售额为 2700 元。

③ 将商品销售量固定在报告期，分析商品销售价格变动对销售额变化产生的影响，计算销售价格总指数为

$$\overline{k}_p = \frac{\sum q_1 p_1}{\sum q_1 p_0} = \frac{89\,869}{83\,700} = 107.37\%$$

由于销售价格变动而影响的销售额为

$$\sum q_1 p_1 - \sum q_1 p_0 = 89\,869 - 83\,700 = 6169(元)$$

上述结果表明，销售价格总指数为 107.37%，三种商品销售价格综合增长了 7.37%，由于销售价格的增长而增加的销售额为 6169 元。

④ 将以上分析结果结合起来，从相对数上看，可以得出的关系为

$$110.95\% = 103.33\% \times 107.37\%$$

从绝对数上看，可以得出的数量关系为

$$8869\ 元 = 2700\ 元 + 6169\ 元$$

知识拓展：居民消费
价格指数

以上指数体系说明，该商店三种商品销售额的报告期比基期增长了 10.95%，是销售量综合增长 3.33% 和销售价格综合增长 7.37% 这两个因素共同作用产生的结果；同时，该商店三种商品销售额变动的绝对值报告期比基期增加了 8869 元，是销售量增长引起销售额增加 2700 元和销售价格增长引起销售额增加 6169 元这两个因素共同作用产生的结果。

项目实训：统计指数分析技能训练

进行统计指数分析

实训任务：各小组根据统计分析方案要求，合理安排人员，结合调查数据，进行指数分析。

实训目标：

1）通过实训，掌握统计指数分析的步骤、方法和内容。

2）结合资料的具体情况，恰当选择指数编制方法。

3）能够对本组选定项目进行因素分析，解决实际问题。

实训内容：

1）根据统计分析方案的要求，对整理得到的统计数据确定其影响因素，建立指数体系。

2）根据掌握的资料和指数编制原则，选择恰当的指数进行编制。

3）利用指数体系进行因素分析。

实训要求：小组成员分工协作完成统计指数分析工作。统计分析方案具有可操作性，分析过程要细致认真，结果要准确，确保分析数据符合客观、真实的要求。

实训组织：以小组为单位，由分析部门负责人牵头，小组成员分工协作，完成统计指数的编制并进行因素分析，提交分析报告。

实训考核：在班级内分小组进行展示，对各小组展示数据分析过程、分析报告进行评价，采用自评、互评和教师评价相结合的方式，见表 8-7。

表 8-7　因素分析模拟实训评价表

考核项目	分数/分	自评得分	互评得分	教师评分记录
完善指数分析方案	20			
编制统计指数	30			
进行因素分析	30			
撰写指数分析报告	20			
合计	100			

展示交流：

1）以小组为单位，将统计指数分析的实施过程与分析报告以 PPT 的形式在全班进行汇报展示，包括综合指数编制、指数体系建立、实施过程中遇到的问题及解决方法及分析报告等。

2）其他小组成员对其进行评价交流，提出意见，共同商讨解决方法。

3）教师对各组的方案进行点评，对各小组提出相应的修改意见。

综合训练 8

一、单项选择题

1．总指数的基本形式是（　　）。

　　A．个体指数　　　　　　　　　　B．综合指数

　　C．算术平均数指数　　　　　　　D．调和平均数指数

2．统计指数按其研究对象范围的不同可分为（　　）。

　　A．数量指标指数和质量指标指数　　B．个体指数和总指数

　　C．综合指数和平均数指数　　　　　D．算术平均数指数和调和平均数指数

3．数量指标指数的同度量因素一般是（　　）。

　　A．基期质量指标　　　　　　　　B．报告期质量指标

　　C．基期数量指标　　　　　　　　D．报告期数量指标

4．副食品类商品价格上涨 10%，销售量增长 20%，则副食品类商品销售总额增长（　　）。

　　A．30%　　　　　　B．32%　　　　　　C．2%　　　　　　D．10%

5．如果物价上升 10%，则现在的 1 元（　　）。
　　A．只是原来的 0.09 元　　　　　B．与原来的 1 元钱等价
　　C．无法与过去进行比较　　　　D．只是原来的 0.91 元

6．某企业 2019 年比 2018 年产量增长了 10%，产值增长了 20%，则产品的价格提高了（　　）。
　　A．10%　　　B．30%　　　C．100%　　　D．9.09%

7．某厂 2019 年产品单位成本比 2018 年提高了 6%，产品产量指数为 96%，则该厂总成本（　　）。
　　A．提高了 1.76%　　B．提高了 1.9%　　C．下降了 4%　　D．下降了 6.8%

8．下列是数量指标指数的有（　　）。
　　A．产品产量指数　　　　　　　B．商品销售额指数
　　C．价格指数　　　　　　　　　D．产品成本指数

9．编制质量指标指数时，同度量因素一般固定在（　　）。
　　A．基期　　　B．报告期　　　C．都可以　　　D．视具体情况而定

10．综合指数变形为加权算术平均数指数时，其特定的权数是（　　）。
　　A．q_1p_1　　　B．q_0p_1　　　C．q_1p_0　　　D．q_0p_0

二、多项选择题

1．统计指数按指标性质不同，分为（　　）。
　　A．综合指数　　　　　　　B．个体指数
　　C．数量指标指数　　　　　D．质量指标指数

2．下列属于数量指标指数的是（　　）。
　　A．产品产量指数　　　　　B．商品销售额指数
　　C．职工人数指数　　　　　D．产品成本指数

3．经核算，2019 年我国全年居民消费价格指数比 2018 年上涨 2.9%，则 2019 年居民消费价格指数为 102.9%，这个相对数是（　　）。
　　A．个体指数　　　　　　　B．总指数
　　C．数量指标指数　　　　　D．质量指标指数

4．编制统计指数时，综合指数（　　）。
　　A．是编制总指数的基本形式
　　B．由两个总量指标对比而形成的指数
　　C．将个体指数加权平均而得到的指数
　　D．可变形为平均指数

5．编制总指数的方法有（　　）。
　　A．综合指数　　　　　　　B．平均数指数
　　C．算术平均数指数　　　　D．数量指标指数

6．某种产品的生产总费用 2019 年为 50 万元，比 2018 年多 2 万元，而单位产品成本 2019 年比 2018 年降低 5%，则（　　）。
　　A．生产费用总指数为 104.17%　　　B．生产费用指数为 108.56%
　　C．单位成本指数为 95%　　　　　D．产量指数为 109.65%

7. 全社会商品零售价格指数是（　　　）。

    A．个体指数   B．总指数

    C．数量指标指数   D．质量指标指数

8. 某企业对某时期产品成本的变动情况进行分析，其指数体系包括（　　　）。

    A．总成本指数   B．产量指数

    C．价格指数   D．单位成本指数

9. 假定某地区 8 月商品零售价格指数为 105%，则说明（　　　）。

    A．该市每一种商品零售价格均上涨 5%

    B．该市某种商品零售价格上涨可能超过 5%

    C．该市某种商品零售价格上涨可能低于 5%

    D．总体上看，该市商品零售价格上涨 5%

10. 设 p 为商品价格，q 为商品销售量，则总指数 $\dfrac{\sum q_1 p_0}{\sum q_0 p_0}$ 的意义是（　　　）。

    A．综合反映多种商品销售量的变动程度

    B．综合反映商品价格和销售量的变动程度

    C．综合反映商品销售额的变动程度

    D．反映商品销售量变动对销售额变动的影响程度

三、判断题

1. 总指数能说明不可相加现象总变动的情况。（　　　）

2. 狭义上说，指数体系的若干指数在数量上不一定存在数量等式关系。（　　　）

3. 因素分析的目的就是要测定社会经济现象总变动中各因素的影响方向和影响程度。（　　　）

4. 平均数指数的计算特点是：先计算所研究对象各个项目的个体指数；然后给出权数进行加权平均求得总指数。（　　　）

5. 同度量因素的加入，使得复杂现象总体的计量单位由实物量改为价值量，从而能够反映现象总体数量方面的变动。（　　　）

6. 质量指标作为同度量因素，时期一般固定在基期。（　　　）

7. 从指数化指标的性质来看，单位产品成本指数是数量指标指数。（　　　）

8. 平均数指数是综合指数的一种变形，有独立的应用意义。（　　　）

9. 工资总额增长 10%，平均工资下降 5%，则职工人数应增长 15%。（　　　）

10. 如果各种商品价格平均上涨 5%，销售量平均下降 5%，则销售额指数不变。（　　　）

四、计算分析题

1. 某企业生产三种产品的产量和单位成本的资料，见表 8-8。

表 8-8 某企业三种产品的产量和成本资料

产品名称	计量单位	产量		单位成本/元	
		2018 年	2019 年	2018 年	2019 年
甲	立方米	100	120	150	100
乙	千克	520	500	450	550
丙	个	150	200	90	70

要求：

① 计算三种产品的成本总指数。

② 计算三种产品单位成本总指数和产量总指数。

③ 从绝对数和相对数两方面分析产量和单位成本变动对总成本的影响。

2. 某商场三种商品的销售量和销售额变动资料，见表 8-9。

表 8-9 某商场三种商品的销售量和销售额资料

商品名称	销售额/万元		销售量 2 月比 1 月增长的百分比/%
	2 月	1 月	
甲	500	650	2
乙	180	200	-5
丙	1000	1200	10

要求：

① 计算该商场三种商品销售量总指数。

② 计算该商场三种商品的销售额总指数和销售价格总指数。

综合训练 8：参考答案

模块 9 统计分析报告分析与应用

学习目标

◎知识目标

1. 认识统计分析报告的作用。
2. 熟悉统计分析报告的结构和程序。

◎能力目标

1. 掌握统计分析报告的撰写技巧。
2. 能够撰写统计分析报告。

◎职业素养目标

1. 保持以客观事实为依据、严谨求实的职业素养。
2. 强化团队协作意识，提升综合职业技能。

学习导引

湖州市劳动力就业质量调研报告

为了解湖州市劳动力就业质量情况，国家统计局湖州调查队在市辖吴兴区、南浔区开展就业质量情况调研。本次调研包括就业主体和用工主体两个方面，在 63 户城乡居民家庭中各抽取一位就业劳动力进行问卷调查，同时走访调研 10 家企业。调研结果显示，湖州市劳动力就业稳定性较高，就业者对城市宏观方面有着较高评价，但存在生活和居住成本较高、劳动强度较大等问题。

一、调研对象基本情况

本次调研在市辖两区内 14 个月度劳动力调查样本小区内开展，实际回收 63 份有效问卷；同时走访调研 10 家企业，并填报企业用工情况调研问卷。走访调研的 10 家企业为劳动密集型的制造业企业，接受调查的 63 位就业人口男性占 76.2%，女性 23.8%，各行业、各年龄段就业者均有涉及。从年龄结构来看，以 50～60 岁年龄段就业者占比最高，占到 32.7%，20～30 岁、30～40 岁、40～50 岁、60 岁以上人口分别占 14.3%、25.4%、20.6%、7.0%。就业人口所在行业主要集中在二、三产业，占 98.4%，第二产业中又以制造业从业人数最多，占比为 42.9%。

二、劳动力就业质量评价分析

1）就业稳定性高。接受调查的就业者中，87.3%的就业者在近一年内没有更换过工作，11.1%的就业者在一年内换过一次工作，仅一人在一年内换过两次工作。从当前工作从业时长来看，82.3%的就业者从业时长在三年及以上，可见本次调查的从业者就业稳定性较高。

2）薪酬、稳定、工作环境为择业三大因素。在择业时优先考虑的因素问题上，选择人次最多的为薪酬福利待遇，共有54人选择，其次为工作稳定性，共有34人选择，选择人数排在第三的为工作环境，共有31人选择，见表9-1。薪酬待遇、工作稳定性、工作环境对劳动力在择业时的影响较大，是劳动者考虑的主要因素。

表 9-1　择业时考虑的因素（多选）

择业时考虑因素	占比/%
工作环境	49.2
薪酬福利待遇	85.7
工作稳定性	54.0
发展机会	39.7
自身兴趣	23.8

3）就业总体满意率超过88%。在问及就业者对当前工作的总体满意情况时，有42.3%的调查对象回答非常满意，46.0%的调查对象回答比较满意，满意度达到88.3%，且无人选择不满意选项，表明从就业者的主观出发，对就业环境有着较高的满意度。从不同方面来看，就业者对目前工作的评价为非常满意或满意超过八成的有工作安全性、工作稳定性、工作环境、社会保障，分别占比88.9%、82.5%、82.5%、81.0%；就业者对目前工作的评价为非常满意或满意低于六成的为培训机会和个人发展机会，分别占比58.7%、55.6%，见表9-2。

表 9-2　就业满意度评价

满意度评价内容	满意及以上占比/%
工作的安全性	88.9
工作的稳定性	82.5
岗位工作环境（指实体环境）	82.5
社会保障情况	81.0
岗位劳动强度	79.4
工作氛围	77.8
作息时间	77.8
人文关怀情况	77.8
当前收入水平	69.8
休假制度	66.7
培训机会	58.7
个人发展机会	55.6

三、存在问题

1）生活、居住成本满意度评价不高。在问及调查对象对本地区的切身感受时，宏观方面的满意度较高，人居环境、城市环境、政府服务排在前三，分别占比96.8%、90.5%、87.3%；与居民切身利益密切相关的就业机会、日常生活成本的满意度则较低，分别占60.3%和54.0%，最为突出的是对买房（租房）成本的满意度不到五成，仅有49.2%的调查对象评价为满意，见表9-3。

表 9-3 就业地区满意度评价

对本地区评价	满意及以上占比/%
人居环境（安全）	96.8
城市环境	90.5
政府服务	87.3
医疗环境	79.4
子女上学	73.0
就业机会	60.3
日常生活成本	54.0
买房（租房）成本	49.2

2）劳动强度较高，农村地区更加突出。虽然由于工作行业的差异，不同行业的从业者工作过程中付出的体力、精力不尽相同，但劳动者的工作强度可以根据工作时间的长短进行对比。本次调查的 63 位从业者，每月休息时间在 7 天以下的占 84.1%，周平均工作时间达 47.7 小时。分城乡来看，接受本次调查的农村地区就业者平均每周工作 51.6 小时，高于城镇地区 6.4 小时，可见接受本次调查的就业人口劳动强度总体较高，并且农村地区的就业者劳动强度高于城镇。

3）企业用工需求层次提升，但职业培训不足。接受本次调研的 10 家企业，截至 2019 年 5 月底一线员工人数占全体职工比重同比下降 1.2 个百分点，是管理人员、研发人员、专业技术人员中唯一同比下降的从业人员类型。与此同时，在针对不同岗位的职业培训上，管理人员、研发人员、专业技术人员的培训次数占全体职工培训次数比重分别上升 1.5、7.3、3.1 个百分点，而一线员工接受的培训同比却下降 11.8 个百分点。实际上一线员工离不开持续不断的职业培训以提升其综合素质，才能实现就业层次不断提升，职业培训不足会使职业上升道路缩窄。

四、相关建议

1）提高培训质量，建设创新型劳动者大军。劳动者拥有适应经济社会发展所需的知识和技能是高质量就业的内生动力，但目前我国各类人才的劳动技能与现代化建设所需还存在较大差距，尤其是缺乏真正追求精益求精的工匠精神和崇尚卓越的敬业精神。一方面，要提高普通高等院校人才培养质量，改变教学方式和教学内容，加强对学生知识应用和创新能力的培养；另一方面，深入开展职业技能教育和培训，以高质量就业为导向，真正瞄准生产、建设和服务一线需要。

2）加强企业文化建设，提升就业获得感。企业是劳动力的需求终端，吸纳了绝大多数社会劳动力。企业的薪酬待遇、岗位环境固然对劳动力的吸引力高，但是作为硬实力，需要长时间的发展。相对地，企业文化是企业的"软实力"，能够为劳动者带来切身的感受。因此，企业在发展过程中应加强企业文化建设，从加强职工人文关怀、完善职业规划、畅通晋升通道等方面，提高从业幸福感、获得感。

3）建立完善统一的劳动力市场。逐步消除就业政策差别，统筹城乡就业，完善农村转移就业服务体系。本次调研包括就业主体和用工主体两个方面，在 63 户城乡居民家庭中各抽取一位就业劳动力进行问卷调查，加强对农村转移劳动力的职业培训、职业介绍和就业指导，建立农民工输出地和输入地的区域劳务合作，推广输出与培训相结合的运作方式。完善社会保障体系，扩大社会保障覆盖面，制定适应进城务工人员、灵活就业者的社会保障模式，推进农村养老保险、农村医疗保险制度。

（资料来源：曹锟，2019. 湖州市劳动力就业质量调研报告[EB/OL].(2019-08-05)[2020-06-16]. http://www.zjso.gov.cn/huz/zwgk_441/xxgkml/xxfx/dcfx/sdfx/201908/t20190805_93913.shtml.）

思考与讨论：

1. 结合本案例，归纳统计分析报告主要包括哪些内容？
2. 你认为在撰写统计分析报告时应注意哪些问题？

模块9：案例分析

9.1 认识统计分析报告

9.1.1 了解统计分析报告的含义、种类及特点

1. 统计分析报告的含义

统计分析报告是运用统计数据和统计分析方法，以独特的表达方法和结构特点，通过表格、图形和文字等多种形式表现所研究事物本质和规律性的一种书面报告形式。

统计分析报告是统计分析研究过程中所形成的论点、论据、结论的集中表现；它运用统计资料和统计方法，将数据与文字相结合，表现对客观事物进行分析研究的结果，在整个统计工作中具有十分重要的作用和意义。一份优秀的统计分析报告可以让使用者很好地了解调查活动开展的整个过程，并提出科学有效的方法、建议来解决问题。如果使用者为企业或其他单位，则可以对其之后的经营管理和市场活动起到一定的导向作用；相反，如果没有认真撰写统计分析报告，即使前期的调查工作完成地再出色，也会事倍功半。

2. 统计分析报告的种类

由于统计分析报告的内容和作用不同，统计分析报告的类型主要有以下几种。

（1）统计公报

统计公报是政府统计机构向社会公众公布一个年度国民经济和社会发展情况的统计分析报告，如《国家统计局关于2019年国民经济和社会发展统计公报》。

（2）进度统计分析报告

进度统计分析报告主要以定期报表为依据，反映社会经济的发展情况，分析其影响和形成的原因，如月度分析、季度分析和年度分析。从时间上看，可分为定期统计分析报告和不定期统计分析报告；从内容上看，可分为专题统计分析报告和综合统计分析报告。

（3）综合统计分析报告

综合统计分析报告是从客观的角度，利用大量丰富的统计资料，对国民经济和社会发展的规模、水平、结构和比例关系、经济效益及发展变化状况，进行综合分析研究所形成的一种统计分析报告。

（4）专题统计分析报告

专题统计分析报告是对社会经济现象的某一方面或某一问题进行专门的、深入研究的一种分析报告。

（5）典型统计分析报告

典型统计分析报告，是根据调查的目的和要求，有意识地选择少数有代表性的单位进行深入实际调查后所写成的报告。

3. 统计分析报告的特点

（1）数量性

统计分析报告以统计数据为主体，用统计数字语言直观地反映事物之间的各种复杂的联系，以确凿的数据来说明具体时间、地点、条件下社会经济领域的成就和经验、问题与教训、各种矛盾及其解决办法。它以统计数据为主体，用简洁的文字来分析叙述事物量的方面及其关系，进行定量分析。

（2）科学性

统计分析报告是通过一整套科学的统计指标体系，进行数量研究，进而说明事物的本质。在整个分析研究中，运用一整套科学的方法，进行灵活、具体的分析，在研究量的基础上，研究说明事物质的规定性，达到质与量的辩证统一。

（3）实用性

统计分析报告属于应用文体，具有独特的表达方式和结构特点，基本表达方式以事实来叙述，让数字说话，在阐述中议论，在议论中分析。在表现事物时，不是用夸张、虚构、想象等手法，而是用较少的文字，精确的数据，言简意赅，精练准确地表达丰富的内涵，为决策者提供参考。

9.1.2　熟悉统计分析报告的结构和程序

1. 统计分析报告的结构

统计分析报告在结构上的突出特点是脉络清晰、层次分明。一般是先出示数据事实，进行各种科学的分析，揭示问题，明确观点，最后有针对性地提出建议、办法和措施。统计分析报告的

微课：统计分析报告的结构

行文，通常是先后有序，主次分明，详略得当，联系紧密，做到统计资料与基本观点统一，结构形式与文章内容统一，数据、情况、问题和建议融为一体。一般来说，一篇统计分析报告包括以下内容。

1）说明所要分析的问题和基本情况。这是分析报告的开头部分。通常应把所要分析的问题和分析问题的基本情况说明清楚，使使用者一看就能知道统计分析报告所述事物基本状况、特点及所涉及的主要方面。例如，本模块"学习导引"中，开头部分首先介绍调查对象基本情况，说明调查目的、调查对象及内容、调查研究的方法等。

2）围绕问题开展分析。这部分内容是统计分析报告的重点，根据统计研究的任务对所提问题进行合乎逻辑、实事求是的分析。分析要以统计资料为依据，抓住重点问题，突出主题思想，注重材料和观点的辩证统一。同时，结构要严谨，语言要生动，判断推理要符合逻辑，如实反映客观事物的内在联系。本模块"学习导引"中的"二、劳动力就业质量评价分析"和"三、存在问题"就是对该市劳动力就业质量进行评价，分析存在的问题及成因，为有效解决问题、提出合理化建议打下基础。

3）提出建议和措施。建议和措施要通过深入调查研究，针对存在的问题提出改进工作的合理的、切实可行的建议和措施。通常是由调查人员根据所得的资料，采用相关研究方法，进行定量和定性分析后所得出的概括性见解。结论是在调查结果的基础上形成的意见，要简明扼要，具有高度概括性；建议是提议通过调查结果应采取何种行动，要具有操作性和可行性。并且在报告主体中，结论和建议应该详细，必要时可辅以佐证。本模块"学习导引"中的"四、相关建议"就是从国家层面、企业层面和人才培养层面提出相关建议，提升劳动力的就业质量和获得感。

2．统计分析报告的程序

（1）确定统计分析报告的主题

主题是统计分析报告的灵魂，主题是否明确、是否有价值，对统计分析报告写作的成败具有决定性的意义。因此，确定主题要注意以下几点：报告的主题应与调查主题一致；要根据调查和分析的结果，重新审定主题；主题不宜过大，应与标题协调一致，避免文题不符。

（2）取舍材料

对经过统计分析所得到的系统的、完整的数据资料，在组织调研报告时仍需精心选择，不可能也没必要都写进报告，要注意取舍。取舍材料要注意以下几点。

1）选取与主题有关的材料。要舍弃无关的、次要的、非本质的材料，以突出主题。

2）注意材料点与面的结合。材料要相互支持，充分而完整，用事实说话。

3）材料筛选要优中选优。在现有有用的材料中，要比较、鉴别、精选材料，选择最好的材料来支持报告的观点，提高材料的代表性和结论的科学性。

（3）拟定提纲

提纲是统计分析报告的"骨架"。拟定提纲的过程实际上就是把调查材料进一步分类、构架的过程，可使报告思路明确，层次分明。

统计分析报告的提纲有两种，一种是观点式提纲，即将调查员在调查中形成的观点按逻辑关系一一列写出来。另一种是条目式提纲，即按层次意义表达上的章、节、目，逐一地一条条地写成提纲。也可以将这两种提纲结合起来制作提纲。

（4）起草报告

起草报告是统计分析报告写作的行文阶段。要根据已经确定的主题、选择好的材料和写作提纲，有条不紊地撰写初稿。写作过程中要注意结构合理、文字规范、通俗易懂，注意文字、数字、图表、专业名词术语的连贯性，做到深入浅出，鲜明生动。

（5）修改报告

报告起草好以后，要认真修改。主要是对报告的主题、材料、结构、语言文字和标点符号进行检查，加以增、删、改、调，整理成完整的全文定稿并向上报送或发表。

小案例：2019 年××市夏收粮食生产形势分析

9.2　撰写统计分析报告

撰写统计分析报告并不是一件轻松的事情，前期需要认真细致地做好调查工作，后期更需要撰写者具备一定的文学素养与写作技巧。

9.2.1　明确统计分析报告的撰写要求

一份好的统计分析报告需要符合以下几点要求。

1. 明确统计调查的目的

统计调查工作是为了解决某一方面存在的问题。因此，在撰写统计分析报告时必须明确问题，并且紧紧围绕这一问题进行详细论述。

2. 了解统计分析报告的阅读者

统计分析报告的阅读者一般是管理部门的决策者，他们在阅读完统计分析报告之后，根据调查结果和建议进行有效决策。因此，在撰写统计分析报告时要充分考虑该报告阅读者的阅读水平、习惯、需求等。

3. 统计分析报告的内容要准确客观

统计分析报告是统计调查人员针对特定市场某一方面的问题进行深入细致的调查之后完成的，要客观、准确地反映统计调查结果，不允许有任何迎合阅读者期望的倾向出现。

4. 统计分析报告的结构要完整规范

由于存在调查需求、调查人员等方面的不同，可能会造成统计分析报告在风格、形式上有所不同。但是不管是什么样的统计分析报告，都要保证其完整性，同时要书写规范。

5. 统计分析报告的数据分析要科学

在统计分析报告中，数据起着非常重要的作用。用数据资料说话往往最具有说服力，同时对数据资料的科学分析也很重要。一般会采用定量分析和定性分析相结合的方法，透过数据的表象得出本质性的结论。

9.2.2　掌握统计分析报告的撰写技巧

在明确统计分析报告的撰写要求后，为了使报告更加出色，需要运用一些撰写技巧。

微课：撰写统计分析报告的技巧

1. 资料取舍的技巧

在搜集调查资料的时候，应该尽量做到全面、完整、规范，通过这种方式获得的资料很多、很复杂。完成统计分析报告时，需要对这些资料进行筛选和取舍，将那些和所调查问题不太相关的资料果断舍弃，这样才能突出重点，保证论证过程的顺利进行。

2. 语言表述的技巧

统计分析报告中有时会需要叙述一些问题或事实，有时需要说明某个或某些情况，有时需要论证某个观点，有时需要提出意见或建议。不管是何种形式，都需要撰写者掌握叙述、说明、论证、建议的写作方法，注意句式和措辞，保证统计分析报告的科学性、逻辑性和严谨性。

知识拓展：撰写统计分析报告应注意的问题

3. 图形图表运用技巧

在统计分析报告中，图形图表比较直观、生动、形象，比文字更具有说服力，因而得到广泛应用，较为常用的统计图有柱形图、条形图、折线图、饼图等。

项目实训：撰写统计分析报告技能训练

撰写统计分析报告

实训任务：以小组为单位，针对模块 1 中本小组选择的调查项目，在前面各项工作顺利开展的基础上，共同讨论完成统计分析报告的撰写任务。

实训目标：通过本次实训，学生亲自体验统计分析报告的撰写过程，从而掌握撰写的方法和技巧。

实训内容：

1）掌握统计分析报告的内容和结构，要注意资料取舍、语言表述、图形图表等技巧的运用。

2）说明所要分析的问题和基本情况。

3）围绕问题开展分析。根据统计研究的任务对所提问题进行合乎逻辑、实事求是的分析。

4）提出建议和措施。建议和措施要通过深入调查研究，针对存在的问题提出改进工作的合理的、切实可行的建议和措施。

实训要求：各小组派代表在班内进行展示交流，可以制作成 PPT 来演示统计分析报告的主要内容，其他小组成员据此进行评价，教师点评，提出修改意见，本小组进行修改和完善，形成一篇规范的统计分析报告，提交电子稿和纸质文稿一份。

实训组织：以小组为单位，由项目负责人牵头，组织本项目团队成员集思广益，讨论本项目统计分析报告的结构和程序，按时间要求和质量要求，完成该阶段的统计报告撰写工作。

实训考核：在班级进行小组展示，通过自评、小组间互评、教师评价相结合的方式审核统计分析报告的质量，具体评价标准见表 9-4。

表 9-4　小组评价表

编号	评价标准	分数/分
1	分析报告主题是否突出	20
2	材料选取是否得当	20
3	数据分析是否科学	30
4	统计分析报告是否规范、准确	30

展示交流：以小组为单位，小组成员展示本组撰写的统计分析报告。

1）通过抽签决定各个小组代表展示的顺序，每组 10 分钟，可配以 PPT 进行展示。

2）小组代表展示结束后，该小组其他成员可进行补充，其他小组成员可提出问题，小组之间相互答疑。

3）每个小组展示结束后，教师予以点评，并提出相应的修改意见。

4）各小组展示完毕，教师带领学生一起进行知识点的归纳和总结。

5）各小组根据教师和其他组学生提出的问题及建议对本组统计分析报告进行修改和完善。

6）各小组将统计分析报告的最终成果上交给教师。

综合训练 9

一、单项选择题

1．根据调查的目的和要求，有意识地选择少数有代表性的单位进行深入实际调查后所写成的报告是（　　）。

    A．统计公报　　　　　　　　　　B．综合统计分析报告

    C．专题统计分析报告　　　　　　D．典型统计分析报告

2．统计分析报告的灵魂是（　　）。

    A．主题　　　　　B．标题　　　　　C．正文　　　　　D．摘要

3．整个统计分析报告的核心是（　　）。

    A．标题　　　　　B．摘要　　　　　C．正文　　　　　D．附录

4．统计分析报告的重点是（　　）。

    A．说明所要分析的问题和基本情况　　B．围绕问题开展分析

    C．提出建议和措施　　　　　　　　　D．拟定标题

5．政府统计机构向社会公众公布一个年度国民经济和社会发展情况的统计分析报告是（　　）。

    A．统计公报　　　　　　　　　　B．综合统计分析报告

    C．专题统计分析报告　　　　　　D．典型统计分析报告

6. 统计分析报告写作的行文阶段是（　　）。

    A. 起草报告　　　B. 修改报告　　　C. 取舍材料　　　D. 拟定提纲

7. 将调查员在调查中形成的观点按逻辑关系一一地列写出来，这种提纲是（　　）。

    A. 条目式提纲　　　B. 观点式提纲　　　C. 逻辑式提纲　　　D. 层次性提纲

8. 统计分析报告的数据分析一般采用（　　）相结合的分析方法进行。

    A. 定量分析和定性分析　　　　　　B. 文字和图表

    C. 判断和推理　　　　　　　　　　D. 综合分析和专项分析

9. 统计分析初稿要成为定稿，需要经历（　　）。

    A. 润色修改　　　B. 谋篇布局　　　C. 收集资料　　　D. 标明观点

10. 统计分析报告以（　　）为主体，用统计数字语言来直观地反映事物之间的各种复杂的联系。

    A. 统计案例　　　B. 统计图　　　C. 统计表　　　D. 统计数据

二、多项选择题

1. 常见的统计图有（　　）。

    A. 柱形图　　　B. 折线图　　　C. 饼图　　　D. 条形图

2. 一般用来进行数值大小的对比的是（　　）。

    A. 柱形图　　　B. 条形图　　　C. 折线图　　　D. 饼图

3. 统计分析报告的特点有（　　）。

    A. 数量性　　　B. 科学性　　　C. 合理性　　　D. 实用性

4. 统计分析报告包括的内容有（　　）。

    A. 说明所要分析的问题和基本情况　　　B. 提出建议和措施

    C. 围绕问题开展分析　　　　　　　　　D. 首尾照应

5. 统计分析报告的结构主要包括（　　）。

    A. 确定报告主题　　B. 取舍材料　　　C. 拟定提纲　　　D. 起草并修改报告

6. 取舍材料时要注意的是（　　）。

    A. 选取与主题有关的材料　　　　　　B. 注意材料点与面的结合

    C. 选取重点材料　　　　　　　　　　D. 材料筛选要优中选优

7. 统计分析报告的提纲有两种，分别是（　　）。

    A. 观点式提纲　　　B. 实用性提纲　　　C. 条目式提纲　　　D. 新颖性提纲

8. 撰写统计分析报告的要求一般包括（　　）。

    A. 目的要明确　　　B. 内容要准确　　　C. 结构要完整　　　D. 分析要科学

9. 撰写统计分析报告的技巧包括（　　）。

    A. 资料取舍的技巧　　　　　　　　　B. 判断推理的技巧

    C. 语言表述的技巧　　　　　　　　　D. 图形图表运用技巧

10. 修改报告主要是对报告的（　　）进行检查，加以增、删、改、调。

    A. 主题　　　　　　　　　　　　　　B. 材料

    C. 结构　　　　　　　　　　　　　　D. 语言文字和标点符号

三、判断题

1. 图形图表比文字更具有说服力，被广泛应用于统计分析报告中。　　　（　　）

2. 统计分析报告在表现事物时，可以适当应用夸张、虚构、想象等手法表达其内涵。
　　　（　　）

3. 统计分析报告的主题应与调查主题一致。　　　（　　）

4. 统计分析报告没有既定的结构，怎样撰写都是可以的。　　　（　　）

5. 统计分析报告撰写过程中应该具备认真负责、科学严谨的态度。　　　（　　）

6. 专题统计分析报告是对社会经济现象的某一方面或某一问题进行专门的、深入研究的一种分析报告。　　　（　　）

7. 统计分析报告的科学性指的是运用科学的统计指标体系和方法进行数量研究，进而说明事物的本质。　　　（　　）

8. 撰写统计分析报告力求语言通顺，不要求文章语言的简洁。　　　（　　）

9. 写好统计分析报告是做好统计工作的基本要求，是统计从业人员最基本的一项技能。
　　　（　　）

10. 拟定提纲是统计分析报告写作的行文阶段。　　　（　　）

综合训练 9：参考答案

模块 10　Excel 在统计实务中的应用

 学习目标

◎知识目标

1. 了解统计工作的相关软件。
2. 掌握运用 Excel 进行数据整理的方法。
3. 掌握运用 Excel 进行数据分析的方法。

◎能力目标

1. 能够运用 Excel 进行数据整理。
2. 能够运用 Excel 进行数据分析。

◎职业素养目标

1. 养成严谨的思维习惯和认真的工作态度。
2. 培养团队合作意识和责任意识，提升沟通和交流能力，锻炼抗挫折能力和随机应变的能力，增强分析总结能力。

学习导引

2020 年一季度居民收入和消费支出情况

一、居民收入情况

一季度，全国居民人均可支配收入 8561 元，比 2019 年同期名义增长 0.8%，扣除价格因素，实际下降 3.9%。其中，城镇居民人均可支配收入 11 691 元，增长（以下如无特别说明，均为同比名义增速）0.5%，扣除价格因素，实际下降 3.9%；农村居民人均可支配收入 4641 元，增长 0.9%，扣除价格因素，实际下降 4.7%。

一季度，全国居民人均可支配收入中位数 7109 元，下降 0.7%（图 10-1），中位数是平均数的 83.0%。其中，城镇居民人均可支配收入中位数 10 034 元，与 2019 年持平，中位数是平均数的 85.8%；农村居民人均可支配收入中位数 3625 元，下降 1.0%，中位数是平均数的 78.1%。

按收入来源分，一季度，全国居民人均工资性收入 4896 元，增长 1.2%，占可支配收入的比重为 57.2%；人均经营净收入 1376 元，下降 7.3%，占可支配收入的比重为 16.1%；人均财产净收入 741 元，增长 2.7%，占可支配收入的比重为 8.7%；人均转移净收入 1548 元，增长 6.8%，占可支配收入的比重为 18.1%。

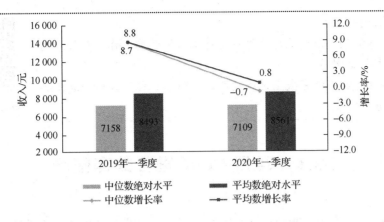

图 10-1　2020 年一季度居民人均可支配收入平均数与中位

二、居民消费支出情况

一季度，全国居民人均消费支出 5082 元，比 2019 年同期名义下降 8.2%，扣除价格因素，实际下降 12.5%。其中，城镇居民人均消费支出 6478 元，下降 9.5%，扣除价格因素，实际下降 13.5%；农村居民人均消费支出 3334 元，下降 5.4%，扣除价格因素，实际下降 10.7%。

一季度，全国居民人均食品烟酒消费支出 1708 元，增长 2.1%，占人均消费支出的比重为 33.6%；人均衣着消费支出 369 元，下降 17.8%，占人均消费支出的比重为 7.3%；人均居住消费支出 1238 元，增长 2.1%，占人均消费支出的比重为 24.4%；人均生活用品及服务消费支出 283 元，下降 11.4%，占人均消费支出的比重为 5.5%；人均交通通信消费支出 605 元，下降 17.0%，占人均消费支出的比重为 11.9%；人均教育文化娱乐消费支出 350 元，下降 36.1%，占人均消费支出的比重为 6.9%；人均医疗保健消费支出 417 元，下降 10.2%，占人均消费支出的比重为 8.2%；人均其他用品及服务消费支出 112 元，下降 22.2%，占人均消费支出的比重为 2.2%（图 10-2）。

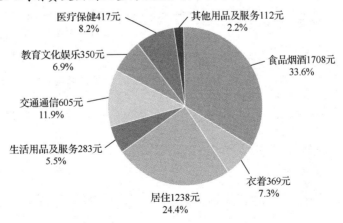

图 10-2　2020 年一季度居民人均消费支出及构成

（资料来源：国家统计局，2020. 2020 年一季度居民收入和消费支出情况[EB/OL].(2020-04-17)[2020-06-16].
http://www.stats.gov.cn/tjsj/zxfb/202004/t20200417_1739334.html，有改动。）

思考与讨论：

1. 结合本案例，谈谈统计软件在统计工作中的重要作用？常用的统计软件你都知道哪些？

2. 你认为 Excel 能完成上述统计图的绘制吗？你还知道 Excel 具有哪些统计分析功能？

模块 10：案例分析

10.1 运用 Excel 进行数据整理

Microsoft Excel 是美国微软公司开发的 Windows 环境下的电子表格系统，它是目前应用最为广泛的数据处理软件之一。Excel 软件的强大数据处理功能和操作简易性深受统计工作者的欢迎。Excel 具有强有力的数据库管理功能、丰富的宏命令和函数、强有力的决策支持工具、图表绘制功能、宏语言功能、样式功能、对象链接和嵌入功能、连接和合并功能。

10.1.1 用 Excel 搜集数据

《统计法》第十六条规定，搜集、整理统计资料，应当以周期性普查为基础，以经常性抽样调查为主体，综合运用全面调查和重点调查等方法，并充分利用行政记录等资料。Excel 的数据分析工具中提供了"抽样"工具，可以快速完成抽样工作。

微课：使用 Excel 对数据进行抽样

使用 Excel 进行抽样，首先要对总体单位进行编号，编号可以按随机原则，也可以按有关标志或无关标志。

【例 10-1】某企业有 100 名员工，从中选取 15 人进行工资收入调查。

将 100 名员工编号为 1～100 号，输入编号，形成总体单位编号表如图 10-3 所示。

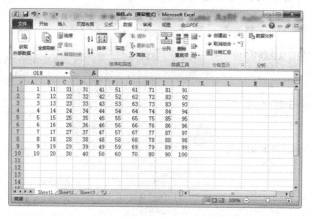

图 10-3 总体单位编号表

完成总体单位编号清单后，利用"抽样"工具进行抽样的具体操作如下。

第一步：加载"数据分析"选项。在"文件"菜单下拉列表中选择"选项"，弹出"Excel 选项"窗口，选择左侧列表中的"加载项"，单击"转到"按钮，在弹出的"加载宏"对话框中，选择"分析工具库""分析工具库-VBA"，然后单击"确定"按钮，如图 10-4 所示。

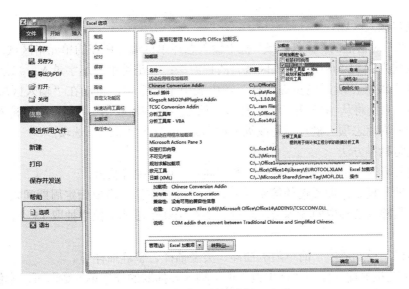

图 10-4　加载"数据分析"选项

第二步：打开"数据分析"对话框。选择"数据"选项卡，找到"分析"组，单击"数据分析"按钮，打开"数据分析"对话框，从列表中选择"抽样"选项，如图 10-5 所示。

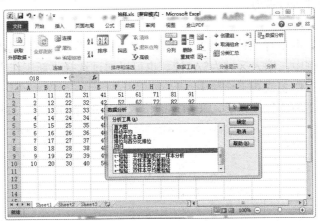

图 10-5　"数据分析"对话框

第三步：单击"确定"按钮，打开"抽样"对话框，确定输入区域、抽样方法和输出区域，如图 10-6 所示。

图 10-6　"抽样"对话框

（1）确定输入区域

在"抽样"对话框的"输入区域"框中输入总体单位编号所在的单元格区域。在例 10-1 中，输入区域为$A$1:$J$10。输入区域有两种方法：一是用手工逐字录入；二是单击$A$1 位置，出现虚线框，然后拖拉虚线框，选中表中全部数字，自动在"输入区域"显示出 $A$1:$J$10。系统将从 A 列开始抽取样本，然后按顺序抽取 B~J 列。如果输入区域的第一行或第一列为标志项（横行标题或纵列标题），可勾选"标志"选项。

（2）选定抽样方法

在"抽样方法"框中，有"周期"和"随机"两种抽样模式。

1）"周期"模式，即所谓的等距抽样。此种抽样方法，需要确定周期间隔，周期间隔由总体单位数除以要抽取的样本数而求得。要在 100 个总体单位中抽取 15 个，"间隔"框中输入 6。

2）"随机"模式适用于简单随机抽样、类型抽样、整群抽样等。

① 简单随机抽样只需在"样本数"框中输入要抽取的样本单位数即可，本例为 15。

② 类型抽样，先将总体单位按某一标志分类编号，然后在每一类中随机抽取若干单位，这种抽样方法实际是分组法与随机抽样的结合。

③ 整群抽样，先将总体单位分群编号，然后按随机原则抽取若干群作为样本，对抽中的群的所有单位全部进行调查。

（3）指定输出方向

在"输出选项"框中有三种输出去向。在"输出区域"框中输入总体单位编号所在的单元格区域。在本例中，输入区域为$A$12。也可以通过选择"新工作表"或"新工作簿"将抽样结果放在新工作表或新工作簿中。

第四步：单击"确定"按钮后，在指定的位置给出抽样的结果。如图 10-7 所示。

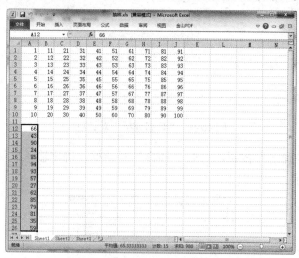

图 10-7　等距抽样结果

10.1.2　用 Excel 整理数据

通过统计调查得到的数据是杂乱、没有规则的，因此，必须对原始数据进行加工整理。统计整理包括对数据进行分类汇总并计算各类指标与利用统计图或统计表描述统计汇总结果等。Excel 提供了频数分布函数与直方图分析工具等多种数据整理工具。

【例 10-2】根据抽样调查，某市 50 户居民购买消费品月支出资料，如图 10-8 所示。

图 10-8 某市 50 户居民购买消费品月支出

对其按 800～900、900～1000、1000～1100、1100～1200、1200～1300、1300～1400、1400～1500、1500～1600、1600 以上分为九个组。

（1）频数分布函数

Excel 提供了一个专门用于统计分组的频数分布函数 FREQUENCY，它以一列垂直数组返回某个区域中的数据分布，描述数据分布状态。用频数分布函数进行统计分组的操作过程如下。

首先，在使用此函数时，先将样本数据排成一列，本例中为 A1:A50。利用频数分布函数进行统计分组和计算频数，具体操作步骤如下。

第一步：选定单元格区域，例 10-2 中选定的区域为 D3:D11，选择"公式"选项卡，在"函数库"组中，单击"插入函数"按钮，弹出"插入函数"对话框，如图 10-9 所示。

在"选择类别"中选择"统计"，在"选择函数"中选择"FREQUENCY"，如图 10-10 所示。

图 10-9 "插入函数"对话框

图 10-10 选择"FREQUENCY"对话框

第二步：打开"FREQUENCY"对话框，输入待分组数据与分组标志，如图 10-11 所示。

图 10-11 "FREQUENCY" 对话框

在"FREQUENCY"对话框中有"Data_array"和"Bins_array"两个文本框。

1）Data_array 用于计算频率的数组，或对数组单元区域的引用。例 10-2 中为 A1:A50。

2）Bins_array 数据接受区间，为一组数或对数组区间的引用，设定对 Data_array 进行频率计算的分段点。例 10-2 中为 899、999、1099、1199、1299、1399、1499、1599、1699。

注意：频数分布函数要求按组距的上限分组，不接受非数值的分组标志（如不足××或××以上等）。在输入的数据两端必须加大括号，各数据之间用分号隔开。输入完成后，由于频数分布是数组操作，不能单击"确定"按钮。

第三步：按"Ctrl+Shift+Enter"组合键，在最初选定单元格区域内得到频数分布结果，在例 10-2 中为 D3:D11，如图 10-12 所示。

D3	▼	:	× ✓ fx	{=FREQUENCY(A1:A50,{899;999;1099;1199;1299;1399;1499;1599;1699})}					
	A	B	C	D	E	F	G	H	I	J
1	830								
2	880								
3	1230			5					
4	1100			1					
5	1180			8					
6	1580			11					
7	1210			11					
8	1460			7					
9	1170			4					
10	1080			2					
11	1050			1					
12	1100								
13	1070								
14	1370								
15	1200								

图 10-12 频数分布结果

（2）直方图分析工具

直方图分析工具可完成数据的分组、频数分布、绘制直方图与累积折线图等一系列操作。仍以例 10-2 为操作范例，介绍直方图分析工具的统计整理功能，其操作过程如下。

首先，将样本数据排成一列，对数据进行排序，例 10-2 中已利用排序操作排好序，区域为 A2:A51。输入分组标志，本例中为 B2:B10，分别是 899、999、1099、1199、1299、1399、1499、1599、1699。如图 10-13 所示。

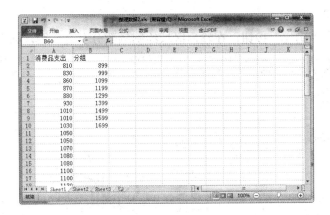

图 10-13　数据升序排列

然后，利用直方图分析工具进行分析，具体操作步骤如下。

第一步：选择"数据"选项卡，找到"分析"组，单击"数据分析"按钮，打开"数据分析"对话框，从"分析工具"列表中选择"直方图"选项，如图 10-14 所示。

图 10-14　"数据分析"对话框

第二步：单击"确定"按钮，打开"直方图"对话框，确定输入区域、接收区域和输出区域，如图 10-15 所示。

图 10-15　"直方图"对话框

1)"输入区域"输入待分析数据区域的单元格引用。若输入区域有标志项，则选中"标志"复选框；否则，系统自动生成数据标志。"接收区域"输入接收区域的单元格引用，该框可为空，则系统自动利用输入区域中的最小值和最大值，建立平均分布的区间间隔的分组。例 10-2 中输入区域为$A$2:$A$51，接收区域为$B$2:$B$10。

2)在"输出"选项中选择"输出区域"为$C$1。

3)选择"柏拉图"可以在输出表中同时按降序排列频数数据；选择"累积百分率"可在输出表中增加一列累积百分比数值，并绘制一条百分比曲线；选择"图表输出"可生成一个嵌入式直方图。

第三步：单击"确定"按钮，在输出区域绘制频数分布直方图，如图 10-16 所示。

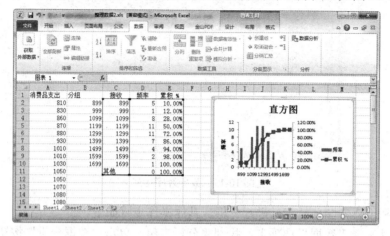

图 10-16　直方图频数分布结果

第四步：将条形图转换成标准直方图。具体做法如下：右键单击条形图直条，在快捷菜单中选择"设置数据点格式"，然后在"设置数据点格式"对话框中把"系列选项"中"分割间距"调为 0%，把"边框"选为"实线"，单击"确定"按钮。最终效果如图 10-17 所示。

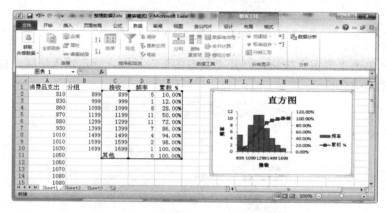

图 10-17　标准直方图效果

10.1.3　用 Excel 作统计图

传统的统计表格需要数据使用者精心地进行分析，而统计图显示资料则具有形象生动、一目了然的优点，通过图形可以方便地观察到数量之间的对比关系、总体的结构特征及变化发展趋势。统计图在统计整理中的应用越来越广泛。Excel 提供了大量的统计图形供用户根据需要和图形功能选择使用。Excel 提供的图形工具有柱形图、折线图、饼图、散点图、面积图、环形图、股价图等。各种图的做法大同小异，本章以柱形图为例介绍制作统计图的工作步骤。

微课：使用 Excel 绘制统计图

【例 10-3】根据我国 2007～2019 年国内生产总值结构数据制作统计图。

第一步：创建工作表，将统计资料输入 Excel 中，如图 10-18 所示。

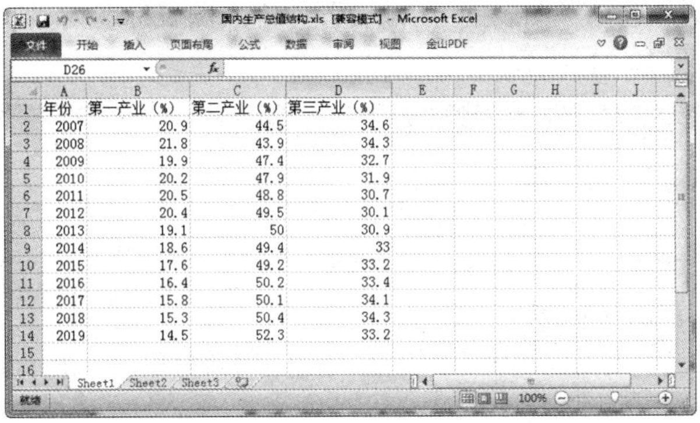

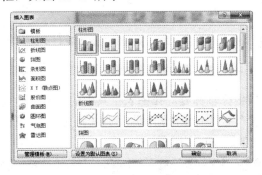

图 10-18　2007～2019 年国内生产总值结构数据

第二步：选中 B1:D14 单元格，选择"插入"选项卡，单击"图表"区右下角角标，打开"插入图表"对话框，如图 10-19 所示。

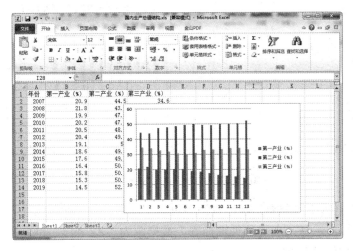

图 10-19　"插入图表"对话框

第三步：选定图表类型。在弹出的"插入图表"对话框中选择 "图表类型"的"柱形图"，在"子图表类型"中选第一个"簇状柱形图"，然后单击"确定"按钮，如图 10-20 所示。

图 10-20　生成柱形图

第四步：设置图表标题。选中生成的柱形图，在图表工具中的"布局"选项卡中，单击"图表标题"按钮，选择"图表上方"，设置并修改图表标题为"2007～2019 年国内生产总值结构图"，如图 10-21 所示。

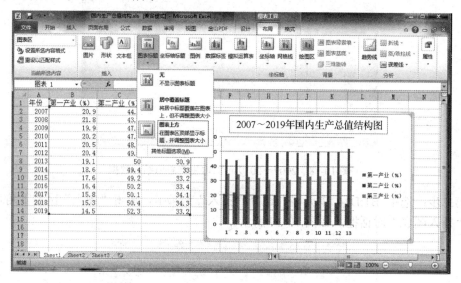

图 10-21　设置图表标题

第五步：设置纵、横坐标轴标题。在图表工具中的"布局"选项卡中，单击"坐标轴标题"按钮，设置并修改"主要横坐标轴标题"为"年份"，设置并修改"主要纵坐标轴标题"为"百分比（%）"，如图 10-22 所示。

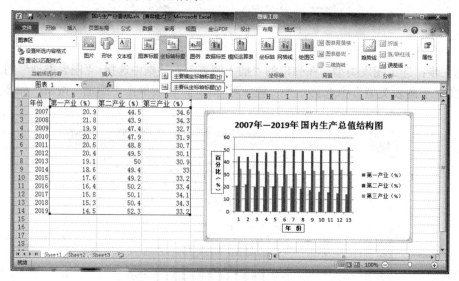

图 10-22　设置纵、横坐标轴标题

第六步：设置水平（分类）轴标签为年份。在图表工具中的"设计"选项卡中，单击"选择数据"按钮，选择"水平分类轴标签"数据源为"A2:A14"单元格，单击"确定"按钮，结果如图 10-23 所示。

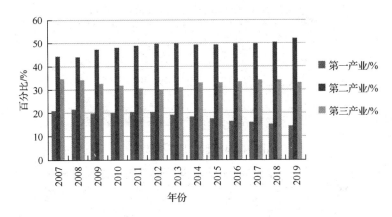

图 10-23　2007～2019 年国内生产总值构成图表

其他图形的绘制步骤与柱形图类似，根据需要选择不同的图形类型即可。

10.2　运用 Excel 进行数据分析

10.2.1　用函数计算描述统计量

常用的描述统计量有众数、中位数、算术平均数、调和平均数、几何平均数、极差、四分位差、标准差、方差、标准差系数等。一般来说，在 Excel 中求这些统计量，未分组资料可用函数计算，已分组资料可用公式计算。这里我们仅介绍如何用函数来计算未分组资料的描述统计量。

用函数运算有两种方法：一是手工输入函数名称及参数。这种输入形式比较简单、快捷，但需要非常熟悉函数名称及其参数的输入形式。所以，只有比较简单的函数才使用这种方法输入。二是函数导入法。这是一种最为常用的方法，它适合所有函数的使用，而且在导入过程中有向导提示，因而非常方便。函数的一般导入过程：选择"公式"选项卡；单击"插入函数"按钮，打开"插入函数"对话框；在对话框的"选择类别"中确定函数的类别（如"常用函数""统计"等）；在"选择函数"列表中选择需要的函数，如 SUM、MODE 等；单击"确定"按钮后即可出现该函数运算的对话框向导，再按向导的提示进一步操作。

下面介绍统计中常用指标的函数运算方法。

（1）众数

【例 10-4】为了解某单位职工的工资收入情况，随机抽取 30 人进行调查，如图 10-24 所示。

用函数方法求众数，先将 30 人的工资数据输入 A1:A30 单元格。

1）手工输入函数名称及参数。

单击任一空白单元格，输入"=MODE（A1:A30）"，回车后即可得众数为 5560。如图 10-25 所示。

·198· 统 计 基 础

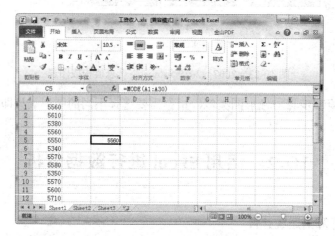

图 10-24　职工月工资收入

图 10-25　手工输入函数名称及参数

2）函数导入法。

选择"公式"选项卡，单击"函数库"组中的"插入函数"按钮，打开"插入函数"
对话框，在对话框的"选择类别"中设置函数的类别为"全部"；在"选择函数"列表中选
择"MODE"，如图 10-26 所示。

图 10-26　"插入函数"对话框

单击"确定"按钮打开"函数参数"对话框，在 Number1 处输入 A1:A30，或选择 Excel
中的 A1:A30 区域，如图 10-27 所示。单击"确定"按钮，在 Excel 中即得到众数 5560。

使用函数导入法，只要知道每个函数的含义，即可按上述程序得到相应的运算结果。
下面仅列示各函数的含义及应用，不考虑数据的现实意义。

图 10-27　"函数参数"对话框

（2）中位数

单击任一空白单元格，输入"=MEDIAN（A1:A30）"，回车后得中位数为 5550。

（3）算术平均数

单击任一空白单元格，输入"=AVERAGE（A1:A30）"，回车后得算术平均数为5531.666 667。

（4）几何平均数

单击任一空白单元格，输入"=GEOMEAN（A1:A30）"，回车后得几何平均数为5530.150 498。

（5）调和平均数

单击任一空白单元格，输入"=HARMEAN（A1:A30）"，回车后得调和平均数为5528.651 674。

（6）截尾平均数

将数据按由小到大顺序排列后，因数据两端值不够稳定，按一定比例去掉头尾两端一定数量的观察值，再求平均，这样得到的平均数就是截尾平均数。如果按 6/30，即从 30个数据中去掉最大的三个值和最小的三个值，再求平均数。

单击任一空白单元格，输入"=TRIMMEAN(A1:A30，6/30)"，回车后得截尾平均数为5526.25。

（7）全距

单击任一空白单元格，输入"=MAX（A1:A30）-MIN（A1:A30）"，回车后得全距为730。

（8）标准差

单击任一空白单元格，输入"=STDEV（A1:A30）"，回车后得标准差为 132.537 134 2。

（9）标准差系数

单击任一空白单元格，输入"=STDEV（A1:A30）/AVERAGE（A1:A30）"，回车后得标准差系数为 0.023 959 711。

通过使用"描述统计"命令操作更方便，一次能够得到多个指数。仍使用例 10-4，我们已经把数据输入到 A1:A30 单元格，然后按以下步骤操作。

第一步：选择"数据选项"卡，在"分析"组，单击"数据分析"按钮，打开"数据分析"对话框，选择"描述统计"，单击"确定"按钮，打开"描述统计"对话框，如图 10-28所示。

图 10-28　"描述统计"对话框

第二步：在输入区域中输入$A$1:$A$30，在输出区域中选择$C$13，其他复选框可根据需要选定，选择汇总统计，可给出一系列描述统计量；选择平均数置信度，会给出用样本平均数估计总体平均数的置信区间；第 K 大值和第 K 小值会给出样本中第 K 个大值和第 K 个小值，这里都输入 3，如图 10-28 所示。

第三步：单击"确定"按钮，可得输出结果，如图 10-29 所示。

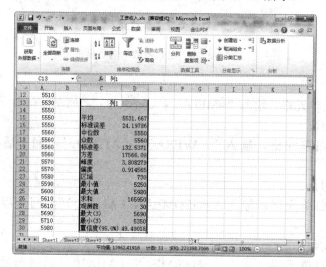

图 10-29　描述统计输出结果

10.2.2　用 Excel 进行指数分析

指数分析法是研究社会经济现象数量变动情况的一种统计分析法。指数有总指数与平均指数之分。

1. 用 Excel 计算总指数

【例 10-5】某企业甲、乙、丙三种产品的生产情况如图 10-30 所示，以基期价格 p 作为同度量因素，计算生产量指数。

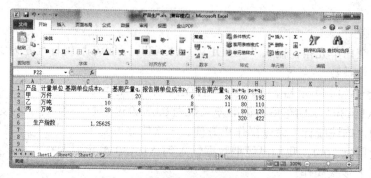

图 10-30　用 Excel 计算总指数资料及结果

计算步骤如下。

第一步：计算各个 p_0q_0：在 G2 中输入"=C2×D2"，并用鼠标拖曳将公式复制到 G2:G4 区域。

第二步：计算各个 p_0q_1：在 H2 中输入"=C2×F2"，并用鼠标拖曳将公式复制到 H2:H4 区域。

第三步：计算 $\sum p_0q_0$ 和 $\sum p_0q_1$：选定 G2:G4 区域，单击工具栏上的"$\sum$"按钮，在 G5 出现该列的求和值。选定 H2:H4 区域，单击工具栏上的"$\sum$"按钮，在 H5 出现该列的求和值。

第四步：计算生产量综合指数 $\sum p_0q_1 / \sum p_0q_0$：在 C6 中输入"=H5/G5"便可得到生产量综合指数。

2．用 Excel 计算平均指数

现以生产量平均指数为例，说明加权算术平均法的计算方法。

【例 10-6】某企业生产情况的统计资料如图 10-31 所示，以基期总成本为同度量因素，计算生产量平均指数。

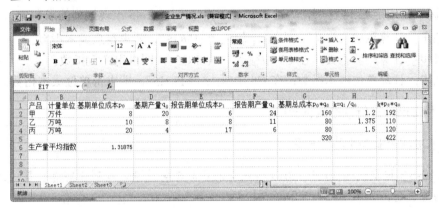

图 10-31　用 Excel 计算平均指数资料及结果

第一步：计算个体指数 $k=q_1/q_0$：在 H2 中输入"=F2/D2"，并用鼠标拖曳将公式复制到 H2:H4 区域。

第二步：计算 $k×p_0×q_0$ 并求和。在 I2 中输入"=H2×G2"，并用鼠标拖曳将公式复制到 I2:I4 区域。选定 I2:I4 区域，单击工具栏上的"$\sum$"按钮，在 I5 出现该列的求和值。

第三步：计算生产量平均指数：在 C6 中输入"=I5/G5"即得到所求的值。

3．用 Excel 进行因素分析

【例 10-7】资料同例 10-5，有关资料及运算结果如图 10-32 所示，进行因素分析的步骤如下。

第一步：计算各个 p_0q_0 和 $\sum p_0q_0$：在 G2 中输入"=C2×D2"，并用鼠标拖曳将公式复制到 G2:G4 区域。选定 G2:G4 区域，单击求和"$\sum$"按钮，在 G5 出现该列的求和值。

第二步：计算各个 p_0q_1 和 $\sum p_0q_1$：在 H2 中输入"=C2×F2"，并用鼠标拖曳将公式复制到 H2:H4 区域。选定 H2:H6 区域，单击求和"$\sum$"按钮，在 H5 出现该列的求和值。

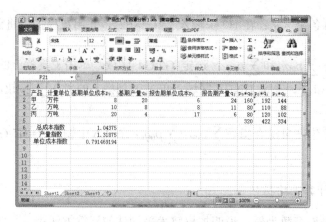

图 10-32 用 Excel 进行因素分析资料及结果

第三步：计算各个 p_1q_1 和 $\sum p_1q_1$：在 I2 中输入 "=E2×F2"，并用鼠标拖曳将公式复制到 I2:I4 区域。选定 I2:I4 区域，单击求和 "$\sum$" 按钮，在 I5 出现该列的求和值。

第四步：计算总成本指数：在 C6 中输入 "=I5/G5"，即求得总成本指数。

第五步：计算产量指数：在 C7 中输入 "=H5/G5"，即求得产量指数。

第六步：计算单位成本指数：在 C8 中输入 "=I5/H5"，即求得单位成本指数。

10.2.3 用 Excel 进行动态数列分析

1. 测定增长量和平均增长量

【例 10-8】根据我国 2014～2019 年社会消费品零售总额，计算逐期增长量、累计增长量和平均增长量。如图 10-33 所示。

图 10-33 用 Excel 计算增长量和平均增长量资料及结果

计算步骤如下。

第一步：在 A 列输入年份，在 B 列输入社会消费品零售总额。

第二步：计算逐期增长量，在 C3 中输入公式 "=B3-B2"，并用鼠标拖曳将公式复制到 C3:C7 区域。

第三步：计算累计增长量，在 D3 中输入公式 "=B3-$B$2"，并用鼠标拖曳将公式复制到 D3:D7 区域。

第四步：计算平均增长量（水平法），在 C10 中输入公式"=（B7-B2）/5"，按回车键即可得到平均增长量。

2.　测定发展速度和平均发展速度

【例 10-9】以 2014～2019 年社会消费品零售总额为例，计算定基发展速度、环比发展速度和平均发展速度。如图 10-34 所示。

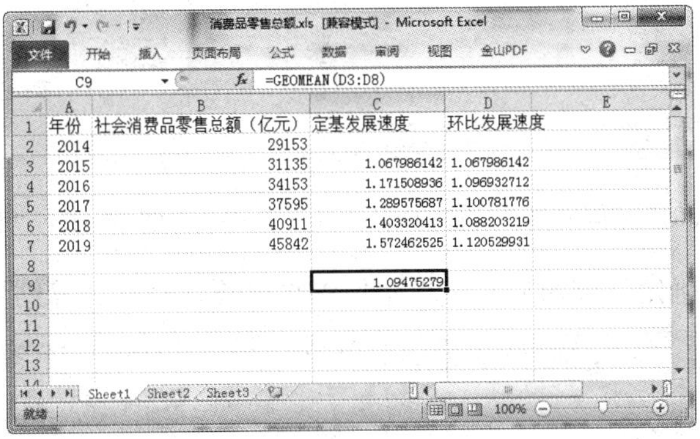

图 10-34　用 Excel 计算发展速度和平均发展速度资料及结果

第一步：在 A 列输入年份，在 B 列输入社会消费品零售总额。

第二步：计算定基发展速度，在 C3 中输入公式"=B3/\$B\$2"，并用鼠标拖曳将公式复制到 C3:C7 区域。

第三步：计算环比发展速度，在 D3 中输入公式"=B3/B2"，并用鼠标拖曳将公式复制到 D3:D7 区域。

第四步：计算平均发展速度（水平法），选中 C9 单元格，在"插入"菜单，选中函数选项，出现"插入函数"对话框后，选择 GEOMEAN（返回几何平均值）函数，在数值区域中输入 D3:D8 即可。

3.　计算长期趋势

影响时间数列各项数值变动的因素是多方面的，主要有长期趋势（T）、季节变动（S）、循环变动（C）、不规则变动（I）。现主要就长期趋势与季节变动进行分析，以直线趋势说明长期趋势的测定与预测方法，而测定直线趋势的方法主要采用移动平均法。

移动平均法按一定的间隔逐期移动，计算一系列动态平均数，从而形成一个由动态平均数组成的新的时间数列，修匀原时间数列，显示出长期趋势。在 Excel 中，使用移动平均法测定长期趋势，可以利用公式或 AVERAGE 函数，也可利用 Excel 提供的"移动平均"工具。由于公式或函数方法前面已讲过，而且只能获得数据，不能直接获得长期趋势图，长期趋势主要以"移动平均"工具来计算分析。

【例 10-10】根据我国 2005～2018 年的国内生产总值的数据，如图 10-35 所示，用移动平均法预测我国国内生产总值的长期发展趋势。

第一步：在"数据选项"卡中选择"分析"组，单击"数据分析"按钮，打开"数据分析"对话框，选择"移动平均"，单击"确定"按钮，打开"移动平均"对话框，如图 10-36 所示。

第二步：确定输入区域和输出区域，选中"图表输出"复选框。如图 10-36 所示。

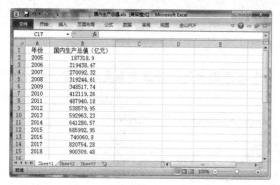

图 10-35　2005～2018 年国内生产总值数据表　　　　图 10-36　"移动平均"对话框

第三步：单击"确定"按钮后，在指定位置给出移动平均计算结果，如图 10-37 所示。

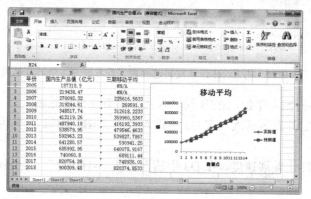

图 10-37　移动平均法计算结果

10.2.4　用 Excel 进行回归分析

【例 10-11】10 个学生身高和体重的情况如图 10-38 所示。用 Excel 进行相关分析和回归分析。

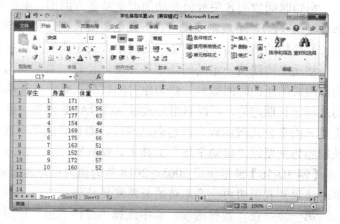

微课：使用 Excel 进行回归分析　　　　　　图 10-38　学生身高和体重数据

1. 用 Excel 进行相关分析

用 Excel 进行相关分析有两种方法，一是利用相关系数函数，另一种是利用相关分析宏。

（1）利用函数计算相关系数

在 Excel 中，提供了两种计算两个变量之间相关系数的方法，CORREL 函数和 PERSON 函数，这两个函数是等价的。这里我们介绍用 CORREL 函数计算相关系数。

第一步：单击任一个空白单元格，选择"公式"选项卡，在"函数库"中单击"函数"按钮，打开"插入函数"对话框，在"选择类别"中选择"统计"，在"选择函数"中选择"CORREL"，单击"确定"按钮后，出现 CORREL 对话框。

第二步：在 Array1 中输入 B2:B11，在 Array2 中输入 C2:C11，即可在对话框下方显示出计算结果为 0.864 011 068。如图 10-39 所示。

（2）用相关系数宏计算相关系数

第一步：选择"数据"选项卡，在"分析"组中，单击"数据分析"按钮，打开"数据分析"对话框，选择"相关系数"，单击"确定"按钮，打开"相关系数"对话框，如图 10-40 所示。

图 10-39　CORREL 对话框及输入结果

图 10-40　"相关系数"对话框

第二步：在"输入区域"输入$B$1:$C$11，"分组方式"选择逐列，选择"标志位于第一行"，在"输出区域"中输入$E$1，单击"确定"按钮，得输出结果，如图 10-41 所示。

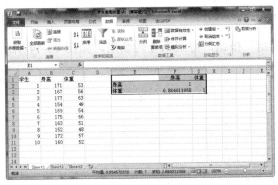
图 10-41　相关分析输出结果

在上面的输出结果中，身高和体重的自相关系数均为 1，身高和体重的相关系数为 0.864 011 068，与用函数计算的结果完全相同。

2. 用 Excel 进行回归分析

Excel 进行回归分析同样分函数和回归分析宏两种形式，其提供了九个函数用于建立回归模型和预测。

1) INTERCEPT 返回线性回归模型的截距。

2) SLOPE 返回线性回归模型的斜率。

3) RSQ 返回线性回归模型的判定系数。

4) FORECAST 返回一元线性回归模型的预测值。

5) STEYX 计算估计的标准误差。

6) TREND 计算线性回归线的趋势值。

7) GROWTH 返回指数曲线的趋势值。

8) LINEST 返回线性回归模型的参数。

9) LOGEST 返回指数曲线模型的参数。

用函数进行回归分析比较烦琐，这里介绍使用回归分析宏进行回归分析。

第一步：选择"数据"选项卡，在"分析"组中，单击"数据分析"按钮，打开"数据分析"对话框，选择"回归"，如图 10-42 所示。

第二步：单击"确定"按钮，弹出"回归"对话框，在"Y 值输入区域"输入\$B\$1:\$B\$11；在"X 值输入区域"输入\$C\$1:\$C\$11，在"输出选项"勾选"新工作表组"复选框，如图 10-43 所示。

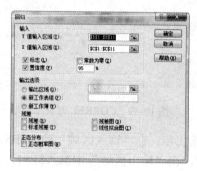

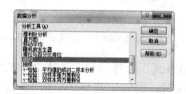

图 10-42 　"数据分析"对话框 　　　　　　图 10-43 　"回归"对话框

第三步：单击"确定"按钮，得回归分析结果，如图 10-44 所示。

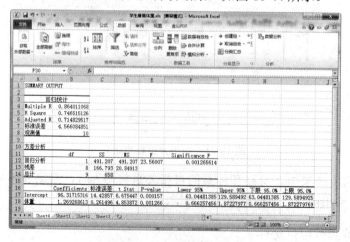

图 10-44 　Excel 回归分析结果

在输出结果中，第一部分为汇总统计，Multiple R 为复相关系数，R Square 为判定系数，Adjusted R 为调整的判定系数，标准误差为估计的标准误差，观测值为样本容量；第二部分为方差分析，df 为自由度，SS 为平方和，MS 为均方，F 为 F 统计量，Significance F 为 p 值；第三部分包括：Intercept 为截距，Coefficient 为系数，t Stat 为 t 统计量。

知识拓展：SPSS 统计
与分析

项目实训：Excel 统计应用技能训练

实训任务：用 Excel 完成统计数据的分析计算。

实训目标：通过本次实训，学生熟练掌握 Excel 在统计实务中的应用。

实训内容：

1）某企业 50 名工人日产量数据（单位：件），如图 10-45 所示。试用 Excel 进行数据分组并制作直方图。

2）我国网民 2018 年文化程度分布如图 10-46 所示。试用 Excel 制作饼图。

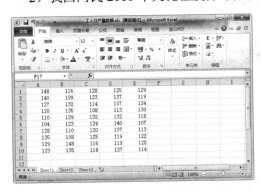

图 10-45　某企业 50 名工人日产量

图 10-46　2018 年我国网民文化程度分布

3）某省 2015～2019 年的职工平均生活费收入和商品销售额资料如图 10-47 所示。试用 Excel 进行相关与回归分析。

图 10-47　某省 2015～2019 年的职工平均生活费收入和商品销售额资料

实训要求：

1）数据录入准确、布局合理。

2）计算、分析过程严谨、无误。

实训组织：以小组为单位，由小组负责人牵头，把前期整理后的数据录入 Excel，先讨论如何进行数据分析、计算，形成书面文档，然后实现其功能。

实训考核：考核要点如下。

1）组织、人员分工是否合理（10 分）。

2）数据录入是否准确（10 分）。

3）布局设计是否合理（20 分）。

4）工具、方法选择是否正确（30 分）。

5）结果是否正确（20 分）。

6）是否有创新（10 分）。

展示交流：

1）在班级内进行小组展示，每组 5 分钟，内容包括数据处理过程及数据分析结果等。

2）教师组织评价，采用自评、互评和教师评价相结合的方式，对各组展示内容提出相应的修改意见。

3）各组根据教师和同学所提意见进行修改、完善，作为撰写统计分析报告的第一手材料。

综合训练 10

一、单项选择题

1. Excel 是（　　）。

    A．文字处理软件　　　　　　　　B．电子表格处理软件

    C．操作系统软件　　　　　　　　D．图文演示软件

2. 以下关于 Excel 数据处理与分析的描述，说法不正确的是（　　）。

    A．Excel 不仅可以利用公式进行简单的代数运算，还可以用于复杂的数学模型的分析

    B．存放在记事本中的数据，无论是否有结构，可以一次性导入为 Excel 数据表

    C．Excel 可以通过手动、公式生成和复制生成的方式输入数据

    D．Excel 绘图功能可以根据选定的统计数据绘制统计图

3. 表中有两列数据，分别位于单元格 B2～B11 和 C2～C11，要计算这两列数据间的相关系数，并存放于单元格 E1，可在 E1 中输入函数公式（　　）。

    A．=CORREL(B2:C11)　　　　　　B．CORREL(B2:B11,C2:C11)

    C．=CORREL(B2:B11,C2:C11)　　　D．=COREL(B2:B11,C2:C11)

4．Excel 中表示均值的函数是（　　　）。

A．AVERAGE　　　B．MODE　　　C．MEDIAN　　　D．VAR

5．Excel 中表示相关系数的函数是（　　　）。

A．AVERAGE　　　B．CORREL　　　C．MEDIAN　　　D．VAR

6．Excel 中表示众数的函数是（　　　）。

A．AVERAGE　　　B．MODE　　　C．MEDIAN　　　D．VAR

7．Excel 中表示中位数的函数是（　　　）。

A．AVERAGE　　　B．MODE　　　C．MEDIAN　　　D．VAR

8．我们要计算表格 B 列中单元格 B3～B50 数据的方差，并将结果存放在单元格 B51 中，应在单元格 B51 中输入（　　　）。

A．=VAR(B3:B51)　B．=VAR(B3:B50)　C．VAR(B3:B50)　D．VAR(B3:B51)

9．在 Excel 中计算标准差，除了对方差进行开方求得外，还可直接利用 Excel 中计算标准差的函数（　　　）求得。

A．MODE　　　B．STDEV　　　C．AVERAGE　　　D．VAR

10．在 Excel 中进行回归分析的步骤为：绘制（　　　）→利用回归分析工具建模。

A．折线图　　　B．散点图　　　C．柱形图　　　D．条形图

二、判断题

1．相关分析是用来分析变量间的确定、严格的依存关系的一种方法。（　　　）

2．对于比较小的统计表或统计表的某一区域添加表格线，可以利用工具栏中的表格线按钮快速实现添加表格线。（　　　）

3．在 EXCEL 中，输入公式以"="作为开始。（　　　）

4．在回归模型建立之前，我们通常通过绘制折线图来直观测定变量之间的关系，进而作出统计分析。（　　　）

5．统计表是显示统计数据的一种重要的方式。（　　　）

6．Excel 中数据分析模块只能用来计算均值、方差和标准差。（　　　）

7．饼图可以显示多个数据系列。（　　　）

8．若用户觉得统计表的某一行行高过大或过小，可通过鼠标拖动的方法调整行高。（　　　）

9．在 Excel 中计算方差的统计函数是 VARP。（　　　）

10．众数是指在观察值中出现次数最多的那一个数值，或者一个类别。（　　　）

三、操作题

1．2018 年全国 31 个地区人口统计资料，见表 10-1，分别用函数和数据分析工具计算 31 个地区人口的总和、平均值、中位数、众数、标准差。

表 10-1　2018 年全国 31 个地区人口统计资料

地区	总人口/万人	地区	总人口/万人
北京	1695	山东	9417
天津	1176	河南	9429

续表

地区	总人口/万人	地区	总人口/万人
河北	6989	湖北	5711
山西	3411	湖南	6380
内蒙古	2414	广东	9544
辽宁	4315	广西	4816
吉林	2734	海南	854
黑龙江	3825	重庆	2839
上海	1888	四川	8138
江苏	7677	贵州	3793
浙江	5120	云南	4543
安徽	6135	西藏	287
福建	3604	陕西	3762
青海	554	宁夏	618
新疆	2131	甘肃	2628
江西	4400		

2. 某地区 2010~2018 年人均月支出和商品零售总额的数据，见表 10-2，若 2019 年该地区人均月支出为 1300 元，试估计 2019 年商品零售总额。

表 10-2 某地区 2010~2018 年的人均月支出和商品零售总额

年份	人均月支出（x）/元	商品零售总额（y）/亿元
2010	450	26
2011	550	32
2012	680	44
2013	730	62
2014	810	70
2015	930	89
2016	1050	103
2017	1160	115
2018	1250	128

综合训练 10：参考答案

参 考 文 献

胡德华，2017. 统计学原理[M]. 2版. 北京：清华大学出版社.

黄良文，陈仁恩，1996. 统计学原理[M]. 北京：中央广播电视大学出版社.

黄良文，吴国培，1991. 应用抽样方法[M]. 北京：中国统计出版社.

贾俊平，2014. 统计学基础[M]. 2版. 北京：中国人民大学出版社.

李荣平，2006. 统计学[M]. 天津：天津大学出版社.

梁前德，2014. 基础统计[M]. 5版. 北京：高等教育出版社.

刘翠杰，冯乃秋，武士勋，2001. 新编统计学习题集[M]. 北京：中国农业科技出版社.

刘合香，刘林忠，2018. 市场调查实务[M]. 北京：科学出版社.

娄庆松，杨静，2014. 统计基础实训[M]. 2版. 北京：高等教育出版社.

孙万军，2011. Excel在统计中的应用[M]. 北京：高等教育出版社.

覃常员，2009. 市场调查与预测[M]. 大连：大连理工大学出版社.

唐芳，2015. 统计学基础[M]. 3版. 上海：上海财经大学出版社.

杨曾武，郑尧，1984. 社会经济统计学原理[M]. 北京：中国统计出版社.

赵焕光，章勤琼，王迪，2015. 真理相遇统计[M]. 北京：科学出版社.

朱建平，周永强，2012. 市场调查[M]. 北京：高等教育出版社.